« RÉPONSES »

*Collection créée par Joëlle de Gravelaine,
dirigée par Sylvie Angel et Abel Gerschenfeld*

DAVID SERVAN-SCHREIBER

GUÉRIR

le stress, l'anxiété et la dépression
sans médicaments ni psychanalyse

ROBERT LAFFONT

ISBN 2-221-09762-9

Aux internes de l'hôpital Shadyside
de l'université de Pittsburgh.

Pour leur enseigner, j'ai tout dû réap-
prendre. À travers eux, c'est à ceux qui, partout
dans le monde, sont habités par la passion
de comprendre et de soigner que je souhaite
dédier ce travail.

Sommaire

Avertissement

Les idées présentées dans ce livre doivent beaucoup aux travaux d'Antonio Damasio, Daniel Goleman, Tom Lewis, Dean Ornish, Boris Cyrulnik, Judith Hermann, Bessel Van der Kolk, Joseph LeDoux, Mihaly Csikszentmihalyi, Scott Shannon, et bien d'autres médecins et chercheurs. Nous avons pris part aux mêmes conférences, fréquenté les mêmes collègues, et lu la même littérature scientifique. Bien sûr, il existe de nombreux recoupements, références et idées communes entre leurs différents livres et le mien. Venant après eux, j'ai pu tirer parti de leur manière d'exposer les travaux scientifiques auxquels ils se référaient. Qu'ils soient ici remerciés pour tout ce que ce livre peut contenir de bon. Quant aux idées avec lesquelles ils ne seraient pas forcément d'accord, elles restent, bien sûr, de ma responsabilité.

Tous les cas cliniques que j'expose dans les pages qui suivent sont tirés de mon expérience (mis à part quelques cas décrits par des confrères psychiatres dans la littérature médicale, et qui sont indiqués comme tels). Pour des raisons évidentes, les noms et toutes les informations permettant d'identifier les personnes ont été changés. À quelques rares reprises, j'ai choisi de rassembler des éléments cliniques de patients différents pour des motifs littéraires ou de clarté d'exposition.

1

Une nouvelle médecine des émotions

> *Douter de tout ou tout croire, ce sont les deux*
> *solutions également commodes qui l'une et l'autre*
> *nous dispensent de réfléchir.*
>
> Henri Poincaré, *La Science et l'hypothèse.*

Chaque vie est unique – et chaque vie est difficile. Souvent, nous nous surprenons à envier celle d'autrui : « Ah, si j'étais belle comme Marilyn Monroe », « Ah, si j'avais le talent de Marguerite Duras », « Ah, si je menais une vie d'aventures comme Hemingway »... C'est vrai : nous n'aurions pas les mêmes problèmes, en tout cas pas les nôtres. Mais nous en aurions d'autres : les leurs.

Marilyn Monroe, la plus sexy, la plus célèbre, la plus libre des femmes, convoitée même par le président de son pays, noyait sa détresse dans l'alcool et est morte d'une overdose de barbituriques. Kurt Cobain, le chanteur du groupe Nirvana, devenu du jour au lendemain une vedette planétaire, s'est suicidé alors qu'il n'avait pas trente ans. Suicide aussi pour Hemingway, à qui un prix Nobel et une vie hors du commun n'ont pas épargné un profond sentiment de vide existentiel. Quant à Marguerite Duras, talentueuse, émouvante, adulée par ses amants, elle s'est détruite par l'alcool. Ni le talent, ni la gloire, ni la puissance, ni l'argent, ni l'adoration des femmes ou des hommes ne rendent la vie fondamentalement plus facile.

Pourtant, il existe des gens heureux qui mènent une vie harmonieuse. Le plus souvent, ils ont le sentiment que la vie est généreuse. Ils savent apprécier leur entourage et les menus plaisirs quotidiens : les repas, le sommeil, la sérénité de la nature, la beauté de la ville. Ils aiment créer et bâtir, qu'il s'agisse d'objets, de projets, de relations. Ces gens ne font partie ni d'une secte ni d'une religion particulière. On les rencontre aux quatre coins du monde. Certains sont riches, d'autres non, certains sont mariés, d'autres vivent seuls, certains ont des talents particuliers, d'autres sont tout à fait ordinaires. Ils ont tous connu des échecs, des déceptions, des moments difficiles. Personne n'y échappe. Mais, dans l'ensemble, ils semblent mieux négocier les obstacles : on dirait qu'ils ont une aptitude particulière à rebondir face à l'adversité, à donner un sens à leur existence, comme s'ils entretenaient un rapport plus intime avec eux-mêmes, avec les autres, et avec ce qu'ils ont choisi de faire de leur vie.

Qu'est-ce qui permet d'atteindre cet état ? Après vingt ans passés à étudier et à pratiquer la médecine, surtout dans les grandes universités occidentales mais aussi auprès de médecins tibétains ou de chamans amérindiens, j'ai découvert certaines clés qui se sont avérées utiles tant pour mes patients que pour moi-même. À ma grande surprise, ce ne sont pas celles qui m'ont été enseignées à l'université. Il ne s'agit ni de médicaments ni de psychanalyse.

Le tournant

Rien ne me préparait à cette découverte. J'ai débuté ma carrière en médecine par le biais de la science et de la recherche. À la fin de mes études, j'ai quitté le monde de la pratique médicale pendant cinq ans pour m'intéresser à la manière dont les réseaux de neurones engendrent des pensées et des émotions. J'ai obtenu un doctorat en sciences neuro-cognitives sous la supervision des professeurs Herbert Simon, un des très rares psychologues qui ait jamais reçu le prix Nobel, et James McClelland, un des fondateurs de la théorie des réseaux de neurones. Le principal résultat de ma thèse a été publié dans *Science*, la revue de référence dans laquelle tout scientifique espère voir un jour figurer ses travaux.

Après cette formation scientifique rigoureuse, j'ai eu du mal à revenir à la pratique clinique pour terminer ma spéciali-sation en psychiatrie. Les médecins auprès desquels j'étais censé apprendre mon métier me semblaient trop imprécis dans leur démarche, trop empiriques. Ils étaient beaucoup plus intéressés par la pratique que par la base scientifique de ce qu'ils enseignaient. J'avais l'impression de ne plus apprendre que des recettes (pour telle maladie, faire tel et tel test, et utiliser les médicaments A, B et C à telles doses pendant tant de jours...). Je trouvais cela trop éloigné de l'esprit de questionnement permanent et de la précision mathématique qui m'est devenue familière. Toutefois, je me rassurais en me répétant que j'apprenais à soigner des patients au sein du département de psychiatrie le plus rigoureux et le plus orienté vers la recherche de tous les États-Unis. À la faculté de médecine de l'université de Pittsburgh, notre département recevait plus de fonds de recherche du gouvernement que tous les autres, y compris le prestigieux département de transplantation cardiaque et hépatique de notre hôpital. Avec une certaine arrogance, nous nous consi-dérions comme des « scientifiques cliniciens » et non comme de simples psychiatres.

Peu de temps après, j'ai obtenu du National Institute of Health* et de diverses fondations privées des financements me permettant d'établir un laboratoire de recherche sur les

---

* L'équivalent de notre INSERM, en quelque sorte.

maladies mentales. L'avenir n'aurait pu être plus prometteur : j'étais assuré de pouvoir épancher ma soif de faits et de connaissances. Or, en très peu de temps, quelques expériences allaient complètement changer ma vision de la médecine et transformer ma vie professionnelle.

Il y eut d'abord un voyage en Inde, pour y travailler avec des réfugiés tibétains à Dharamsala, la ville où réside le dalaï-lama. Là, j'ai vu à l'œuvre la médecine traditionnelle tibétaine, qui établit un diagnostic des « déséquilibres » grâce à la longue palpation des pouls des deux poignets, et à l'inspection de la langue et des urines. Ces praticiens ne soignaient que par l'acupuncture et les plantes. Ils semblaient pourtant avoir autant de succès avec toute une gamme de maladies chroniques que la médecine occidentale. Avec tout de même deux différences majeures : les traitements avaient moins d'effets secondaires et ils coûtaient beaucoup moins cher. En réfléchissant à ma pratique de psychiatre, il m'est apparu alors que mes propres patients souffraient surtout, eux aussi, de maladies chroniques : la dépression, l'anxiété, le trouble maniaco-dépressif, le stress... Pour la première fois, j'ai commencé à me poser des questions sur le mépris des médecines traditionnelles qu'on m'avait inculqué au cours de mes années d'études. Était-il fondé sur des faits – comme je l'avais toujours cru – ou simplement sur l'ignorance ? Le palmarès de la médecine occidentale est inégalé pour les maladies aiguës telles que la pneumonie, l'appendicite, et les fractures. Mais il est loin d'être exemplaire en ce qui concerne les maladies chroniques, y compris l'anxiété et la dépression...

Une autre expérience, plus personnelle, m'a forcé à affronter mes propres préjugés. Lors d'une visite à Paris, une amie d'enfance m'a raconté comment elle s'était remise d'un épisode dépressif suffisamment sérieux pour avoir détruit son mariage. Elle avait refusé les médicaments proposés par son médecin et fait appel à une sorte de guérisseuse qui l'avait traitée par une technique de relaxation proche de l'hypnose permettant de revivre de vieilles émotions refoulées. Quelques mois de ce traitement lui avaient permis de redevenir « mieux que normale ». Non seulement elle n'était plus déprimée, mais elle se sentait enfin libérée du poids de trente années passées sans réussir à faire le deuil de son père disparu lorsqu'elle avait six ans. Du coup, elle avait retrouvé une énergie, une légèreté et une clarté d'action qu'elle n'avait jamais connues jusque-là. J'étais heureux pour elle et en même temps choqué et déçu. Au cours de toutes mes années passées à étudier le cerveau, la pensée et les émotions, à me spécialiser en psychologie scientifique, en neurosciences, en psychiatrie et en psychothérapie, pas une fois je n'avais vu de résultats aussi spectaculaires. Et pas une fois on ne m'avait parlé de ce type de méthode. Pis : le monde scientifique dans lequel j'évoluais décourageait tout intérêt pour ces techniques « hérétiques ». Elles étaient l'apanage de charlatans et à ce titre ne méritaient pas l'attention de véritables médecins, encore moins leur curiosité scientifique.

Pourtant, il était indéniable que mon amie avait obtenu en quelques mois bien plus qu'elle n'aurait été en droit d'attendre de l'utilisation de médicaments ou d'une psychothérapie conventionnelle. En fait, si elle m'avait consulté en tant que psychiatre, je n'aurais fait que restreindre ses chances de vivre une telle transformation. C'était pour moi une grande déception et, en même temps, un rappel à l'ordre. Si, après tant d'années d'études et de formation, j'étais incapable d'aider quelqu'un qui m'importait tant, à quoi servaient toutes ces connaissances ? Au cours des mois et des années suivants, j'ai appris à ouvrir mon esprit à de nombreuses autres manières de soigner, et j'ai découvert, à ma grande surprise, qu'elles étaient non seulement plus naturelles et plus douces, mais aussi souvent plus efficaces.

Chacune des sept approches que j'utilise couramment

dans ma pratique exploite, à sa manière, des mécanismes d'autoguérison présents dans l'esprit et le cerveau humain. Ces sept approches ont toutes été soumises à des évaluations scientifiques rigoureuses qui montrent leur efficacité, et elles ont fait l'objet de nombreuses publications dans des revues scientifiques internationales de référence. Pour autant, elles ne font toujours pas partie de l'arsenal médical occidental, pas même de la psychiatrie ou de la psychothérapie. La principale raison de ce retard tient au fait que l'on ne comprend pas bien encore les mécanismes qui sont responsables de leurs effets. C'est un obstacle important, peut-être même légitime, pour une pratique de la médecine qui se veut scientifique. Toutefois, la demande pour des méthodes de traitement naturelles et efficaces ne cesse de croître. Et il y a de très bonnes raisons à cela.

Le constat

L'importance dans les société occidentales des troubles liés au stress – dont la dépression et l'anxiété – est bien connue. Les chiffres sont alarmants :

• Les études cliniques suggèrent que 50 à 75 % de toutes les consultations chez le médecin sont motivées avant tout par le stress*[1], et que, en termes de mortalité, le stress est un facteur de risque plus grave que le tabac[2].

• De fait, parmi les médicaments les plus utilisés dans les pays occidentaux, une majorité vise à traiter des problèmes directement reliés au stress : ce sont des antidépresseurs, des anxiolytiques et somnifères, des antiacides pour les brûlures et ulcères d'estomac, des antihypertenseurs et des anticholestérol[3].

---

* Les notes et références bibliographiques sont réunies par chapitres en fin de volume.

• Selon un rapport de l'Observatoire national du médicament, les Français sont depuis plusieurs années parmi les plus grands consommateurs au monde d'antidépresseurs et de tranquillisants[4]. Avec un Français sur sept qui consomme régulièrement un médicament psychotrope, la France arrive largement en tête de tous les pays occidentaux. La consommation y est même de 40 % supérieure à celle des États-Unis. Chez nous, l'utilisation d'antidépresseurs a doublé au cours des dix dernières années[5]. Les Français sont aussi les plus grands consommateurs d'alcool au monde[6] ; or, le plus souvent, la consommation d'alcool est une manière, elle aussi, de gérer les problèmes de stress et de dépression.

Alors même que les problèmes de stress, d'anxiété et de dépression ne font qu'augmenter, ceux qui en souffrent des deux côtés de l'Atlantique remettent en cause les piliers traditionnels de la médecine des émotions : la psychanalyse d'une part, et les médicaments de l'autre. Dès 1997, une étude de Harvard a montré que la *majorité* des Américains préfère des méthodes dites « alternatives et complémentaires » pour soulager leur souffrance plutôt que des médicaments ou une psychothérapie conventionnelle[7].

La psychanalyse perd du terrain. Après avoir dominé la psychiatrie pendant trente ans, son crédit s'amenuise tant auprès du public que des spécialistes, parce qu'elle ne s'est pas suffisamment attachée à faire la preuve de son efficacité[8]. Nous connaissons tous quelqu'un qui a grandement bénéficié d'une cure analytique, mais nous connaissons aussi beaucoup d'autres personnes qui tournent en rond sur leur divan depuis des années. En l'absence d'évaluations scientifiques et chiffrables, il est très difficile de dire avec précision à un patient qui souffre d'une dépression ou d'attaques d'anxiété quelles sont ses chances d'être soulagé par une psychanalyse. Comme les psychanalystes conventionnels présentent souvent le traitement comme pouvant durer plus de six mois, si ce n'est des années, et que celui-ci coûte souvent plus cher qu'une voiture neuve, on comprend les réticences des patients potentiels. Même si les grands principes de cette « cure par la parole » ne sont pas véritablement remis en question, il est normal, dans une telle situation, que chacun cherche à connaître les alternatives.

L'autre voie, et de loin la plus pratiquée, est celle de la nouvelle psychiatrie dite *biologique* qui soigne principalement par les médicaments psychotropes tels que le Prozac, le Zoloft, le Deroxat, le Xanax, le lithium, le Zyprexa, etc. Dans les médias et dans le monde littéraire, la psychanalyse reste le système de référence dominant parce qu'elle offre une grille d'interprétation qui s'adapte à tous les phénomènes humains, qu'on y adhère ou pas. Mais, dans les tranchées de la pratique médicale quotidienne, ce sont les médicaments psychotropes qui dominent presque sans partage, comme le montre le rapport de l'Observatoire national du médicament. Le réflexe de prescription est devenu tellement généralisé que, si une patiente pleure devant son médecin, elle est pratiquement sûre de se voir proposer une ordonnance pour un antidépresseur.

Ces médicaments sont importants et prodigieusement utiles. Ils sont parfois si efficaces que certains auteurs ont parlé d'une transformation de la personnalité plutôt que d'un simple soulagement de symptômes[9]. Comme tous les praticiens de ma génération, je les utilise fréquemment. Mais, à la différence des antibiotiques qui guérissent les infections, les bienfaits des médicaments psychiatriques cessent souvent après l'interruption du traitement. C'est pour cela que la majorité des gens qui en prennent poursuivent le traitement pendant plus d'un an[10]. Les médicaments, même les plus utiles, sont donc loin d'être une panacée pour la santé émotionnelle. Les patients, au fond, le savent bien, et ils rechignent souvent à en prendre pour des problèmes qui font partie de la vie de chacun, qu'il s'agisse d'un deuil douloureux ou du stress au travail.

Une autre approche

Or une nouvelle médecine des émotions est en train de naître aujourd'hui un peu partout à travers le monde : une médecine sans psychanalyse ni Prozac. Ainsi, depuis cinq ans, à l'hôpital de Shadyside de l'université de Pittsburgh, aux États-Unis, nous avons exploré comment soulager la dépression, l'anxiété et le stress avec un ensemble de méthodes qui font surtout appel au corps plutôt qu'au langage. Ce livre décrit les différentes composantes de ce programme, pourquoi nous les avons choisies, et comment nous les avons utilisées.

Les grands principes peuvent en être résumés ainsi :

• À l'intérieur du cerveau se trouve un cerveau émotionnel, un véritable « cerveau dans le cerveau ». Celui-ci a une architecture différente, une organisation cellulaire différente, et même des propriétés biochimiques différentes du reste du « néocortex » – c'est-à-dire la partie la plus « évoluée » du cerveau, qui est le siège du langage et de la pensée. De fait, le cerveau émotionnel fonctionne souvent indépendamment du néocortex. Le langage et la cognition n'ont sur lui qu'une influence limitée : on ne peut pas commander à une émotion d'augmenter ou de disparaître de la même façon qu'on peut commander à son esprit de parler ou de se taire.

• Le cerveau émotionnel, pour sa part, contrôle tout ce qui régit le bien-être psychologique et une grande partie de la physiologie du corps : le fonctionnement du cœur, la tension artérielle, les hormones, le système digestif et même le système immunitaire.

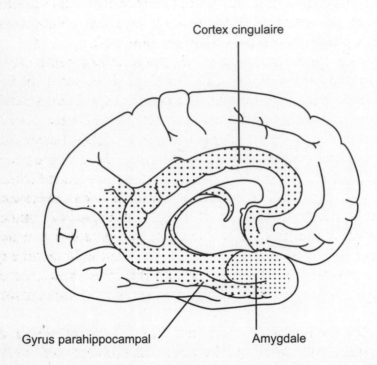

Cortex cingulaire

Gyrus parahippocampal

Amygdale

Figure 1 : Le cerveau limbique. – Au cœur du cerveau humain se trouve le cerveau émotionnel. Ces structures, dites « limbiques », sont les mêmes chez tous les mammifères. Elles sont composées d'un tissu neuronal différent de celui du cerveau cortical responsable, lui, du langage et de la pensée. Les structures limbiques, quant à elles, prennent en charge les émotions et les réactions de survie. Au plus profond du cerveau se trouve l'amygdale, un noyau de neurones à l'origine de toutes les réactions de peur.

• Les désordres émotionnels sont la conséquence de dysfonctionnements de ce cerveau émotionnel. Pour beaucoup, ces dysfonctionnements ont pour origine des expériences douloureuses vécues dans le passé, sans rapport avec le présent, mais qui se sont imprimées de façon indélébile dans le cerveau émotionnel. Ce sont ces expériences qui continuent souvent de contrôler notre ressenti et notre comportement, parfois plusieurs dizaines d'années plus tard.

• La principale tâche du psychothérapeute est de « reprogrammer » le cerveau émotionnel en sorte qu'il soit adapté au présent au lieu de continuer à réagir à des situations du passé. À cette fin, il est souvent plus efficace d'utiliser des méthodes qui passent par le corps et influent directement sur le cerveau émotionnel plutôt que de compter sur le langage et la raison auxquels il est assez peu perméable.

• Le cerveau émotionnel possède des mécanismes naturels d'autoguérison : il s'agit de capacités innées à retrouver l'équilibre et le bien-être comparables à d'autres mécanismes d'autoguérison du corps, comme la cicatrisation d'une plaie ou l'élimination d'une infection. Les méthodes qui passent par le corps tirent avantage de ces mécanismes.

Les méthodes de traitement que je vais présenter dans les pages suivantes s'adressent directement au cerveau émotionnel. Elles court-circuitent presque entièrement le langage. Elles produisent leurs effets par le corps plutôt que par la pensée. Il existe un grand nombre de telles méthodes. Dans ma pratique clinique, je privilégie celles qui ont été validées scientifiquement par des études offrant des garanties de rigueur et de crédibilité.

Les chapitres suivants présentent donc chacune de ces approches, illustrées par des récits de patients dont la vie a été transformée par leur expérience. Je m'efforce également de montrer comment chaque méthode a été évaluée scientifiquement et ses bienfaits établis. Certaines d'entre elles sont très récentes et font appel à des technologies de pointe, comme par exemple la méthode dite de « désensibilisation et de retraitement par les mouvements oculaires » (davantage connue par ses initiales américaines, EMDR), ou celle dite de « cohérence du rythme cardiaque » ou encore la « synchronisation des rythmes chronobiologiques par l'aube artificielle ». D'autres techniques, comme l'acupuncture, la nutrition, la communication affective et les méthodes d'intégration sociale, sont issues de traditions médicales plurimillénaires. Mais, quelles que soient leurs origines, tout commence avec les émotions. Il faut expliquer d'abord comment, précisément, elles fonctionnent.

2

Malaise dans la neurobiologie : le difficile mariage de deux cerveaux

> *Nous devons faire attention de ne pas faire de l'intellect notre dieu ;*
> *Il a, bien sûr, des muscles puissants, mais pas de personnalité.*
> *Il ne peut pas commander ; seulement servir.*
>
> Albert Einstein.

Sans émotions, la vie n'a pas de sens. Qu'est-ce qui donne du sel à notre existence sinon l'amour, la beauté, la justice, la vérité, la dignité, l'honneur, et les gratifications qu'ils nous apportent ? Ces sentiments, et les émotions qui les accompagnent, sont comme des boussoles qui nous guident à chaque pas. Nous cherchons toujours à avancer vers plus d'amour, plus de beauté, plus de justice, et à nous éloigner de leurs opposés. Privés des émotions, nous perdons nos repères les plus fondamentaux et devenons incapables de choisir en fonction de ce qui nous importe véritablement.

Certaines maladies mentales se traduisent par une telle perte de contact. Les patients qui en sont atteints sont pour ainsi dire exilés dans un « no man's land » émotionnel. Comme Peter, par exemple, un jeune Canadien d'origine grecque, qui s'était retrouvé aux urgences de mon hôpital lorsque j'étais encore interne.

Depuis quelque temps, Peter entendait des voix. Elles lui disaient qu'il était ridicule, incapable, et qu'il ferait mieux de mourir. Progressivement, les voix étaient devenues omniprésentes, et le comportement de Peter de plus en plus bizarre. Il avait cessé de se laver, refusait de manger, et pouvait rester cloîtré dans sa chambre plusieurs jours d'affilée. Sa mère, qui vivait seule avec lui, se rongeait les sangs mais ne savait trop que faire. Et puis son unique fils, le brillant étudiant en première année de philosophie, le premier de la classe, avait toujours été un peu excentrique...

Un jour, exaspéré par on ne sait quoi, Peter avait insulté et frappé sa mère. Elle avait dû appeler la police, et c'est ainsi qu'il s'était retrouvé hospitalisé en urgence. Sous l'effet des médicaments, Peter s'était considérablement apaisé. Les voix avaient pratiquement disparu en quelques jours ; il disait qu'il pouvait maintenant « les contrôler ». Mais il n'était pas redevenu normal pour autant.

Après quelques semaines de traitement – car les médicaments antipsychotiques doivent être pris sur le long terme –, sa mère était presque aussi inquiète que le premier jour. « Il ne ressent plus rien, docteur, me disait-elle avec un ton de supplique dans la voix. Regardez-le. Il ne s'intéresse plus à rien, ne fait plus rien. Il passe ses journées à fumer des cigarettes. »

J'observais Peter pendant qu'elle me parlait. Il faisait peine à voir. Légèrement voûté, le visage figé, le regard vide, il arpentait comme un zombie le couloir du service. Lui qui avait été si brillant ne réagissait presque plus aux nouvelles du monde extérieur ni aux gens. C'est cet état d'apathie émotionnelle qui inspire le plus souvent pitié et inquiétude à l'entourage de patients comme Peter. Pourtant, ses hallucinations et ses délires – que les médicaments avaient écartés – étaient bien plus dangereux pour lui et sa mère que ces effets secondaires. Seulement voilà : pas d'émotions, pas de vie*.

D'un autre côté, les émotions livrées à elles-mêmes ne font pas non plus une vie de rêve. Elles doivent impérativement être modulées par l'analyse rationnelle dont est chargé le cerveau cognitif, car toute décision prise « à chaud » peut mettre en danger l'équilibre complexe de nos relations avec autrui. Sans concentration, sans réflexion, sans planification, nous sommes ballottés par les aléas du plaisir et de la frustration. Si nous devenons incapables de contrôler notre existence, celle-ci perd tout aussi rapidement son sens.

L'intelligence émotionnelle

Le terme qui définit le mieux cet équilibre entre l'émotion et la raison est celui d'« intelligence émotionnelle ». Inventée par des chercheurs de l'université de Yale et du New Hampshire[1], cette expression a connu son heure de gloire grâce au livre d'un journaliste scientifique du *New York Times*, Daniel Goleman, dont le retentissement mondial a renouvelé le débat sur la question : « Qu'est-ce que l'intelligence[2] ? » L'intelligence émotionnelle est une idée aussi simple qu'importante. Dans sa définition initiale et la plus générale, celle qui a inspiré Alfred Binet, le psychologue français du début du siècle qui a inventé l'idée de « quotient intellectuel », l'intelligence c'est l'ensemble des capacités mentales qui permettent de prédire le succès d'un individu. En principe, donc, plus on est « intelligent », c'est-à-dire plus on a un QI élevé, plus on doit « réussir ». Afin de vérifier cette prédiction, Binet a mis au point un test devenu célèbre

---

* Il existe aujourd'hui des médicaments antipsychotiques dont les effets sont plus équilibrés et qui permettent de contrôler les hallucinations et les délires sans restreindre à ce point la vie émotionnelle des patients qui les prennent.

sous le nom de « test du QI ». Le test porte avant tout sur les capacités d'abstraction et de flexibilité dans le traitement de l'information logique. Or on s'est aperçu que la relation entre le QI d'un individu et sa « réussite » en un sens assez large (position sociale, salaire, le fait d'être marié ou non, d'avoir des enfants ou non, etc.) est pour le moins ténue. Selon différentes études, moins de 20 % de cette réussite pourrait être attribuée au QI. La conclusion semble s'imposer : d'autres facteurs, visiblement plus importants que l'intelligence abstraite et logique, sont responsables du succès à 80 %.

Jung et Piaget, déjà, avaient proposé qu'il existe plusieurs types d'intelligence. Il est indéniable que certains individus – comme Mozart – ont une intelligence remarquable pour la musique, d'autres pour la forme – Rodin, par exemple – et d'autres encore pour le mouvement de leur corps dans l'espace – on pense à Noureïev ou à Michael Jordan. Les chercheurs de Yale et du New Hampshire ont mis au jour une forme d'intelligence supplémentaire : celle qui est impliquée dans la compréhension et la gestion de nos émotions. C'est précisément cette forme d'intelligence, l'« intelligence émotionnelle », qui semble expliquer, mieux que toute autre, le succès dans la vie. Et elle est assez largement indépendante du quotient intellectuel.

À partir de l'idée d'intelligence émotionnelle, les chercheurs de Yale et du New Hampshire ont défini un « quotient émotionnel » permettant de la mesurer, autour de quatre fonctions essentielles :

1) L'aptitude à identifier son état émotionnel et celui des autres.

2) L'aptitude à comprendre le déroulement naturel des émotions (tout comme un fou et un cavalier se déplacent selon des règles différentes sur un échiquier, la peur et la colère, par exemple, évoluent différemment dans le temps).

28

3) L'aptitude à raisonner sur ses propres émotions et celles des autres.

4) L'aptitude à gérer ses émotions et celles des autres[3].

Ces quatre aptitudes sont les fondements de la maîtrise de soi et de la réussite sociale. Elles sont à la base de la connaissance de soi, de la retenue, de la compassion, de la coopération, et de la capacité à résoudre les conflits. Tout cela semble élémentaire. Chacun est même persuadé qu'il excelle dans ces quatre domaines. Pourtant, c'est loin d'être le cas.

Je me souviens, par exemple, d'une jeune et brillante chercheuse de la faculté de médecine de Pittsburgh. Elle avait accepté de participer à une expérience de mon laboratoire sur la localisation des émotions dans le cerveau. Dans cette étude, il s'agissait pour des sujets placés à l'intérieur d'un scanner IRM* de visionner des extraits de films aux images très fortes, souvent violentes. Je garde un vif souvenir de cette expérience, parce que j'avais moi-même développé une véritable aversion pour ces films à force de les voir. Son corps entier glissé à l'intérieur du scanner IRM, dès le début de l'expérience, j'ai vu le rythme cardiaque et la tension artérielle de cette jeune femme monter en flèche, signe d'un stress important. J'ai trouvé cela inquiétant au point que je lui ai proposé d'interrompre l'expérience. L'air surpris, elle m'a répondu qu'elle allait très bien, qu'elle ne sentait rien, que les images n'avaient aucun effet sur elle, et qu'elle ne comprenait pas pourquoi je proposais qu'on arrête tout !

Par la suite, j'ai appris que cette jeune femme avait très peu d'amis et ne vivait que pour son travail. Sans vraiment savoir pourquoi, les membres de mon équipe la jugeaient

---

* Le scanner d'imagerie fonctionnelle par résonance magnétique (IRM) permet de détecter les changements d'activité des neurones dans différentes régions du cerveau en fonction du contenu de la pensée et des émotions.

plutôt antipathique. Était-ce parce qu'elle parlait trop d'elle-même et semblait indifférente aux gens qui l'entouraient ? Elle, pour sa part, ne comprenait absolument pas pourquoi on ne l'appréciait pas davantage. Elle est restée pour moi l'exemple type de la personne dont le QI est très élevé et le « QE » déplorable. Son principal défaut paraissait être de ne pas avoir conscience de ses propres émotions et, du coup, d'être « sourde » aux émotions des autres. Je ne donnais pas cher de sa carrière. Même dans les disciplines les plus scientifiques, il faut savoir travailler en équipe, faire des alliances, diriger ses collaborateurs, etc. Quel que soit notre domaine d'activité, on est toujours appelé à interagir avec d'autres êtres humains. On ne peut y échapper. Et ce sont nos dispositions pour ce type de rapports qui déterminent notre succès à long terme.

Le comportement des jeunes enfants illustre bien à quel point il peut être difficile de distinguer les états émotionnels. La plupart du temps, un enfant qui pleure ne sait pas exactement s'il pleure parce qu'il a trop chaud, parce qu'il a faim, parce qu'il est triste, ou simplement parce qu'il est fatigué après une longue journée de jeux. Il pleure sans savoir précisément pourquoi, et il ne sait pas comment faire pour se sentir mieux. Dans une telle situation, un adulte dont l'intelligence émotionnelle est peu développée se sentira facilement débordé, précisément parce qu'il ne saura pas non plus identifier l'émotion de l'enfant et donc répondre à son besoin. D'autres personnes avec une plus grande intelligence émotionnelle sauront faire ce qu'il faut pour calmer un enfant sans grande difficulté. C'est ainsi que l'on décrit souvent Françoise Dolto, qui, par un seul geste ou un seul mot, savait apaiser un enfant qui pleurait depuis des jours : c'était une virtuose de l'intelligence émotionnelle.

Chez l'adulte, une telle incapacité à distinguer clairement entre différents états émotionnels n'est pas rare. J'ai constaté que c'était le cas chez certains internes de mon hôpital aux

États-Unis. Stressés par des journées interminables, épuisés par des nuits de garde tous les quatre jours, ils compensaient en mangeant beaucoup trop. Alors que leur corps leur disait : « J'ai besoin d'arrêter un peu et de dormir », ils n'entendaient que : « J'ai besoin », et répondaient à cette demande par la seule chose immédiatement disponible : le fast-food auquel on a accès vingt-quatre heures sur vingt-quatre dans tout hôpital américain. Dans une telle situation, faire preuve d'intelligence émotionnelle, c'est mettre en œuvre les quatre aptitudes décrites par le groupe de Yale : d'abord, identifier l'état intérieur pour ce qu'il est (de la fatigue, pas de la faim), en connaître le déroulement (ça va et ça vient tout au long de la journée lorsqu'on en demande trop à son organisme ; ça ira sans doute mieux un peu plus tard), raisonner à son sujet (ça ne servira absolument à rien de manger une crème glacée de plus, ce sera au contraire une charge supplémentaire pour mon organisme et en plus je me sentirai coupable), et enfin gérer la situation de façon appropriée (apprendre à laisser passer la vague de fatigue, ou faire une pause « méditation » ou même une sieste de vingt minutes, pour lesquelles on peut toujours trouver le temps nécessaire et qui sont bien plus revigorantes qu'un énième café ou une demi-tablette de chocolat).

Ce cas peut paraître trivial, mais la situation est intéressante précisément parce qu'elle est à la fois terriblement banale et extrêmement difficile à maîtriser. La plupart des spécialistes de la nutrition et de l'obésité sont d'accord sur ce point : la mauvaise gestion des émotions est une des principales causes de la prise de poids dans une société où le stress est omniprésent et la nourriture abondamment utilisée pour y répondre. Ceux qui ont appris à maîtriser le stress n'ont généralement pas de problème de poids, parce que ce sont les mêmes qui ont appris à écouter leur corps, à reconnaître leurs émotions et à y répondre avec intelligence.

La thèse de Goleman est que la maîtrise de l'intelligence émotionnelle est un meilleur gage de succès dans l'existence que le QI. Dans une des plus remarquables études sur ce qui permet de prédire la réussite, près de cent étudiants de Harvard ont été suivis par des psychologues depuis les années 1940[4]. Leurs performances intellectuelles à vingt ans n'ont permis en rien de prédire leur niveau de revenu futur, leur productivité ou la reconnaissance de leurs pairs. Ceux qui avaient eu les meilleures notes à l'université n'étaient pas, non plus, ceux qui avaient la vie de famille la plus heureuse ou le plus d'amis. À l'inverse, une étude faite sur des enfants d'une banlieue pauvre de Boston suggère que le « quotient émotionnel » joue un rôle important : ce qui prédisait le mieux leur réussite en tant qu'adultes, ce n'était pas leur QI, mais leur capacité, au cours de leur enfance difficile, à contrôler leurs émotions, à gérer leur frustration et à coopérer avec les autres[5].

Par-delà Freud et Darwin :
la troisième révolution de la psychologie

Deux grandes théories ont dominé la psychologie du XXe siècle : celle de Darwin et celle de Freud. Il aura fallu près de cent ans pour que leur intégration mène à une perspective entièrement nouvelle sur l'équilibre des émotions.

Pour Darwin, l'évolution d'une espèce progresse par l'addition successive de nouvelles structures et fonctions. Chaque organisme possède donc les caractéristiques physiques de ses ancêtres, plus d'autres. Puisque l'homme et les grands singes ont divergé très tard dans l'évolution des espèces, l'homme est en quelque sorte un « singe plus* ». Le singe, lui-même, partage de nombreux traits avec tous les

---

* Naturellement, quelques caractéristiques s'atténuent simultanément, comme la pilosité, le visage prognathe, etc.

32

autres mammifères qui ont un ancêtre commun, et ainsi de suite tout le long de la chaîne de l'évolution.

Comme dans des fouilles archéologiques, on retrouve cette évolution successive par couches dans l'anatomie et la physiologie du cerveau humain. Les structures profondes du cerveau sont identiques à celles des singes, et certaines, les plus profondes, sont même identiques à celles des reptiles. À l'opposé, les structures d'évolution plus récente, comme le cortex préfrontal (derrière le front), n'existent à ce degré de développement que chez l'Homme. C'est pour cette raison que le front bombé de l'*Homo sapiens* le distingue si nettement du visage de ses ancêtres plus proches des grands singes. Ce qu'a annoncé Darwin était tellement révolutionnaire et troublant que les conséquences n'en ont été vraiment acceptées que vers le milieu du XXᵉ siècle : nous sommes condamnés à vivre avec, à l'intérieur même de notre cerveau, celui des animaux qui nous ont précédés dans l'évolution.

Freud, de son côté, a souligné et défini l'existence d'une partie de la vie psychique qu'il a appelée « l'inconscient » : ce qui échappe non seulement à l'attention consciente, mais, en plus, à la raison. Neurologue de formation, Freud n'a jamais pu se résoudre à l'idée que ses théories ne puissent s'expliquer en termes de structures et de fonctions du cerveau. Or en l'absence des connaissances sur l'anatomie du cerveau (son architecture) dont nous disposons aujourd'hui et, surtout, sur sa physiologie (son mode de fonctionnement), il lui était impossible de progresser dans cette voie. Sa tentative pour intégrer ces deux domaines – son fameux « Projet pour une psychologie scientifique » – s'est soldée par un échec. Il en était tellement mécontent qu'il a refusé de le publier de son vivant. Mais cela ne l'empêchait pas d'y penser constamment. Je me souviens d'avoir rencontré le docteur Wortis, un psychiatre célèbre qui avait été analysé par Freud. Il avait quatre-vingt-cinq ans et était encore très actif au sein de la principale revue de la psychiatrie biologique, *Biological*

Psychiatry, qu'il avait fondée. Le docteur Wortis m'a raconté comment Freud, à qui il avait rendu visite à Vienne au début des années 1930 pour se faire analyser, l'avait surpris par son insistance : « Ne vous contentez pas d'apprendre la psychanalyse telle qu'elle est formulée aujourd'hui. Elle est déjà dépassée. Votre génération sera celle qui verra la synthèse se faire entre la psychologie et la biologie. C'est à cela que vous devez vous consacrer. » Alors que le monde entier commençait à découvrir ses théories et sa cure par la parole, Freud, toujours pionnier, cherchait déjà ailleurs...

Il aura fallu attendre la fin du XXᵉ siècle pour que Antonio Damasio, un grand médecin et chercheur américain d'origine portugaise, fournisse une explication neurologique à la tension constante entre le cerveau primitif et le cerveau rationnel – les passions et la raison – dans des termes qui auraient sans doute satisfait Freud. Damasio, allant plus loin encore, a aussi montré en quoi les émotions sont tout simplement indispensables à la raison.

Les deux cerveaux : cognitif et émotionnel

Pour Damasio, la vie psychique est le résultat d'un effort permanent de symbiose entre deux cerveaux. D'un côté, un cerveau cognitif, conscient, rationnel et tourné vers le monde extérieur. De l'autre, un cerveau émotionnel, inconscient, préoccupé d'abord de survie et avant tout connecté au corps. Ces deux cerveaux sont relativement indépendants l'un de l'autre, et contribuent chacun de façon très différente à notre expérience de la vie et à notre comportement. Comme l'avait prédit Darwin, le cerveau humain comporte deux grandes parties : au plus profond du cerveau, tout à fait au centre, il y a le cerveau ancien, celui que nous partageons avec tous les mammifères et, pour certaines parties, avec les reptiles. C'est la première couche à avoir été déposée par l'évolution.

Paul Broca, le grand neurologue français du XIXᵉ siècle qui l'a décrit le premier, lui a donné le nom de cerveau « limbique[6] ». Autour de ce cerveau limbique, au fil de millions d'années d'évolution, s'est formée une couche beaucoup plus récente, le cerveau « nouveau », ou « néocortex », ce qui en latin signifie « nouvelle écorce » ou « nouvelle enveloppe » (voir figure 2 du cahier photo).

Le cerveau limbique contrôle les émotions et la physiologie du corps

Le cerveau limbique est constitué des couches les plus profondes du cerveau humain. C'est, de fait, un « cerveau à l'intérieur du cerveau ». Une image réalisée dans mon laboratoire de sciences neuro-cognitives à l'université de Pittsburgh permet d'illustrer cette idée (voir figure 3 du cahier photo). Lorsqu'on injecte à des volontaires une substance qui stimule directement la partie du cerveau profond responsable de la peur, on voit le cerveau émotionnel s'activer – presque comme une ampoule qui s'allume –, alors que, autour de lui, le néocortex ne montre aucune activité.

Au cours de l'étude dont est tirée cette illustration, j'ai été le premier à me faire injecter cette substance qui active directement le cerveau émotionnel. Je me souviens très bien de la sensation étrange que cela m'a fait : j'étais terrifié, sans savoir du tout pourquoi. C'était une expérience de peur « pure », une peur qui n'était attachée à aucun objet particulier. Par la suite, nombre des participants à cette étude ont décrit la même sensation étrange de peur intense et « flottante », qui ne durait, heureusement, que quelques minutes[7].

L'organisation du cerveau émotionnel est bien plus simple que celle du néocortex. À la différence de ce qui se passe pour ce dernier, la plupart des aires du cerveau limbique ne sont pas organisées en couches régulières de neurones permettant le traitement de l'information : les neurones y sont plutôt amalgamés. En raison de cette structure plus rudimentaire, le traitement de l'information par le cerveau émotionnel est beaucoup plus primitif que celui effectué par le néocortex. Mais il est plus rapide et plus adapté à des réactions essentielles à la survie. C'est pour cette raison que, par exemple, dans la pénombre d'un bois, un morceau de bois sur le sol qui ressemble à un serpent peut déclencher une réaction de peur. Avant même que le reste du cerveau ait pu compléter l'analyse et conclure qu'il s'agit d'un objet inoffensif, le cerveau émotionnel aura déclenché, sur la base d'informations très partielles et souvent incorrectes, la réaction de survie qui lui semblait adaptée[8].

Le tissu même du cerveau émotionnel est différent de celui du néocortex. Lorsqu'un virus comme celui de l'herpès ou de la rage attaque le cerveau, c'est seulement le cerveau profond qui est infecté, pas le néocortex. C'est pour cette raison que la première manifestation de la rage est un comportement émotionnel très anormal.

Le cerveau limbique est un poste de commande qui reçoit continuellement des informations de différentes parties du corps et y répond de manière appropriée en contrôlant l'équilibre physiologique : la respiration, le rythme cardiaque, la tension artérielle, l'appétit, le sommeil, la libido, la sécrétion des hormones, et même le fonctionnement du système immunitaire sont sous ses ordres. Le rôle du cerveau limbique semble être de maintenir les différentes fonctions en équilibre, cet état que le père de la physiologie moderne, le savant français de la fin du XIXe siècle, Claude Bernard, a appelé l'« homéostasie » : l'équilibre dynamique qui nous maintient en vie.

De ce point de vue, nos émotions ne sont que l'expérience consciente d'un large ensemble de réactions physiologiques qui surveillent et ajustent continuellement l'activité des systèmes biologiques du corps aux impératifs de l'environnement intérieur et extérieur[9]. Le cerveau émotionnel est donc presque plus intime avec le corps qu'il ne l'est avec le cerveau cognitif. Et c'est pour cette raison qu'il est souvent plus facile d'accéder aux émotions par le corps que par la parole.

Marianne, par exemple, suivait depuis deux ans une cure psychanalytique freudienne traditionnelle. Elle s'allongeait sur le divan et faisait de son mieux pour « associer librement » autour des thèmes qui la faisaient souffrir, à savoir essentiellement sa dépendance affective vis-à-vis des hommes. Elle n'avait l'impression de vivre pleinement que lorsqu'un homme lui disait souvent qu'il l'aimait, et elle supportait mal les séparations, même les plus brèves. Cela la laissait avec une anxiété diffuse, comme une petite fille. Après deux ans d'analyse, Marianne comprenait parfaitement son problème. Elle pouvait décrire en détail sa relation compliquée avec sa mère, qui la confiait fréquemment à des nourrices anonymes, et elle se disait que cela expliquait sûrement son sentiment permanent d'insécurité. Avec son esprit formé dans une grande école, elle s'était passionnée pour l'analyse de ses symptômes et la manière dont elle les revivait dans sa relation à son analyste, dont elle était devenue, naturellement, très dépendante. Elle avait fait de grands progrès et se sentait plus libre, même si, en analyse, elle n'avait jamais pu revivre la douleur et la tristesse de son enfance. Toujours focalisée sur ses pensées et le langage, elle se rendait compte maintenant qu'elle n'avait jamais pleuré sur le divan. À sa grande surprise, c'est chez une masseuse, au cours d'une semaine de thalassothérapie, qu'elle avait soudainement retrouvé ses émotions. Elle était allongée sur le dos et la masseuse lui massait doucement le ventre. Lorsqu'elle s'approchait d'un point précis, au-dessous du nombril, Marianne sentait un sanglot lui monter à la gorge. La masseuse le remarqua et lui demanda de simplement prendre note de ce qu'elle ressentait, puis elle insista, doucement, avec des mouvements tournants juste sur ce point. Quelques secondes plus tard, Marianne fut prise de sanglots violents qui secouaient tout son corps. Elle se revit sur une table d'hôpital, après une opération de l'appendicite, à l'âge de sept ans, seule parce que sa mère n'était pas revenue de vacances pour s'occuper d'elle. Cette émotion, qu'elle avait si longtemps cherchée dans sa tête, était là depuis toujours, cachée dans son corps.

À cause de sa relation étroite avec le corps, il est souvent plus facile d'agir sur le cerveau émotionnel par le corps que par le langage : les médicaments, bien sûr, interfèrent directement avec le fonctionnement des neurones, mais on peut aussi mobiliser des rythmes physiologiques intrinsèques comme les mouvements oculaires associés aux rêves, les variations naturelles de la fréquence cardiaque, le cycle du sommeil et son rapport au rythme du jour et de la nuit, ou utiliser l'exercice physique ; ou encore l'acupuncture et la maîtrise de l'alimentation. Comme nous le verrons, les relations affectives, et même la relation aux autres – à travers la communauté dans laquelle nous vivons –, ont une forte composante physique, un vécu corporel. Ces voies d'accès corporelles au cerveau émotionnel sont plus directes et souvent plus puissantes que la pensée et le langage.

Le cerveau cortical contrôle la cognition, le langage et le raisonnement

Le néocortex, la « nouvelle écorce », c'est la surface plissée qui donne au cerveau son apparence si caractéristique. C'est aussi l'enveloppe qui entoure le cerveau émotionnel. Il se trouve à la surface car il est, du point de vue de l'évolution, la couche la plus récente. Il est constitué de six strates distinctes de neurones, parfaitement régulières et organisées pour le traitement optimal de l'information, comme dans un microprocesseur.

C'est cette organisation qui confère au cerveau son

exceptionnelle capacité à traiter l'information. Alors que l'on peine encore aujourd'hui à programmer des ordinateurs pour qu'ils reconnaissent des visages humains dans toutes les conditions d'éclairage et d'orientation, le néocortex y parvient sans difficulté en l'espace de quelques millisecondes. Dans le domaine de l'audition, ce sont ses capacités complexes de traitement du son qui lui permettent de faire la différence, avant même la naissance, entre la langue maternelle et toute autre langue étrangère[10] !

Chez l'homme, la partie du néocortex qui se trouve derrière le front, au-dessus des yeux, baptisée « cortex préfrontal », est particulièrement développée. Alors que la taille du cerveau émotionnel est globalement la même d'une espèce à une autre (compte tenu, bien évidemment, des différences de taille), le cortex préfrontal, lui, représente chez l'homme une proportion bien plus importante du cerveau que chez tous les autres animaux.

C'est par l'intermédiaire du cortex préfrontal que le néocortex prend en charge l'attention, la concentration, l'inhibition des impulsions et des instincts, l'ordonnancement des relations sociales et, comme Damasio l'a démontré, le comportement moral. Surtout, c'est lui qui établit des plans pour le futur à partir de « symboles » qui ne sont présents qu'à l'esprit, c'est-à-dire sans que l'information soit sous les yeux ou dans les mains. Attention, concentration, réflexion, planification, comportement moral : le néocortex – notre cerveau cognitif – est une composante essentielle de notre humanité.

Quand les deux cerveaux ne s'entendent pas

Les deux cerveaux, émotionnel et cognitif, perçoivent l'information provenant du monde extérieur à peu près en même temps. À partir de là, ils peuvent ou bien coopérer, ou bien se disputer le contrôle de la pensée, des émotions et du comportement. C'est le résultat de cette interaction – coopération ou compétition – qui détermine ce que nous ressentons, notre rapport au monde, et notre rapport aux autres. Les différentes formes de compétition nous rendent malheureux. À l'inverse, lorsque le cerveau émotionnel et le cerveau cognitif se complètent, l'un pour donner une direction à ce que nous voulons vivre (l'émotionnel), et l'autre pour nous faire avancer dans cette voie le plus intelligemment possible (le cognitif), nous ressentons une harmonie intérieure – un « je suis là où je veux être dans ma vie » – qui sous-tend toutes les expériences durables de bien-être.

Le court-circuit émotionnel

L'évolution connaissait ses priorités. Et l'évolution est avant tout une question de survie et de transmission de nos gènes d'une génération à la suivante. Quelle que soit la complexité du cerveau qu'elle a façonné au cours de plusieurs millions d'années, quelles que soient ses prodigieuses capacités de concentration, d'abstraction, de réflexion sur soi, si celles-ci nous empêchaient de détecter la présence d'un tigre ou d'un ennemi, ou nous faisaient manquer le passage d'un partenaire sexuel approprié et donc une occasion de nous reproduire, notre espèce se serait éteinte depuis longtemps. Heureusement, le cerveau émotionnel veille en permanence. C'est lui qui a la charge de surveiller l'environnement, en arrière-plan. Lorsqu'il détecte un danger ou une opportunité exceptionnelle du point de vue de la survie – un partenaire possible, un territoire, un bien matériel utile –, il déclenche immédiatement une alarme qui annule en quelques millisecondes toutes les opérations du cerveau cognitif et interrompt son activité. Cela permet au cerveau dans son ensemble de se concentrer instantanément sur ce qui est essentiel à la survie. Lorsque nous conduisons, c'est ce mécanisme qui nous aide à détecter, inconsciemment, un camion qui se dirige vers nous, alors même que nous sommes en pleine conversation avec notre passager. Le cerveau émotionnel décèle le danger, puis il focalise notre attention jusqu'à ce que le danger soit passé. C'est lui aussi qui interrompt la conversation entre deux hommes à une terrasse de café lorsqu'une minijupe affriolante passe dans leur champ de vision. C'est encore lui qui rend silencieux des parents dans un parc, lorsqu'ils aperçoivent du coin de l'œil un chien inconnu qui s'approche de leur enfant.

L'équipe de Patricia Goldman-Rakic, à l'université de Yale, a démontré que le cerveau émotionnel a la capacité de « débrancher » le cortex préfrontal, la partie la plus avancée du cerveau cognitif (le terme anglais, comme en informatique, est de le mettre « off-line »). Sous l'effet d'un stress important, le cortex préfrontal ne répond plus et perd sa capacité à guider le comportement. Du coup, ce sont les réflexes et les actions instinctives qui prennent le dessus[11]. Plus rapides et plus proches de notre héritage génétique, l'évolution leur a donné la priorité dans les situations d'urgence, comme sils étaient censés mieux nous guider que des réflexions abstraites lorsque la survie est en jeu. Dans les conditions de vie quasi animales de nos ancêtres, ce système d'alarme était essentiel. Plusieurs centaines de milliers d'années après l'émergence d'*Homo sapiens*, il nous est encore prodigieusement utile dans la vie quotidienne. Toutefois, lorsque nos émotions sont trop à vif, cette préemption du cerveau émotionnel sur le cognitif commence à dominer notre fonctionnement mental. Nous perdons alors le contrôle du flux de nos pensées et devenons incapables d'agir en fonction de notre meilleur intérêt sur le long terme. C'est ce qui nous arrive lorsque nous nous sentons « irritables » à la suite d'une contrariété, au cours d'une dépression, ou comme conséquence d'un traumatisme émotionnel plus grave. C'est aussi cela qui explique le « tempérament trop sensible » de gens ayant subi des abus physiques, sexuels ou même simplement émotionnels.

Dans la pratique médicale, on rencontre deux exemples courants de ce court-circuit émotionnel. Le premier est ce que l'on appelle l'état de stress post-traumatique » (ESPT) : après un traumatisme grave – par exemple un viol ou un tremblement de terre – le cerveau émotionnel se comporte comme une sentinelle loyale et consciencieuse qui se serait laissé surprendre. Il déclenche l'alarme bien trop souvent, comme s'il était incapable de s'assurer de l'absence de tout danger. C'est ce qui est arrivé, notamment, à une survivante du 11 septembre venue se faire traiter dans notre centre à Pittsburgh : des mois après l'attentat, son corps se paralysait dès qu'elle pénétrait dans un gratte-ciel.

Le second exemple courant est celui des attaques d'anxiété, qu'on appelle aussi en psychiatrie des attaques de panique. Dans les pays développés, près d'une personne sur vingt a souffert d'attaques de panique[12]. Souvent, les victimes ont l'impression qu'elles vont avoir un infarctus, tant les manifestations physiques en sont impressionnantes. Le cerveau limbique prend soudainement le contrôle de toutes les fonctions du corps : le cœur bat à toute allure, l'estomac se noue, les jambes et les mains tremblent, la sueur perle de partout. Au même moment, les fonctions cognitives sont anéanties par la déferlante d'adrénaline : le cerveau cognitif aura beau ne percevoir aucune raison à un tel état d'alarme, tant qu'il restera « débranché » par l'adrénaline, il sera incapable d'organiser une réponse cohérente à la situation. Les gens qui ont vécu de telles attaques le décrivent très bien : « Mon cerveau était comme vide ; je ne pouvais pas penser. Les seuls mots dont j'étais conscient étaient : "Tu es en train de mourir ; appelle une ambulance ; tout de suite !" »

L'étouffement cognitif

À l'opposé, le cerveau cognitif contrôle l'attention consciente et la capacité de tempérer les réactions émotionnelles avant qu'elles deviennent disproportionnées. Cette régulation des émotions par le cognitif nous libère de ce qui pourrait être une tyrannie des émotions et une vie entièrement pilotée par des instincts et des réflexes. Une étude effectuée à l'université Stanford avec des moyens d'imagerie cérébrale met clairement en évidence ce rôle du cerveau cortical. Quand des étudiants regardent des photos très pénibles – des corps mutilés ou des visages défigurés, par exemple –, leur cerveau émotionnel réagit immédiatement. Toutefois, s'ils font l'effort conscient de contrôler leurs émotions, ce sont les régions corticales qu'on voit dominer sur les images de leur cerveau en action et elles bloquent l'activité du cerveau émotionnel[13].

Mais la lame du contrôle cognitif des émotions est à double tranchant : si on l'utilise trop, on peut finir par perdre le contact avec les appels au secours du cerveau émotionnel. On peut souvent voir les effets de cette suppression excessive chez des personnes à qui l'on a appris, enfants, que leurs émotions n'étaient pas acceptables, le cliché typique en la matière est sans doute l'injonction tant de fois entendue par les hommes : « Un garçon ne doit pas pleurer. »

Un contrôle exagéré des émotions peut ainsi donner naissance à un tempérament qui, lui, n'est pas suffisamment « sensible ». Un cerveau qui ne laisse pas l'information émotionnelle jouer son rôle se trouve confronté à d'autres problèmes. D'une part, il est bien plus difficile de prendre des décisions lorsque l'on ne ressent pas de préférence « en son for intérieur », c'est-à-dire dans le cœur et le ventre, ces parties du corps qui donnent leur écho « viscéral » aux émotions. C'est pour cette raison que l'on voit des intellectuels un peu trop « matheux » – souvent des hommes – se perdre dans des considérations infinies de détail lorsqu'il s'agit de choisir entre deux voitures, par exemple, ou même entre deux appareils photo. Dans les cas les plus sévères, comme dans le fameux exemple de Phineas Gage, au XIXe siècle[14], ou celui, plus récent, de « E.V.R. », un patient décrit par Eslinger et Damasio[15], une lésion neurologique empêche le cerveau cognitif de prendre connaissance du ressenti émotionnel. Prenons le cas de E.V.R. Ce comptable doté d'un QI de 130 – ce qui le plaçait dans la tranche « intelligence supérieure » – était un membre apprécié de sa communauté. Marié depuis de nombreuses années, il avait plusieurs enfants, allait régulièrement à l'église, et menait une vie très rangée. Un jour, il dut subir une opération du cerveau qui eut pour résultat de « déconnecter » son cerveau cognitif de son cerveau émotionnel. Du jour au lendemain, il devint incapable de prendre la moindre décision. Aucune n'avait de « sens » pour lui. Il ne pouvait que raisonner sur les décisions de façon abstraite. Curieusement, les tests d'intelligence – qui ne mesurent justement que l'intelligence abstraite – indiquaient toujours une intelligence tout à fait supérieure à la moyenne. En dépit de cela, E.V.R. ne savait plus que faire de sa journée, puisque sans préférence véritable, « viscérale », pour une option ou une autre, tous les choix se perdaient dans d'infinies considérations de détail. Il finit par perdre son travail, puis son mariage sombra, et il s'embarqua dans une succession d'affaires douteuses dans lesquelles il engloutit tout son argent. Sans émotions pour orienter ses choix, son comportement s'était complètement déréglé, même si son intelligence restait intacte.

Chez les gens au cerveau intact, une tendance à l'étouffement émotionnel peut néanmoins avoir des conséquences graves sur la santé. La séparation entre le cerveau cognitif et le cerveau émotionnel fait que nous avons une capacité extraordinaire à ne pas percevoir les petits signaux d'alarme de notre système limbique. Nous trouvons toujours mille bonnes raisons de nous enfermer dans un mariage ou une profession qui en réalité nous font souffrir en faisant chaque jour violence à nos valeurs les plus profondes. Mais ce n'est pas parce que l'on se rend aveugle à une détresse sous-jacente que celle-ci disparaît. Puisque le corps est le principal champ d'action du cerveau émotionnel, cette impasse se traduit par des problèmes physiques. Les symptômes en sont les classiques maladies du stress : la fatigue inexpliquée, l'hypertension artérielle, les rhumes et autres infections à répétition, les maladies cardiaques, les troubles intestinaux et les problèmes de peau. Des chercheurs de Berkeley ont même suggéré il y a peu que c'est la *suppression* des émotions négatives par le cerveau cognitif, et non les émotions négatives elles-mêmes, qui pèse le plus lourdement sur notre cœur et nos artères[16].

Le « flux » et le sourire du Bouddha

Pour vivre en harmonie dans la société des humains, il faut atteindre et maintenir un équilibre entre nos réactions émotionnelles immédiates – instinctives – et les réponses rationnelles qui préservent les liens sociaux au long cours. L'intelligence émotionnelle s'exprime au mieux lorsque les deux systèmes du cerveau, le cortical et le limbique, coopèrent à chaque instant. Dans cet état, les pensées, les décisions, les gestes, s'agencent et s'écoulent naturellement, sans que nous y prêtions une attention particulière. Dans cet état, nous savons quel choix nous devons faire à chaque instant, et nous poursuivons nos objectifs sans effort, avec une concentration naturelle, parce que nos actions sont alignées sur nos valeurs. Cet état de bien-être est ce à quoi nous aspirons continuellement : la manifestation de l'harmonie parfaite entre le cerveau émotionnel, qui donne l'énergie et la direction, et le cerveau cognitif, qui organise l'exécution. Le grand psychologue américain Mihali Csikszentmihalyi (prononcer « chic-sainte-mihal »), qui a grandi dans le chaos de la Hongrie de l'après-guerre, a dédié sa vie à la compréhension de l'essence du bien-être. Il a baptisé cette condition l'état de « flux » (de l'anglais « flow »)[17].

Curieusement, il existe un marqueur physiologique très simple de cette harmonie cérébrale, dont Darwin a étudié les fondements biologiques il y a plus d'un siècle : le sourire. Un sourire faux – celui auquel on s'oblige pour des raisons d'ordre social – ne mobilise que les muscles zygomatiques de la face, ceux qui, retroussant les lèvres, découvrent les dents. Un sourire « vrai », par contre, mobilise en outre les muscles qui entourent les yeux. Or ceux-ci ne peuvent pas être contractés volontairement, c'est-à-dire par le cerveau cognitif. La commande doit provenir des régions limbiques, primitives et profondes. C'est pour cette raison que les yeux, eux, ne mentent jamais : c'est leur plissement qui signe l'authenticité ou non d'un sourire. Un sourire chaleureux, un sourire vrai, nous donne à comprendre intuitivement que notre interlocuteur se trouve, à cet instant précis, dans un état d'harmonie entre ce qu'il pense et ce qu'il ressent, entre cognition et émotion. Le cerveau a une capacité innée à atteindre l'état de flux. Son symbole le plus universel est le sourire sur le visage du Bouddha.

L'objectif des méthodes naturelles que je vais m'efforcer de présenter dans les chapitres suivants est précisément de faciliter cette harmonie, ou de la retrouver. Contrairement au QI qui évolue très peu au cours de la vie, l'intelligence émotionnelle, elle, peut être cultivée à tous les âges. Il n'est jamais trop tard pour apprendre à mieux gérer ses émotions et son rapport à autrui. La première approche décrite ici est sans doute la plus fondamentale. Il s'agit d'optimiser le rythme de son cœur pour résister au stress, contrôler l'anxiété et maximiser l'énergie vitale qui est en nous. C'est la première clé de l'intelligence émotionnelle.

3

Le cœur et la raison

« Adieu, dit le renard. Voici mon secret.
Il est très simple : on ne voit bien qu'avec le cœur.
L'essentiel est invisible pour les yeux. »
Antoine de Saint-Exupéry, *Le Petit Prince*.

Herbert von Karajan a dit un jour qu'il ne vivait que pour la musique. Il ne savait sans doute pas lui-même à quel point c'était vrai : il est mort précisément l'année où il a pris sa retraite après trente ans passés à la tête de l'Orchestre philharmonique de Berlin. Mais le plus surprenant, c'est que deux psychologues autrichiens auraient pu le prédire. Douze ans auparavant, ils avaient étudié la manière dont le cœur du maestro réagissait à ses différentes activités[1]. Ils avaient enregistré les plus grandes variations alors qu'il dirigeait un passage particulièrement chargé en émotions de l'ouverture *Lenora 3* de Beethoven. En fait, il lui suffisait même d'entendre à nouveau ce passage pour que l'on observe pratiquement la même accélération du rythme cardiaque.

Il y avait dans cette composition des passages bien plus éprouvants physiquement pour un chef d'orchestre. Pourtant, chez Karajan, ils ne donnaient lieu qu'à de faibles augmentations du rythme cardiaque. Pour ce qui est de ses autres activités, Karajan semblait les prendre moins à cœur, si l'on peut dire. Qu'il fît atterrir son avion privé ou même redécoller en catastrophe, c'est à peine si son cœur en prenait note. Le cœur de Karajan était tout entier dans la musique. Et quand le maestro a quitté la musique, son cœur ne l'a pas suivi.

Qui n'a jamais entendu l'histoire d'un voisin âgé qui décède quelques mois après sa femme ? Ou d'une grand-tante qui meurt après avoir perdu son fils ? La sagesse populaire dira qu'ils ont eu « le cœur brisé ». Pendant longtemps, la science médicale a traité ce type d'incidents par le mépris, les mettant sur le compte de simples coïncidences. C'est seulement depuis une vingtaine d'années que plusieurs équipes de cardiologues et de psychiatres se sont penchées sur ces « anecdotes ». Ils ont découvert que le stress est un facteur de risque plus important encore que la cigarette en ce qui concerne les maladies du cœur[2]. On a aussi appris qu'une dépression consécutive à un infarctus prédit le décès du patient dans les six mois suivants avec plus de précision que toute autre mesure de la fonction cardiaque[3]. Quand le cerveau émotionnel se dérègle, le cœur souffre et finit par s'épuiser. Mais la découverte la plus étonnante est que cette relation est à double sens. À chaque instant, l'équilibre de notre cœur influence notre cerveau. Certains cardiologues et neurologues vont même jusqu'à parler d'un « système cœur-cerveau » indissociable[4].

S'il existait un médicament permettant d'harmoniser cette relation intime entre le cœur et le cerveau, il aurait des effets bénéfiques sur l'organisme dans son ensemble. Il ralentirait le vieillissement, réduirait le stress et la fatigue, jugulerait l'anxiété et nous garderait à l'abri de la dépression ; la nuit, il nous aiderait à mieux dormir et, le jour, à fonctionner au mieux de nos capacités de concentration et de précision. Surtout, en équilibrant la relation entre le cerveau et le corps, il nous permettrait plus facilement d'établir cet état de « flux » synonyme de bien-être. Ce serait un antihypertenseur, un anxiolytique et un antidépresseur « tout en un ».

S'il existait, pas un médecin ne manquerait de prescrire un tel médicament. Comme le fluor pour les dents, les gouvernements finiraient peut-être même par le mettre dans l'eau.

Hélas, ce médicament miraculeux n'existe pas encore. En revanche, nous disposons depuis peu d'une méthode simple et efficace, à la portée de tout un chacun, qui semble créer, justement, les conditions de l'harmonie entre le cœur et le cerveau. Cette méthode a beau être d'invention récente, plusieurs études ont déjà montré ses effets bénéfiques sur le corps et les émotions de ceux qui la maîtrisent, y compris un rajeunissement de leur physiologie. Pour comprendre comment cela est possible, nous devons d'abord nous pencher brièvement sur le fonctionnement du système cœur-cerveau.

Le cœur des émotions

Nous ressentons les émotions dans le corps, pas dans la tête : cela, au moins, semble aller de soi. Déjà en 1890, William James, professeur à Harvard et père de la psychologie américaine, écrivait qu'une émotion était avant tout un état du corps, et seulement ensuite une perception dans le cerveau. Il fondait ses conclusions sur l'expérience ordinaire de nos émotions. Ne dit-on pas, en effet, que l'on a « la peur au ventre » ou « le cœur léger », que l'on « se fait de la bile » ou bien que l'on est « ulcéré » ? On aurait tort de ne voir dans ces expressions que de simples figures de style. Ce sont des représentations assez précises de ce que nous éprouvons lorsque nous nous trouvons dans différents états émotionnels. De fait, on sait depuis peu que l'intestin et le cœur ont leurs propres réseaux de quelques dizaines de milliers de neurones qui sont comme des « petits cerveaux » à l'intérieur du corps. Ces cerveaux locaux sont capables d'avoir leurs propres perceptions, de modifier leur comportement en fonction de celles-ci, et même de se transformer à la suite de leurs expériences, c'est-à-dire, d'une certaine manière, de former leurs propres souvenirs[5].

Outre qu'il dispose de son propre réseau de neurones semi-autonome, le cœur est aussi une petite usine à hormones. Il sécrète sa propre réserve d'adrénaline qu'il libère lorsqu'il a besoin de fonctionner au maximum de ses capacités. Il sécrète aussi et contrôle la libération d'une autre hormone, l'ANF, qui régule la tension artérielle. Il sécrète enfin sa propre réserve d'ocytocine, l'hormone de l'amour. Celle-ci est libérée dans le sang, par exemple, lorsqu'une mère allaite son enfant, lorsque deux êtres se font la cour, et au cours de l'orgasme[6]. Toutes ces hormones agissent directement sur le cerveau. Enfin, le cœur fait participer tout l'organisme des variations de son vaste champ électromagnétique, que l'on peut détecter à plusieurs mètres du corps, mais dont on ne connaît pas encore la signification[7]. On le voit bien, l'importance du cœur dans le langage des émotions n'est pas qu'une image. Le cœur perçoit et ressent. Et, quand il s'exprime, il influence toute la physiologie de notre organisme, à commencer par le cerveau.

Pour Marie, ces considérations étaient loin d'être théoriques. À cinquante ans, elle souffrait depuis plusieurs années d'attaques soudaines d'anxiété qui pouvaient la surprendre n'importe où, n'importe quand. D'abord, son cœur se mettait à battre trop vite, bien trop vite. Un jour, lors d'une réception, son cœur s'était subitement emballé et elle avait dû se raccrocher au bras d'un monsieur qu'elle ne connaissait pas lorsque ses jambes s'étaient dérobées sous elle. Cette incertitude constante sur le comportement de son cœur la mettait très mal à l'aise. Elle avait commencé à réduire ses activités. Depuis l'épisode du cocktail, elle ne sortait plus qu'accompagnée d'amis sûrs ou de sa fille. Elle ne conduisait plus toute seule jusqu'à sa maison de campagne de peur que son cœur ne la « lâche » – comme elle disait – sur l'autoroute.

Marie n'avait aucune idée de ce qui déclenchait ces attaques. C'était comme si son cœur décidait tout d'un coup qu'il était terrifié par quelque chose dont elle n'avait pas conscience ; ses pensées devenaient alors confuses, inquiètes, et le reste de son corps se mettait à vaciller.

Son cardiologue lui avait diagnostiqué un « prolapsus de la valve mitrale », une affection tout à fait bénigne d'une des valves du cœur qui, lui disait-il, ne devait en rien l'inquiéter. Il lui avait suggéré de prendre des médicaments bêta-bloquants pour juguler les emballements de son cœur, mais ceux-ci la fatiguaient et lui donnaient des cauchemars. Elle avait donc cessé de les prendre de son propre chef. Quand je l'ai reçue en consultation, je venais de lire un article dans l'*American Journal of Psychiatry* selon lequel le cœur de certains de ces patients répondait très bien aux antidépresseurs, comme si les accélérations intempestives trouvaient leur origine dans le cerveau plutôt qu'au niveau de la valve[8]. Hélas, mon traitement ne fut guère plus efficace que celui de mon collègue cardiologue et, en plus, Marie était très mécontente des kilos que lui avait fait prendre le médicament que je lui avais prescrit. Le cœur de Marie ne se calma que lorsqu'elle apprit à le domestiquer directement. J'ai presque envie de dire : « lorsqu'elle apprit à lui parler ».

La relation entre le cerveau émotionnel et le « petit cerveau » du cœur est une des clés de l'intelligence émotionnelle. En apprenant – littéralement – à controler notre cœur, nous apprenons à apprivoiser notre cerveau émotionnel, et *vice versa*. Car la relation la plus forte entre le cœur et le cerveau émotionnel est celle établie par ce que l'on appelle le « système nerveux périphérique autonome », c'est-à-dire la partie du système nerveux qui régule le fonctionnement de tous nos organes, lequel échappe à la fois à notre volonté et à notre conscience.

Le système nerveux autonome est constitué de deux branches qui innervent chacune les organes du corps à partir du cerveau émotionnel. La branche dite « sympathique* » libère de l'adrénaline et de la noradrénaline. Elle contrôle les réactions de combat et de fuite. Son activité accélère le rythme cardiaque. L'autre branche, dite « parasympathique », libère un neurotransmetteur différent qui accompagne les états de relaxation et de calme**. Son activité ralentit le cœur. Chez les mammifères, ces deux systèmes – le frein et l'accélérateur – sont constamment en équilibre. C'est cela qui permet aux mammifères de s'adapter de manière extrêmement rapide à tous les changements qui peuvent survenir dans leur environnement. Quand un lapin broute de l'herbe, en sécurité devant son terrier, à tout instant, il peut s'interrompre, redresser la tête, dresser ses oreilles qui scannent les environs comme un radar et humer l'air pour détecter la présence d'un prédateur. Une fois le signal de danger passé, il retourne rapidement à son repas. Seule la physiologie des mammifères exhibe une telle souplesse. Pour négocier les virages imprévisibles de l'existence, on a besoin à la fois d'un frein et d'un accélérateur ; ceux-ci doivent être en parfait état de marche, et il faut qu'ils soient aussi puissants l'un que l'autre pour se compenser mutuellement si le besoin s'en fait sentir (voir figure 2).

Selon le chercheur américain Stephen Porges, c'est l'équilibre subtil entre les deux branches du système nerveux autonome qui a permis aux mammifères de développer des relations sociales de plus en plus complexes au fil de l'évolution. La plus complexe d'entre elles serait la relation amoureuse et, surtout, la phase particulièrement délicate de la séduction. Quand un homme ou une femme qui nous intéresse nous regarde et que notre cœur bat la chamade ou

---

* Ce terme « sympathique » vient de la racine latine qui veut dire « être en relation » parce que les branches de ces nerfs sont en relation avec la moelle épinière tout le long de la colonne vertébrale.

** Le neurotransmetteur du système parasympathique est l'acetylcholine.

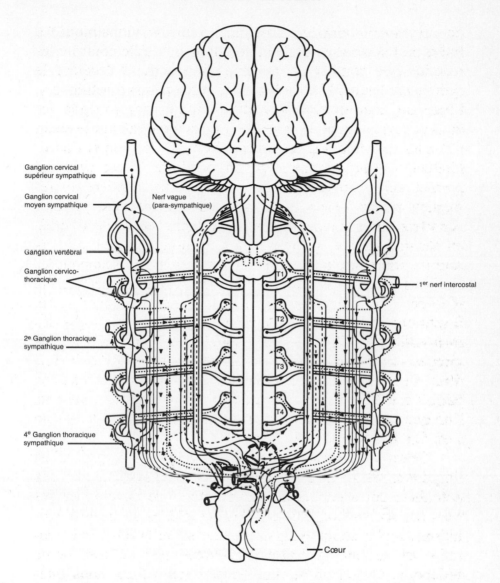

Ganglion cervical
supérieur sympathique

Ganglion cervical
moyen sympathique

Nerf vague
(para-sympathique)

Ganglion vertébral

Ganglion cervico-
thoracique

T1

1er nerf intercostal

T2

2e Ganglion thoracique
sympathique

T3

T4

4e Ganglion thoracique
sympathique

Cœur

Figure 2 : Le système cœur-cerveau. – Le réseau semi-autonome de neurones qui cons-
titue le « petit cerveau du cœur » est profondément interconnecté avec le cerveau
proprement dit. Ensemble, ils constituent un véritable « système cœur-cerveau ». Au sein
de ce système, les deux organes s'influencent mutuellement à chaque instant.
Parmi les mécanismes qui relient le cœur et le cerveau, le système nerveux autonome
joue un rôle particulièrement important. Celui-ci est constitué de deux branches : la
branche dite « sympathique » accélère le cœur et active le cerveau émotionnel, alors que
la branche dite « para-sympathique » joue un rôle de frein sur l'un et l'autre.

53

que nous nous mettons à rougir, c'est que notre système sympathique a appuyé sur l'accélérateur, peut-être un peu fort. Si nous prenons une grande respiration pour recouvrer nos esprits et reprendre la conversation avec plus de naturel, nous avons, en réalité, appuyé sur le frein parasympathique. Sans ces modulations constantes, l'approche amoureuse serait beaucoup plus chaotique et difficile, sujette à de nombreuses erreurs d'interprétation ; comme elle l'est souvent chez les adolescents, qui maîtrisent encore mal l'équilibre de leur système nerveux autonome.

Mais le cœur ne se contente pas de subir l'influence du système nerveux central : il renvoie vers la base du crâne des fibres nerveuses qui, elles, contrôlent l'activité du cerveau[9]. En plus de la voie hormonale, de la tension artérielle et du champ magnétique de notre corps, le « petit cerveau » du cœur peut donc agir sur le cerveau émotionnel par des connexions nerveuses directes. Et quand le cœur se dérègle, il entraîne avec lui le cerveau émotionnel. C'est précisément cela que vivait Marie.

Le reflet direct de ce va-et-vient entre le cerveau émotionnel et le cœur est la variabilité normale des battements du cœur. Puisque les deux branches du système nerveux autonome sont toujours en équilibre, elles sont constamment en train d'accélérer et de ralentir le cœur. Du coup, l'intervalle entre deux battements successifs n'est jamais identique[10]. Cette variabilité est en soi très saine puisqu'elle est le signe du bon fonctionnement du frein et de l'accélérateur, et donc de toute notre physiologie. Elle n'a rien à voir avec les arythmies dont souffrent certains patients. Les soudaines envolées de « tachycardie » (ces accélérations brutales du cœur qui durent plusieurs minutes) ou celles qui accompagnent les attaques d'anxiété sont le symptôme d'une situation anormale où le cœur n'est plus soumis à l'effet régulateur du frein parasympathique. À l'autre extrême, lorsque le cœur bat avec la régularité d'un métronome, sans la moindre variabilité, c'est un signe d'une grande gravité. Les obstétriciens ont été les premiers à le reconnaître : chez le fœtus, pendant l'accouchement, il reflète une souffrance possiblement mortelle qu'ils surveillent minutieusement. Chez l'adulte aussi, puisqu'il est à présent établi que le cœur ne commence à battre avec une si grande régularité que quelques mois avant la mort.

Chaos et cohérence

J'ai découvert mon propre « système cœur-cerveau » sur l'écran d'un ordinateur portable. On m'avait glissé le bout du doigt dans une petite bague reliée à la machine. L'ordinateur mesurait simplement l'intervalle entre les battements successifs qu'il détectait sur la pulpe de mon index. Quand l'intervalle était un peu plus court mon cœur ayant battu plus vite –, une ligne bleue sur l'écran montait d'un cran. Quand l'intervalle s'allongeait – mon cœur ayant ralenti un peu –, la ligne redescendait. Sur l'écran, je voyais la ligne bleue zigzaguer de haut en bas sans raison apparente. Avec chaque battement, mon cœur semblait s'adapter à quelque chose, mais il n'y avait aucune structure dans les pics et les vallées – les accélérations et les ralentissements. La ligne qui se dessinait ressemblait à la crête chaotique d'une chaine de montagnes. Même si mon cœur battait à une moyenne de 62 battements par minute, d'un instant à l'autre, il pouvait monter à 70 puis redescendre à 55, sans que je puisse discerner pourquoi. La technicienne me rassura : c'était la variabilité normale du rythme cardiaque. Elle me demanda alors d'effectuer un calcul mental : « Faites 1356 moins 9, puis continuez de soustraire 9 de chaque nombre que vous obtenez... » Je m'exécutai sans trop de difficulté, même s'il n'était pas bien agréable d'être mis à l'épreuve devant le petit groupe d'observateurs curieux qui découvraient ce système en même temps que moi. Aussitôt, à ma grande surprise, le tracé devint encore plus irrégulier et chaotique, et la moyenne de mes battements de cœur grimpa jusqu'à 72. Dix battements de plus par minute, simplement parce que je manipulais quelques chiffres ! Quel dévoreur d'énergie, ce cerveau ! Ou bien était-ce le stress de devoir effectuer ces calculs à haute voix et en public ?

La technicienne nous expliqua que, comme le tracé était devenu encore plus irrégulier en même temps que mon rythme cardiaque s'accélérait, cela était plutôt un signe d'anxiété que d'un simple effort mental. Pourtant, je ne sentais rien. Elle me demanda alors de tourner mon attention vers la région de mon cœur et d'évoquer un souvenir agréable ou heureux. Cela me surprit. En général, les techniques de méditation ou de relaxation exigent que l'on se vide l'esprit pour atteindre le calme intérieur, pas que l'on évoque des souvenirs agréables... Mais je fis ce qu'elle me demandait, et – surprise ! – en quelques secondes le tracé sur l'écran changea du tout au tout : les accrocs irréguliers et imprévisibles étaient devenus une succession de douces vaguelettes, une onde régulière, souple et élégante. Comme si mon cœur alternait maintenant paisiblement et régulièrement entre accélération et ralentissement progressifs. Tel un athlète qui tend et détend ses muscles avant l'effort, mon cœur semblait vouloir s'assurer qu'il pouvait bien faire les deux, et autant de fois qu'il le souhaitait... Une fenêtre en bas de l'écran indiquait que j'étais passé de 100 % de chaos dans ma physiologie à 80 % de « cohérence ». Et il m'avait simplement suffi de me rappeler un souvenir agréable en me concentrant sur mon cœur pour obtenir ce résultat !

Au cours des dix dernières années, l'existence de logiciels comme celui dont je vous parle a permis de décrire deux modes caractéristiques de variation du rythme cardiaque : le chaos et la cohérence. Le plus souvent, les variations sont

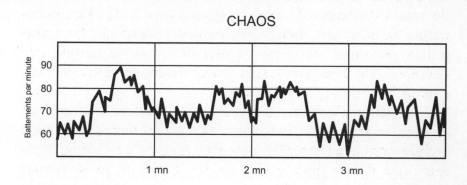

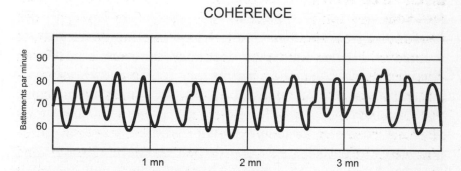

Figure 3 : Chaos et cohérence. – Dans les états de stress, d'anxiété, de dépression ou de colère, la variabilité du rythme cardiaque entre deux battements devient irrégulière ou « chaotique ». Dans les états de bien-être, de compassion, ou de gratitude, cette variabilité devient « cohérente » : l'alternance d'accélérations et de décélérations du rythme cardiaque est régulière. La cohérence maximise la variation au cours d'un intervalle de temps donné et conduit à une plus grande – et plus saine – variabilité cardiaque. (Cette image est tirée du logiciel « Freeze-Framer » produit par le Heartmath Institute de Boulder Creek, Californie.)

faibles et « chaotiques » : coups d'accélérateur et coups de frein se succèdent sans queue ni tête, de manière dispersée et irrégulière. En revanche, lorsque la variabilité des battements du cœur est forte et saine, les phases d'accélération et de ralentissement montrent une alternance rapide et régulière. C'est cela qui produit l'image d'une onde harmonieuse, que décrit parfaitement le terme de « cohérence » du rythme cardiaque.

Entre la naissance, lorsque la variabilité est la plus forte, et l'approche de la mort, où elle est la plus basse, nous perdons environ 3 % de variabilité par an[11]. C'est le signe que notre physiologie perd progressivement de sa souplesse, qu'elle a plus en plus de mal à bien s'adapter aux variations de notre environnement physique et émotionnel. C'est un signe de vieillissement. Si la variabilité baisse, c'est en partie parce que nous n'entretenons pas notre frein physiologique, à savoir le « tonus » du système parasympathique. Tel un muscle dont on ne se sert pas, celui-ci s'atrophie progressivement au fil des années. Par ailleurs, nous ne cessons de nous servir de notre accélérateur – le système sympathique. Ainsi, après des dizaines d'années de ce régime, notre physiologie est comme un voiture qui peut avancer en roue libre ou accélérer brutalement mais qui est devenue pratiquement incapable de ralentir sur commande.

La baisse de variabilité des battements du cœur est associée à un ensemble de problèmes de santé liés au stress et au vieillissement : l'hypertension, l'insuffisance cardiaque, les complications du diabète, l'infarctus, la mort subite et même le cancer. Et ce sont des études publiées dans des revues aussi prestigieuses et incontestables que le *Lancet* ou *Circulation* (la revue de référence en cardiologie) qui l'affirment : lorsque la variabilité a disparu, lorsque le cœur ne répond presque plus à nos émotions et, surtout, lorsqu'il ne sait plus « freiner », la mort approche[12].

La journée de Charles

À quarante ans, Charles est directeur d'un grand magasin à Paris. Il a gravi de nombreux échelons et il maîtrise parfaitement son domaine. Seulement voilà, depuis des mois il souffre de « palpitations » qui l'inquiètent beaucoup et pour lesquelles il a consulté plusieurs cardiologues, sans que ceux-ci soient parvenus à mettre le doigt sur la moindre maladie. À présent, il en est arrivé à un point tel qu'il a décidé d'arrêter le sport parce qu'il a peur de déclencher une « attaque » qui le conduirait une nouvelle fois aux urgences. Il se surveille quand il fait encore l'amour avec sa femme par crainte de trop solliciter son cœur. Selon lui, ses conditions de travail sont « tout à fait normales » et « pas plus stressantes que d'autres ». J'apprends cependant au fil de nos séances qu'il songe à quitter son poste, pourtant prestigieux. En fait, le président du groupe est souvent méprisant et cynique. Charles a beau vivre dans un milieu agressif, il est resté un être sensible qui est blessé par les remarques désagréables ou sévères de son patron. En outre, comme c'est souvent le cas, le cynisme du patron se répercute de haut en bas de la hiérarchie : les collègues de Charles, du marketing, de la publicité, des finances, se traitent mutuellement avec froideur et se permettent des commentaires mordants les uns sur les autres.

Sur mes conseils, Charles a accepté de se prêter à un enregistrement de vingt-quatre heures de la variabilité de son rythme cardiaque. Pour permettre l'analyse des résultats, il devait noter sur un carnet au fil de la journée ses différentes activités. L'interprétation du tracé n'a pas été bien difficile. À onze heures du matin, calme, concentré et efficace, il choisissait des photos pour un catalogue assis à son bureau. Son rythme cardiaque montrait une saine cohérence. Puis, à midi, tout à coup, son cœur a versé dans le chaos, avec, en plus, une accélération de·12 battements par minute. À cet instant précis, il se dirigeait vers le bureau de son président. Une minute plus tard, son cœur battait encore plus vite et le chaos était total. Cet état devait persister deux heures durant : il venait de s'entendre dire que la stratégie de développement qu'il avait préparée depuis des semaines était « nulle » et que, s'il n'était pas capable de l'organiser plus clairement, il vaudrait mieux qu'il laisse quelqu'un d'autre s'en occuper. En sortant du bureau du président, Charles avait eu un épisode typique de palpitations qui l'avait obligé à quitter l'immeuble pour se calmer.

L'après-midi, il y avait eu une réunion. L'enregistrement montrait un autre épisode chaotique de plus de trente minutes. Lorsque je le questionnai, Charles avait d'abord été incapable de se rappeler ce qui avait bien pu le provoquer, mais, à la réflexion, il s'était souvenu que le directeur du marketing avait remarqué, sans le regarder, que les thèmes des catalogues à venir cadraient mal avec la nouvelle image que la maison cherchait à promouvoir. De retour dans son bureau, le chaos s'était calmé et avait cédé la place à une relative cohérence : à ce moment, Charles était occupé à réviser un plan de production auquel il tenait beaucoup. Le soir, dans les embouteillages, son énervement s'était directement traduit par un autre épisode chaotique. Une fois arrivé chez lui, il avait embrassé sa femme et ses enfants, et cela avait été suivi d'une phase de cohérence de dix minutes. Pourquoi dix minutes seulement ? Parce que, ensuite, il avait allumé la télévision pour regarder les informations...

Différentes études ont établi que ce sont les émotions négatives, la colère, l'anxiété, la tristesse, et même les soucis banals, qui font le plus chuter la variabilité cardiaque et sèment le chaos dans notre physiologie[13]. À l'inverse, d'autres études ont montré que ce sont les émotions positives, la joie, la gratitude et, surtout, l'amour, qui favorisent le plus la cohérence. En l'espace de quelques secondes, ces émotions induisent une onde de cohérence qui est immédiatement apparente sur l'enregistrement de la fréquence cardiaque[14].

Pour Charles, comme pour chacun d'entre nous, les passages chaotiques de notre physiologie quotidienne sont de véritables pertes d'énergie vitale. Dans une étude portant sur plusieurs milliers de cadres dans de grandes entreprises européennes, plus de 70 % d'entre eux se disaient « fatigués » soit « une bonne partie du temps », soit « pratiquement tout le temps ». Et 50 % d'entre eux se disaient carrément « épuisés »[15] ! Comment des hommes et des femmes compétents et enthousiastes, pour qui leur travail est une composante essentielle de leur identité, peuvent-ils en arriver là ? C'est précisément l'accumulation de passages chaotiques – qu'ils remarquent à peine –, ces atteintes quotidiennes à leur équilibre émotionnel, qui, à la longue, drainent leur énergie. C'est cela qui finit par nous faire rêver à un autre job ou, dans le domaine personnel, à une autre famille, à une autre vie.

À l'inverse du chaos, nous vivons aussi des moments de cohérence. Ce ne sont pas nécessairement ceux qui nous marquent. Ce ne sont pas que des implants d'extase ou de ravissement. Dans un laboratoire en Californie où l'on étudie la cohérence cardiaque, Josh, le fils d'un des ingénieurs, âgé de douze ans, rendait souvent visite à son père et à son équipe. Il était toujours accompagné de Mabel, son labrador. Un jour, les ingénieurs ont eu l'idée de mesurer la cohérence cardiaque de Josh et de Mabel. Séparés, Josh et Mabel étaient dans un état mi-chaotique mi-cohérent tout à fait ordinaire. Mais, dès qu'on les mettait ensemble, ils entraient tous les deux en cohérence. Si on les séparait, la cohérence disparaissait à nouveau, presque immédiatement. Pour Josh et Mabel, le simple fait d'être ensemble était générateur de cohérence. Ils devaient le sentir intuitivement, puisqu'ils étaient inséparables. Pour eux, être ensemble n'était certainement pas une expérience hors du commun, mais simplement quelque chose qui nourrissait leur être émotionnel, à chaque instant. Quelque chose qui leur faisait du bien. Quelque chose qui faisait que Josh ne se demandait jamais s'il ne ferait pas mieux de vivre avec un autre chien, ni Mabel avec un autre maître. Leur relation leur apportait une cohérence intérieure, elle entrait en résonance avec leur cœur.

L'état de cohérence cardiaque influe aussi sur les autres rythmes physiologiques. En particulier, la variabilité naturelle de la tension artérielle et celle de la respiration s'alignent rapidement sur la cohérence cardiaque, et ces trois systèmes se synchronisent.

C'est un phénomène comparable à l'alignement « en phase » des ondes lumineuses dans un rayon laser, que l'on désigne précisément sous le nom de « cohérence ». C'est cet alignement qui donne au laser son énergie et sa puissance. L'énergie qui est dissipée inefficacement dans toutes les directions par une ampoule de cent watts suffit à percer un trou dans une plaque de métal si elle est canalisée par un alignement de phase. La cohérence du rythme cardiaque représente une réelle économie d'énergie pour l'organisme. C'est sans doute pour cette raison que, six mois après une journée d'entraînement à la cohérence cardiaque, 80 % des cadres cités plus haut ne se disaient plus « épuisés ». Et ils étaient également six fois moins nombreux à souffrir d'insomnie et huit fois moins nombreux à se dire « tendus ». Il semble vraiment qu'il suffise d'arrêter la déperdition inutile d'énergie pour retrouver une vitalité naturelle.

Dans le cas de Charles, quelques séances d'entraînement à la cohérence devant l'ordinateur lui ont permis de parvenir à contrôler ses palpitations. Il n'y a rien de magique ou de mystérieux à cela. En s'exerçant un peu chaque jour à entrer en cohérence entre les séances qui permettaient de vérifier ses progrès, Charles a considérablement renforcé l'activité de son système parasympathique, c'est-à-dire de son frein physiologique. Une fois « en forme », comme un jogger entraîné, il est de plus en plus facile de s'en servir. Et avec un frein qui fonctionne et que l'on contrôle, la physiologie ne dérape pas même lorsque les circonstances extérieures sont difficiles. Deux mois après sa première séance, Charles avait repris le sport et faisait de nouveau l'amour à sa femme avec l'enthousiasme que leur relation méritait. Face à son président, il avait appris à rester concentré sur les sensations dans sa poitrine pour garder sa « cohérence » et ne pas laisser sa physiologie s'emballer. De fait, il était aussi devenu capable de répondre avec plus de tact et trouvait plus facilement les mots qui neutralisaient l'agressivité des autres sans les blesser.

La gestion du stress

Dans les expériences de laboratoire, la cohérence permet au cerveau d'être plus rapide et plus précis[16]. Dans la vie de tous les jours, nous ressentons cela comme un état dans lequel nos idées coulent naturellement et sans effort : nous trouvons sans hésitation les mots pour exprimer ce que nous voulons dire, nos gestes sont rapides et efficaces. C'est aussi l'état dans lequel nous sommes le plus prêts à nous adapter à toutes sortes d'imprévus, puisque notre physiologie est en équilibre optimal, ouverte à tout, capable de trouver des solutions à la demande. La cohérence n'est donc pas un état de relaxation au sens traditionnel du terme. Elle n'exige pas que l'on s'isole du monde. Elle ne requiert en rien que l'environnement soit statique, ni même calme. Au contraire, c'est un état de prise sur le monde extérieur, presque de corps à corps, mais un corps à corps harmonieux plutôt que conflictuel.

Par exemple, une étude sur des enfants de cinq ans dont les parents avaient divorcé a permis à des chercheurs de

Seattle de montrer l'importance de leur équilibre physiologique pour leur évolution ultérieure. Les enfants dont la
variabilité cardiaque était la plus élevée avant le divorce – et
qui avaient donc la plus forte capacité à entrer en cohérence –
étaient de loin les moins affectés par la dissolution de leur
famille quand on les interrogeait trois ans plus tard[17].
C'étaient aussi ceux qui avaient conservé les plus grandes
capacités d'affection, de coopération avec les autres, ainsi
que de concentration dans les études.

Céleste m'a très bien décrit comment elle se sert de la
cohérence du rythme cardiaque. À neuf ans, elle était terrifiée
à l'idée de changer d'école. Quelques semaines avant la
rentrée, elle avait commencé à se ronger les ongles, refusait
de jouer avec sa petite sœur et se levait plusieurs fois au cours
de la nuit. Quand on lui demandait dans quelles situations elle
avait le plus envie de se ronger les ongles, elle répondait sans
hésitation : « Quand je pense à la nouvelle école. » Elle apprit
très vite, comme c'est souvent le cas avec les enfants, à
contrôler le rythme de son cœur par la concentration.
Quelques jours plus tard, elle me racontait que l'immersion
dans la nouvelle école s'était très bien passée : « Quand je
stresse, je rentre dans mon cœur et je parle à la petite fée qui
est dedans. Elle me dit que ça va bien se passer et, parfois,
elle me dit même ce que je dois dire ou ce que je dois faire. »
Je souriais en l'écoutant. N'aimerions-nous pas tous avoir
une petite fée qui serait toujours à nos côtés ?

La notion de cohérence du cœur et le fait qu'il soit
possible d'apprendre à la contrôler facilement vont à l'encontre de toutes les idées reçues sur la manière de gérer le
stress. Un stress chronique provoque anxiété et dépression. Il
a aussi des conséquences négatives bien connues sur le
corps : insomnie, rides, hypertension, palpitations, mal de
dos, problèmes de peau, de digestion, infections récurrentes,
infertilité, impuissance sexuelle. Il affecte, enfin, les relations
sociales et la performance professionnelle : irritabilité, perte

de la capacité d'écoute, baisse de la concentration, repli sur soi et perte de l'esprit d'équipe. Ces symptômes sont typiques de ce que l'on appelle le surmenage, qui peut concerner aussi bien le travail que le fait de se sentir bloqué dans une relation affective qui nous vide de toute notre énergie. Dans une telle situation, la réaction la plus courante est typiquement de se focaliser sur les conditions extérieures. On se dit : « Si seulement je pouvais changer ma situation je me sentirais beaucoup mieux dans ma tête, et du coup mon corps irait mieux. » Entre-temps, nous serrons les dents, nous attendons le prochain week-end ou les vacances, nous rêvons à des jours meilleurs dans « l'après ». Tout se réglera « quand j'aurai enfin terminé mes études... quand j'aurai déniché un autre job... quand les enfants ne seront plus à la maison... quand j'aurai quitté mon mari... quand je prendrai ma retraite... », et ainsi de suite. Malheureusement, les choses se passent rarement de la sorte. Les mêmes problèmes ont tendance à refaire surface dans d'autres situations, et le fantasme d'un jardin d'Éden enfin trouvé un peu plus loin, au prochain croisement, devient rapidement à nouveau notre principale méthode de gestion du stress. Tristement, nous progressons souvent ainsi jusqu'au jour de notre mort.

La conclusion que l'on peut tirer des études sur les bienfaits de la cohérence cardiaque est aux antipodes : il faut prendre le problème à l'envers. Au lieu d'essayer perpétuellement d'obtenir des circonstances extérieures idéales, il faut commencer par contrôler l'intérieur : notre physiologie. En jugulant le chaos physiologique et en maximisant la cohérence, nous nous sentons automatiquement mieux, tout de suite, et nous améliorons notre rapport aux autres, notre concentration, notre performance et nos résultats. Du coup, les circonstances favorables après lesquelles on ne cesse de courir finissent par se produire, mais c'est presque un effet dérivé, un bénéfice secondaire de la cohérence : dès lors que nous avons apprivoisé notre être intérieur, ce qui peut arriver dans le monde extérieur a moins de prise sur nous.

Le logiciel qui mesure la cohérence du rythme cardiaque est utilisé pour la recherche sur le système cœur-cerveau. Il peut servir aussi à démontrer à ceux qui en doutent que leur cœur réagit instantanément à leur état émotionnel. Toutefois, il est parfaitement possible de rentrer soi-même en cohérence sans ordinateur et d'en sentir tout de suite les bienfaits dans sa vie de tous les jours. Pour cela, il suffit d'apprendre à *vivre* la cohérence.

4

Vivre la cohérence cardiaque

Ron était ce que dans le jargon médical on appelle un « intensiviste » – un spécialiste des soins intensifs de réanimation – à l'hôpital où j'étais chef du service de psychiatrie. Il m'avait appelé au chevet d'un crack du conseil en entreprise de trente-deux ans qui avait eu un infarctus deux jours plus tôt. La gravité de la dépression de ce jeune homme l'inquiétait : il voulait que je l'examine au plus vite, car il savait que selon la littérature scientifique les malades qui s'enlisent dans la dépression ont de piètres chances de survivre. En outre, ce patient avait une très faible variabilité de la fréquence cardiaque, signe supplémentaire de la gravité de son état. Pour ce dernier point, il ne savait ni quoi recommander ni à qui l'adresser. À l'époque, moi non plus.

Comme c'est souvent le cas dans ce type de situation, son patient n'avait aucune envie de parler à un psychiatre. Il refusa toutes mes tentatives pour évoquer les circonstances de son infarctus ou de sa vie affective, que je savais douloureuse. Il resta aussi très évasif sur ses conditions de travail. Pour lui, le stress faisait partie de son environnement ; après tout, ses collègues étaient soumis aux mêmes pressions que lui et ils n'avaient pas eu d'infarctus. De toute façon, ce n'était pas à un psychiatre, qui n'avait pas, comme lui, fait Harvard, de lui dire comment gérer sa vie...

Malgré ce contact difficile, il y avait quelque chose de fragile, d'enfantin presque, dans l'expression de son visage. J'étais touché aussi par l'immense ambition qu'il portait en lui depuis l'enfance et qui maintenant l'écrasait, et son cœur avec. Je sentais qu'il y avait en lui une grande sensibilité, peut-être un sens artistique, un amour de la couleur ou de la musique qui ne s'était jamais exprimé et qui se débattait derrière cette façade dure et froide. Il est sorti de l'hôpital le lendemain, contre l'avis de son cardiologue, pour retourner à son bureau qui « l'attendait ». Je fus sincèrement désolé lorsque Ron m'apprit six mois plus tard qu'il était mort d'un second infarctus, cette fois sans avoir même eu le temps d'atteindre l'hôpital, et sans avoir pris le temps de s'ouvrir à sa propre sensibilité. J'étais désolé aussi de ne pas avoir su l'aider. Ni mon collègue ni moi ne savions, à l'époque, qu'il existait une méthode à la fois simple et efficace pour augmenter la variabilité des battements du cœur et les faire entrer en cohérence.

Les différentes étapes de cette méthode ont été développées et testées par le Heartmath Institute en Californie, un centre qui se consacre à l'étude et à l'application de la cohérence cardiaque[1]. Comme dans la tradition du yoga, de la méditation, et de toutes les méthodes de relaxation, la première étape de l'exercice consiste à tourner son attention vers l'intérieur de soi. La première fois qu'on la pratique, il faut d'abord s'extraire du monde extérieur et accepter de mettre toute préoccupation de côté pendant quelques minutes. Accepter que nos soucis peuvent attendre un peu, le temps nécessaire au cœur et au cerveau de retrouver leur équilibre, leur intimité.

La meilleure façon d'y parvenir est de commencer par prendre deux respirations lentes et profondes. D'emblée, celles-ci stimulent le système parasympathique et font un peu pencher la balance du côté du « frein » physiologique. Pour que leur effet soit maximal, il faut laisser son attention accompagner le souffle tout au bout de l'expiration et la laisser faire une pause de quelques secondes avant que l'inspiration suivante ne se déclenche d'elle-même. Il faut, en fait, se laisser porter par l'expiration jusqu'au point où elle se transforme naturellement en une sorte de douceur et de légèreté*.

Les exercices orientaux de méditation suggèrent de continuer cette pratique centrée sur le souffle le plus long-temps possible et de garder l'esprit vide. Mais pour maxi-miser la cohérence cardiaque, il faut, après dix ou quinze secondes de cette stabilisation, reporter consciemment votre attention sur la région du cœur dans votre poitrine. Pour cette deuxième étape, le plus simple est de vous imaginer que vous respirez *à travers* le cœur (ou la région centrale de la poitrine si vous ne sentez pas encore directement votre cœur). Tout en continuant de respirer lentement et profondément (mais naturellement, sans forcer), il faut visualiser – sentir même – chaque inspiration et chaque expiration traversant cette partie si importante de votre corps. Imaginez que l'inspiration lui apporte, au passage, l'oxygène dont elle a tant besoin, et que l'expiration la laisse se défaire de tous les déchets dont elle n'a plus besoin. Imaginez les mouvements lents et souples de l'inspiration et de l'expiration qui laissent le cœur se laver dans ce bain d'air pur, clarificateur et apaisant. Qu'ils le laissent profiter de ce cadeau que vous lui faites. Vous pouvez imaginer votre cœur comme un enfant dans un petit bain d'eau tiède où il flotte et s'ébat à loisir, à son rythme à lui, sans contraintes ni obligations. Comme un enfant que vous aimez et qui joue, vous ne lui demandez rien d'autre que

---

* Lorsque je fais moi-même cet exercice, une phrase qui m'avait frappé dans les années 1970 me revient souvent à l'esprit : un peu partout dans le monde, on disait à l'époque : « La révolution est au bout du fusil. » En matière d'équilibre du corps, la « révolution » – c'est-à-dire la paix intérieure – est, elle, au bout de l'expiration...

d'être lui-même, dans son élément naturel, et vous le regardez simplement se déployer à sa manière en continuant de lui apporter de l'air doux et tendre.

La troisième étape consiste à vous connecter à la sensation de chaleur ou d'expansion qui se développe dans la poitrine, de l'accompagner et de l'encourager avec la pensée et le souffle. Elle est souvent timide au début, et ne se manifeste que discrètement. Après des années de maltraitance émotionnelle, le cœur est parfois comme un animal en hibernation depuis longtemps qui regarde les premiers rayons de soleil du printemps. Engourdi et incertain, il ouvre un œil, puis deux, et ne prendra son essor qu'après s'être assuré que la clémence du temps n'est pas un accident temporaire. Une méthode efficace pour l'encourager est d'évoquer directement un sentiment de reconnaissance ou de gratitude et de le laisser envahir la poitrine. Le cœur est particulièrement sensible à la gratitude, à tout sentiment d'amour, que ce soit pour un être, une chose, ou même l'idée d'un univers bienveillant. Pour nombre de gens, il suffit d'évoquer le visage d'un enfant qu'on aime et qui vous aime, ou encore celui d'un animal familier. Pour d'autres, c'est une scène de paix dans la nature qui apportera avec elle la gratitude intérieure. Enfin, pour d'autres encore, elle viendra avec un souvenir de bonheur dans l'action, comme une descente de ski, un swing de golf parfait, un bord de voile en rappel... Pendant cet exercice, on constate parfois qu'un sourire monte doucement aux lèvres, comme s'il était né dans la poitrine et venu éclore sur le visage. C'est un signal tout simple que la cohérence s'est établie.

Dans une étude publiée dans l'*American Journal of Cardiology*, des chercheurs du Heartmath Institute ont montré que le simple fait d'évoquer une émotion positive grâce à un souvenir ou même une scène imaginée induit très rapidement une transition de la variabilité cardiaque vers une phase de cohérence[2]. Cette cohérence du rythme des battements du cœur se répercute rapidement sur le cerveau émotionnel, auquel elle signifie, en lui apportant de la stabilité, que tout est en ordre dans la physiologie. Le cerveau émotionnel répond à ce message en renforçant la cohérence du cœur. Ce va-et-vient produit un cercle vertueux qui permet, avec un peu d'entraînement, de maintenir cet état de cohérence maximale pendant trente minutes ou plus. Cette cohérence entre le cœur et le cerveau émotionnel stabilise le système nerveux autonome – l'équilibre sympathique/parasympathique. Une fois parvenu à cet état d'équilibre, nous nous trouvons dans une situation optimale pour faire face à toutes les éventualités. Nous pouvons accéder simultanément à la sagesse du cerveau émotionnel – son « intuition » – et aux fonctions de réflexion, de raisonnement abstrait, et de planification du cerveau cognitif.

Plus on s'exerce à utiliser cette technique, plus il devient facile d'entrer en cohérence. Une fois que l'on s'est familiarisé avec cet état intérieur, on devient capable de communiquer pour ainsi dire directement avec son cœur. Comme Céleste, parlant à la petite fée qui habitait dans son cœur, on peut lui poser des questions comme : « Au fond de mon cœur, est-ce que je l'aime vraiment ? » Une fois entré en cohérence, il suffit simplement de se poser la question et de noter avec attention la réaction du cœur. Si celui-ci provoque une vague supplémentaire de chaleur intérieure, de bien-être, c'est tout au moins qu'il désire garder le contact. Si, au contraire, il semble se retirer un peu, si la cohérence diminue, c'est qu'il préfère l'évitement et consacrer son énergie à autre chose. Cela n'indique pas nécessairement la bonne solution : après tout, bien des couples traversent des périodes où le cœur de chacun voudrait être ailleurs, au moins temporairement, avant de se réconcilier et de trouver un bonheur durable dans la relation. Toutefois, il est très important d'être conscient de la préférence du cœur à chaque passage de la vie, parce qu'elle influence fortement le présent. J'imagine que dans ce véritable dialogue intérieur le cœur est comme un pont vers notre « moi viscéral », un interprète pour le cerveau émotionnel, soudainement ouvert à une communication presque directe. Or il est essentiel de savoir si le cerveau émotionnel pousse dans une direction autre que celle que l'on a choisie rationnellement. Si c'est le cas, il faut s'efforcer de le rassurer sur d'autres plans pour que cela ne conduise pas à un conflit avec le cerveau cognitif, au sabotage de nos capacités de réflexion et, au bout du compte, au chaos physiologique et à sa conséquence ultime, la déperdition chronique d'énergie.

Le logiciel qui mesure la variabilité du cœur permet de visualiser à la seconde près l'influence de nos pensées sur la cohérence et le chaos. Lorsqu'on focalise son attention sur le cœur et le bien-être intérieur, on *voit* s'opérer le changement de phase et la cohérence monter en puissance sous la forme des ondes régulières et douces. Par contre, dès qu'on se laisse distraire par des pensées négatives, des préoccupations – ce qui est la tendance normale du cerveau livré à lui-même –, en quelques secondes la cohérence diminue et le chaos prend sa place. Si on s'abandonne à la colère, alors le chaos augmente de manière explosive et immédiate, et la ligne sur l'écran dessine un horizon montagneux presque menaçant. Ce logiciel de « biofeedback » permet de visualiser instantanément son niveau de cohérence et donc d'accélérer l'apprentissage. Toutefois, il a toujours existé des manières d'atteindre la cohérence sans ordinateur. J'ai souvent constaté, par exemple, que mes patients ou mes connaissances qui pratiquaient le yoga entraient facilement en cohérence lorsque je les testais sur le logiciel. C'était comme si leur physiologie avait été en partie déjà modifiée par leurs exercices réguliers.

Dans un autre registre, alors que je faisais une démonstration de cette méthode à un ami dont la vie spirituelle est très intense, il avait du mal à atteindre plus de 35 %

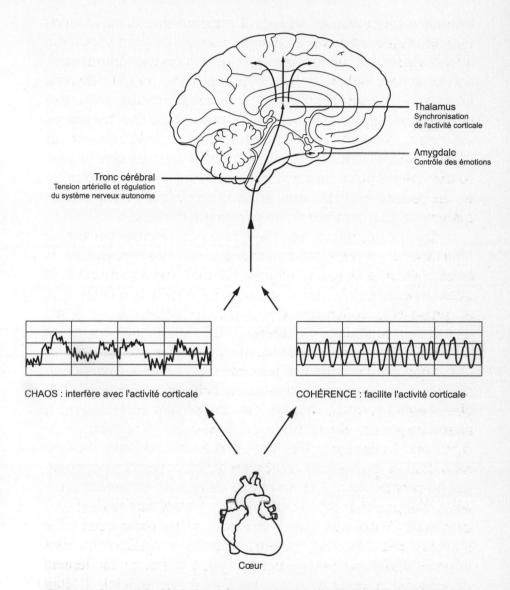

Figure 4 : Le cœur facilite le fonctionnement du cerveau. – Selon diverses études préliminaires, la cohérence du rythme cardiaque affecte directement la performance du cerveau. Il semblerait que les phases de chaos interfèrent avec la synchronisation des fonctions cérébrales, alors que la cohérence facilite l'agencement des opérations du cerveau. Cela se traduit par des réponses plus rapides et plus précises, et une performance supérieure sous stress. (Graphique inspiré d'une présentation de Rollin McCraty, directeur de la recherche du HeartMath Institute, LLC.)

de cohérence optimale. Il me demanda alors si, au lieu de suivre mes instructions, il pouvait simplement prier comme il le faisait d'habitude. Il savait que, lorsqu'il priait ainsi, il ressentait une chaleur et un bien-être dans sa poitrine qui lui semblaient correspondre à ce que je lui décrivais. En quelques instants sa cohérence est montée à 80 %. De toute évidence, mon ami avait trouvé par ses propres moyens la manière d'équilibrer sa physiologie en s'immergeant dans le sentiment d'être relié à un univers tout-puissant et bienveillant. Pour d'autres, en revanche, la prière n'induit aucune cohérence. C'est parfois même le contraire. C'est ici que le logiciel de biofeedback peut être utile : il permet de calibrer pour chacun le passage le plus efficace vers la cohérence de la physiologie, surtout au début.

Les bienfaits de la cohérence

Il y a peu de manières plus efficaces de se persuader que l'on peut facilement apprendre à contrôler sa physiologie que de voir sur un écran d'ordinateur son propre cœur entrer en cohérence. Lorsqu'on constate ensuite que des patients se débarrassent de leurs palpitations ou de leurs attaques de panique, ou deviennent capables de maîtriser leur anxiété lorsqu'ils doivent changer d'école ou parler en public, cela ne fait qu'ajouter à cette conviction. Pour ma part, ce sont les études expérimentales de l'utilité clinique de cette approche, tant pour la psychiatrie que pour la cardiologie, qui m'ont convaincu.

À l'université de Stanford, par exemple, le docteur Luskin a reçu des fonds du National Institute of Health pour former un groupe de patients souffrant d'insuffisance cardiaque sévère à la cohérence. Comme c'est presque toujours le cas, leurs symptômes physiques – essoufflement, fatigue, œdème – étaient accompagnés d'anxiété et de dépression. Au bout de six semaines de traitement, le groupe qui avait appris à maîtriser sa cohérence avait fait baisser considérablement son niveau de stress (de 22 %) et de dépression (de 34 %). Leur état physique – leur capacité à marcher sans s'essouffler – s'était lui aussi nettement amélioré (de 14 %). À l'inverse, pour le groupe témoin qui n'avait reçu que les traitements habituels de l'insuffisance cardiaque, tous ces indicateurs s'étaient détériorés par rapport à leur niveau de départ[3].

À Londres, ce sont près de six mille cadres de grandes entreprises comme Shell, British Petroleum, Hewlett Packard, Unilever et la HongKong Shanghai Bank Corporation qui ont suivi une formation à la cohérence du rythme cardiaque. Aux États-Unis, plusieurs milliers d'autres ont suivi des formations au Heartmath Institute, dont les employés de Motorola et du gouvernement de l'État de Californie. Le suivi ultérieur des participants montre que cette formation contrecarre le stress aux trois niveaux où son influence se fait ressentir : les plans physique, émotionnel et social.

Sur le plan physique, un mois après l'enseignement, leur tension artérielle avait baissé autant que s'ils avaient perdu dix kilos, et deux fois plus qu'avec un régime sans sel[4]. Une autre étude suggère aussi une nette amélioration de l'équilibre hormonal : après un mois de pratique de cette méthode au rythme de trente minutes par jour, cinq jours par semaine, le taux de DHEA – l'hormone « de jouvence[5] » – voit son niveau moyen augmenter de 100 %. Chez ces sujets, dans le même temps, le taux circulant de cortisol – l'hormone du stress par excellence, associée aux poussées de tension artérielle, au vieillissement de la peau et à l'acné, autant qu'à la perte de mémoire et de concentration[6] – avait baissé de 23 %[7]. Les femmes suivies lors de cette étude faisaient aussi état d'une amélioration notable de leurs symptômes prémenstruels, avec moins d'irritabilité, moins de dépression et moins de fatigue. De tels changements hormonaux reflètent un rééquilibrage en profondeur de la physiologie du corps d'autant plus impressionnant qu'il s'accomplit sans apport extérieur de médicaments ni d'hormones synthétiques.

Le système immunitaire bénéficie lui aussi de la pratique de la cohérence cardiaque. Les immunoglobulines A (IgA) sont la première ligne de défense de l'organisme contre les agents infectieux (virus, bactéries et champignons). Les IgA sont constamment renouvelées à la surface des muqueuses comme le nez, la gorge, les bronches, l'intestin et le vagin, là où les infections menacent en permanence. Dans une expérience, on a demandé à des volontaires d'évoquer une scène vécue qui les avait mis en colère. La simple évocation du souvenir induisait une période de plusieurs minutes de chaos dans leur rythme cardiaque. À la suite de cette période de chaos, la sécrétion d'IgA chutait pendant six heures en moyenne, réduisant ainsi leur résistance aux agents infectieux. Dans la même étude, un souvenir positif induisait plusieurs minutes de cohérence et celles-ci étaient accompagnées d'une *augmentation* de la production d'IgA pendant les six heures suivantes[8].

Dans une autre étude, publiée il y a plus de dix ans dans le *New England Journal of Medicine*, des chercheurs de Pittsburgh ont montré que le niveau de stress auquel chacun est soumis prédit directement la probabilité d'attraper un rhume[9]. Ce phénomène pourrait très bien être dû à l'effet des émotions négatives sur le système cœur-cerveau et la sécrétion d'IgA. Chaque fois que nous avons une altercation désagréable au bureau, ou avec notre conjoint, ou même dans la rue, notre première ligne de défense contre les agressions extérieures baisse la garde pendant six heures ! Sauf, il semble, si nous savons préserver notre cohérence.

Les études menées en entreprise montrent que l'effet de la cohérence sur la physiologie est directement reflété par la diminution des symptômes habituels du stress : le nombre de cadres qui disent avoir des palpitations « souvent ou presque tout le temps » passe de 47 % (!) à 30 % en six semaines, et à 25 % en trois mois. Pour les symptômes de tension dans le corps, les chiffres passent de 41 % à 15 %, puis à 6 %. Pour l'insomnie de 34 % à 6 %, pour le sentiment d'épuisement de 50 % à 12 %, pour les douleurs diverses – y compris le mal de dos – de 30 % à 6 %. Selon plusieurs de ces participants en entreprise, la fatigue mentale était devenue un aspect « normal » de leur travail, un peu comme la fatigue physique était considérée comme normale dans les mines et les usines au moment de la révolution industrielle. Parce qu'ils ont appris à gérer leurs réponses physiologiques aux demandes constantes de leur travail, ces cadres formés à la cohérence disent maintenant qu'ils savent faire cesser leur déperdition constante d'énergie.

Sur le plan psychologique, les statistiques sont tout aussi impressionnantes : la proportion des employés qui se disent « anxieux » la plupart du temps dans ces grandes entreprises passe de 33 % (un sur trois !) à 5 %, ceux qui se disent « mécontents » de 30 % à 9 %, ceux qui se disent « en colère » de 20 % à 8 %. Les participants décrivent une nouvelle capacité à gérer leurs émotions. Selon eux, la pratique de la cohérence leur a permis d'admettre que les passages de colère et de négativité ne leur apportaient rien et que les journées au bureau sont bien plus agréables sans eux.

Charles, dont nous avons vu l'histoire au chapitre précédent, se reconnaissait dans ces chiffres. Pourtant, la transition s'était faite très progressivement. Quand il repensait à la façon dont il prenait tout « à cœur » avant de s'entraîner à la cohérence, il ne comprenait pas comment il avait pu tenir si longtemps. Il se souvenait de l'état dans lequel les remarques de son président le laissaient, des heures durant. Il se rappelait comment il était incapable de s'en défaire même chez lui, comment il se retournait dans son lit la nuit sans trouver le sommeil, parfois pendant des semaines. À

présent, il était apaisé. Capable de laisser les remarques
« glisser » sur lui. Après tout, le président parlait comme ça
à tout le monde... C'était sa manière d'être. C'était *son*
problème, pas celui de Charles. Il avait appris à calmer sa
physiologie, à l'empêcher de s'emballer. Son médecin avait
d'ailleurs été surpris que sa tension artérielle ait baissé et lui
avait demandé s'il avait commencé un régime...

Au niveau du fonctionnement de l'entreprise et des relations sociales, les groupes qui ont appris à maîtriser leurs
réponses intérieures travaillent de manière plus harmonieuse.
Dans les entreprises testées au Royaume-Uni, six semaines
et six mois après une formation à la cohérence, les cadres
disaient avoir l'esprit plus clair, mieux s'écouter mutuellement, et tenir des réunions plus productives. Dans un grand
hôpital de la région de Chicago où les infirmières avaient
suivi une formation, leur niveau de satisfaction au travail
avait nettement augmenté. En même temps, les patients dont
elles avaient la charge se déclaraient plus satisfaits des soins.
Le taux de départ des infirmières dans l'année suivant la
formation avait chuté de 20 % à 4 %[10].

Enfin, une étude conduite auprès de lycéens américains
qui devaient redoubler après avoir échoué à leur examen de
fin d'études (l'équivalent du bac) a montré à quel point une
gestion efficace de son état intérieur peut transformer les
performances dans des conditions de stress. Après une formation à la cohérence de deux heures par semaine pendant
huit semaines, 64 % ont été reçus à l'examen de mathématiques contre 42 % seulement de ceux qui n'avaient pas bénéficié de cet entraînement. Bien évidemment, la cohérence ne
modifie pas les connaissances en mathématiques, mais elle
permet au savoir existant d'être parfaitement accessible au
moment de l'examen[11].

Vivre la cohérence

Françoise Dolto savait parler mieux que personne aux enfants qui souffrent. Devant un enfant perdu, incapable de dire ce qui lui faisait mal et incapable de se consoler, elle posait une question magique pour l'aider à se réorienter : « Qu'est-ce que sent ton cœur ? » Avec ces quelques mots, elle savait qu'elle ouvrait directement la porte des émotions, coupant à travers toute la confusion des constructions mentales, des idées sur soi, des « je devrais » et des « je ne devrais pas ». Elle aidait celui qui souffrait à entrer en contact avec ses moteurs intérieurs, ses désirs profonds, ces choses qui, au bout du compte, finissaient toujours par déterminer son bien-être ou son malheur.

La même observation vaut pour les adultes. Surtout pour les plus rationnels d'entre eux, qui ont tendance à ne percevoir et à ne réagir que par l'intermédiaire de leur cerveau cognitif. C'est un monde inédit de sensations et d'émotions qui s'ouvre à eux le jour où ils portent leur regard intérieur vers les réactions de leur cœur. Fréquemment, une fois la cohérence établie, ils réalisent qu'ils ont un moi intuitif intérieur qui les a guidés tout du long, et ils en tirent une sensation de compassion, presque de tendresse pour leur être intérieur. Comme le suggèrent les traditions spirituelles orientales, c'est de cette compassion pour l'être intérieur que naît la compassion pour le monde extérieur : la sagesse est en soi, le fait d'en prendre conscience permet de s'ouvrir sur les autres.

Moi-même, je fais souvent appel à cette intuition du cœur. Je me souviens par exemple du cas difficile d'une jeune patiente noire qui souffrait de tout son corps mais dont tous les examens que l'on effectuait depuis des jours étaient négatifs. Les médecins refusaient de pratiquer des examens supplémentaires. Elle souhaitait qu'on lui donne de la morphine, ce que refusait l'équipe soignante en l'absence d'un diagnostic clair. Comme souvent dans ces cas de tension, mes collègues avaient fini par appeler le psychiatre. La jeune femme était furieuse qu'on puisse ainsi suggérer que ses problèmes étaient « dans la tête ». Elle n'accepta de me voir qu'en présence de sa mère, qui était encore plus déterminée qu'elle à imposer des tests supplémentaires. De leur point de vue, le refus d'effectuer d'autres examens était une marque évidente de racisme. Si l'hôpital refusait d'en faire plus, c'était uniquement parce qu'elle n'était ni blanche ni riche.

Ma journée avait été longue et difficile, et lorsqu'elles m'accueillirent avec une bordée d'injures, sans même me laisser la possibilité de me présenter, je sentis une irritation monter en moi, très proche de la colère. Je pris froidement congé d'elles. Dans le couloir, j'ai constaté que le sang m'était monté à la tête et j'ai noté que j'avais même envie de me venger. Comme un professeur qui a été bafoué par un élève, j'ai d'abord pensé à tous les tracas que je pourrais leur occasionner pour leur faire payer leur « mauvaise conduite ». Notant mon état intérieur, j'ai commencé par prendre deux grandes inspirations, et je me suis laissé entrer en cohérence en focalisant mon attention sur mon cœur, puis en pensant à la pêche aux bigorneaux avec mon fils sous le soleil couchant, un soir d'été en Normandie. Une fois le calme revenu, et l'esprit parfaitement clair, j'ai pris une autre mesure de la situation.

De nouvelles idées semblaient venir d'une autre région de moi : de toute évidence cette femme devait avoir grandement souffert pour ressentir une telle rage contre des gens qui faisaient de leur mieux pour la soulager. Elle devait avoir été rejetée et incomprise à plusieurs reprises. Et mon attitude n'avait rien dû faire pour modifier son opinion des médecins de l'hôpital, presque tous blancs. N'était-ce pas mon métier, après tout, de savoir aider les gens dont la personnalité est difficile ? Si moi, psychiatre, je n'arrivais pas à communiquer avec elle, qui pourrait bien y parvenir ? Et comment avais-je pu entretenir ces idées puériles de « revanche » ? Ça m'aurait bien avancé ! Soudain, je perçus un nouvel angle d'attaque ; je devais retourner dans la chambre et lui dire : « Vous avez droit aux meilleurs soins qui existent et au meilleur traitement possible, autant de ma part que de celle de mes collègues. Je suis sincèrement navré si nous n'avons pas été à la hauteur. Si vous me le permettez, j'aimerais essayer de comprendre exactement ce qui s'est passé ici et en quoi nous vous avons déçue... » Une fois la conversation engagée sur ce thème, j'en apprendrais sans doute assez pour mieux cerner ce qui la faisait réellement souffrir et ainsi, peut-être, pourrais-je suggérer des approches plus efficaces que des tests supplémentaires aussi désagréables qu'inutiles. Qu'avais-je à perdre ?

Je retournai dans la chambre dans ce nouvel état d'esprit et fis ma proposition. Leurs visages d'abord fermés s'éclairèrent progressivement et nous avons pu entamer une vraie conversation. J'appris comment plusieurs services d'urgence avaient renvoyé cette jeune femme, comment un médecin l'avait insultée, et, petit à petit, la conversation est devenue de plus en plus intime. Elle a fini par demander à sa mère de quitter la chambre, et nous avons pu évoquer son passé de prostituée et son expérience de toxicomane. Il est devenu clair qu'une partie de ses symptômes actuels était un simple syndrome de manque. Voilà qui n'était pas bien difficile à gérer et je lui ai promis de l'aider à contrôler sa douleur liée au manque. Nous nous sommes quittés en d'excellents termes. Elle, confiante qu'on allait enfin s'occuper d'elle, et moi, content d'avoir pu faire mon travail de médecin. En sortant de sa chambre pour la deuxième fois, j'ai frissonné en pensant que j'avais été à deux doigts de la faire renvoyer de l'hôpital, par colère...

Christine, qui avait appris, elle aussi, à entrer en cohérence intérieure, a vécu presque la même situation, pendant son divorce, avec son fils Thomas, âgé de cinq ans. Elle lui avait proposé de l'emmener au zoo un samedi matin, mais il ne faisait aucun effort pour retrouver ses chaussures. Pressée par le temps, elle entendait dans sa tête la voix de sa meilleure amie qui lui disait : « Si tu ne maîtrises pas le foutoir de ton fils maintenant, ça ne fera qu'empirer. Attends seulement qu'il devienne adolescent ! » Elle commença à reprocher sèchement à son fils son incapacité chronique à ranger ses affaires, qui finissait toujours par les mettre en retard. La réaction de Thomas fut de s'asseoir par terre, de croiser les bras et de prendre un air d'enfant battu et mal compris au bord de la crise de nerfs. C'en était trop : Christine, elle-même tendue en raison de la situation familiale, décida de sortir sans lui, pour ne pas « se faire avoir » une fois de plus par les manipulations émotionnelles de son fils.

Ayant regagné sa voiture, elle prit la mesure de son état intérieur. Elle était en colère et tendue, encore plus à présent qu'elle réalisait que le reste de la journée et, du coup, le reste du week-end, allaient être gâchés par ce démarrage catastrophique. Elle mit en pratique sa formation à la cohérence et, lorsqu'un début de calme intérieur s'installa, une autre perspective se présenta à elle : et si le retard et la désorganisation de Thomas ce matin n'étaient pas son problème habituel de rangement mais l'expression de son désarroi face au divorce de ses parents ? Elle s'imagina un instant à sa place, comme une petite fille de cinq ans désorientée, incapable de trouver les mots pour exprimer sa peur et sa tristesse. Elle imagina aussi comment elle aurait réagi si sa mère, dans de telles circonstances, ne l'avait pas comprise et s'était braquée sur une chose aussi accessoire que des chaussures pas rangées à la bonne place... Quel exemple donnait-elle à son fils ? Voulait-elle qu'il apprenne à gérer les tensions émotionnelles en claquant les portes, comme elle venait pratiquement de le faire ?...

Soudain, il lui parut évident qu'elle devait prendre le risque de « perdre la face » et de rentrer à la maison parler à Thomas.

« Je suis désolée de m'être emportée, lui dit-elle. Au fond, le zoo n'est pas si important que ça. L'important, c'est que tu es un peu triste et que c'est normal dans la situation où nous sommes, toi, papa et moi. Et quand on est triste, on a souvent du mal à ranger ses affaires. Moi, je suis triste aussi, et c'est pour ça que je m'énerve trop vite. Mais si toi et moi nous le savons, alors nous pourrons traverser tout cela plus facilement... »

Thomas leva son visage vers elle et fondit en larmes. Christine le prit contre elle et le serra dans ses bras. Peu de temps après, il souriait à nouveau et ils passèrent une journée délicieuse ensemble pendant laquelle Thomas se montra plus organisé et plus attentif que jamais : une fois l'énergie affective libérée par la cohérence, il est souvent possible de trouver une solution et des mots qui unissent au lieu de séparer. Et qui réduisent, ô combien, les déperditions inutiles d'énergie.

La cohérence induit un calme intérieur, mais ce n'est pas une méthode de relaxation : c'est une méthode d'action. La cohérence se pratique dans toutes les situations de la vie courante. Il est possible d'entrer en cohérence aussi bien quand votre cœur bat à 120 qu'à 55. C'est même l'objectif ultime : être en cohérence pendant l'excitation de la course ou de la lutte, pendant le plaisir de la victoire, mais également face à la douleur de la défaite ; et même pendant l'extase de l'amour. Les manuels de sexualité orientaux insistent sur l'importance d'ouvrir la porte énergétique du cœur par la concentration pour maîtriser et maximiser son plaisir. Sans doute les maîtres tantriques et taoïstes avaient-ils perçu, bien avant qu'il existe des logiciels d'ordinateur, l'effet de la cohérence cardiaque au cours de l'acte sexuel.

Les résultats obtenus par les hommes et les femmes qui ont découvert la cohérence et la pratiquent régulièrement sont presque trop beaux pour être crédibles. Le contrôle de l'anxiété et de la dépression, la baisse de la tension artérielle, l'augmentation du taux de DHEA, la stimulation du système immunitaire : ce n'est pas seulement d'un ralentissement du vieillissement qu'il s'agit, mais d'un véritable rajeunissement de la physiologie ! Toutefois, l'amplitude des résultats correspond à l'amplitude des dommages physiques et psychologiques liés au stress : si le stress peut faire tant de mal, cela ne me surprend qu'à moitié que sa maîtrise intérieure puisse faire tant de bien.

Mais, pour ceux d'entre nous qui ont été blessés par la vie et dont les cicatrices ne se sont pas encore refermées, il peut être douloureux et générateur d'anxiété de se tourner vers l'intérieur. Dans ce cas, c'est l'accès même à notre source interne de cohérence qui est bloqué. Le plus souvent, cela se produit à la suite d'un traumatisme au cours duquel les émotions ont été si puissantes que le cerveau émotionnel et donc le cœur ne fonctionnent plus comme avant. Ils ne sont plus alors une boussole mais un drapeau qui se débat dans la bourrasque. Ici, il existe une autre méthode pour retrouver l'équilibre, une méthode aussi surprenante qu'efficace, et qui a son origine dans le mécanisme des rêves : l'intégration neuro-émotionnelle par les mouvements oculaires.

5

L'autoguérison des grandes douleurs : l'intégration neuro-émotionnelle par les mouvements oculaires (EMDR)

La cicatrice de la douleur

Après un an d'amour idyllique, Pierre, l'homme que Sarah était certaine d'épouser, l'avait abandonnée brutalement. Pas un nuage n'assombrissait leur relation. Leurs corps semblaient faits l'un pour l'autre et leurs esprits vifs et curieux (ils étaient tous deux avocats) s'accordaient sur tout. Elle aimait tout de lui, son odeur, sa voix, son rire qui fusait à tout propos. Sarah appréciait même ses futurs beaux-parents. Leur avenir ensemble semblait tout tracé. Mais, un jour, Pierre frappa à sa porte avec dans ses bras un oranger entouré d'un grand ruban et à la main une lettre froide et dure qui disait les mots qu'il ne pouvait prononcer. Il avait renoué avec son ancienne compagne, catholique pratiquante comme lui, et c'est elle qu'il allait épouser. Sa décision, écrivait-il, était sans appel.

Après, Sarah ne fut plus la même. Elle qui avait toujours été solide comme un roc commença à avoir des attaques d'anxiété au moindre rappel de ce qui lui était arrivé. Elle ne pouvait plus s'asseoir à côté d'un arbre d'appartement, surtout pas d'un oranger. Son cœur faisait des bonds dans sa poitrine dès qu'elle tenait une enveloppe sur laquelle son nom était écrit à la main. Parfois, sans aucune raison, elle avait des « flashs » : elle revoyait devant ses yeux l'horrible moment. La nuit, elle rêvait souvent de Pierre, surtout de son départ, et se réveillait parfois en sursaut. Elle ne s'habillait plus de la même façon, ne marchait plus de la même façon, ne souriait plus de la même façon. Et, pendant longtemps, elle fut incapable de parler de ce qui lui était arrivé. À la fois par honte – comment avait-elle pu se tromper à ce point ? – et parce qu'à la moindre évocation elle se mettait à pleurer. Il lui semblait même qu'elle avait du mal à trouver les mots pour décrire cet épisode. Les maigres paroles qui lui venaient à l'esprit paraissaient fades et sans rapport avec la véritable dimension de l'événement.

Comme le montre l'histoire de Sarah – et comme nous le savons tous plus ou moins directement – les événements très douloureux laissent une marque profonde dans notre cerveau. Une étude du département de psychiatrie de l'université Harvard permet même de voir à quoi ressemble cette empreinte. Dans cette étude, on demandait à des patients ayant subi un traumatisme émotionnel d'écouter une description de ce qui leur était arrivé pendant qu'on enregistrait les réactions de leur cerveau dans un scanner à émission de positrons (« PET scan »). Comme Sarah, tous ces gens souffraient de ce que les psychiatres appellent l'« état de stress post-traumatique » (ou ESPT). Le scanner permettait de visualiser les parties de leur cerveau qui se trouvaient activées ou désactivées pendant ces minutes de terreur ravivée (voir figure 4 du cahier photo).

Les résultats étaient parlants : la région de l'amygdale, le noyau reptilien de la peur au cœur du cerveau émotionnel, était clairement activée. Étrangement, le cortex visuel aussi montrait une activation marquée, comme si ces patients regardaient une photo de la scène plutôt que d'en écouter simplement le récit. Et, plus fascinant encore, les images montraient une « désactivation » – une sorte d'anesthésie – de l'aire de Broca, la région du cerveau responsable de l'expression du langage. C'était comme une « signature » neurologique de ce que les gens souffrant d'ESPT répètent si souvent : « Je ne trouve pas les mots pour décrire ce que j'ai vécu[1]. »

Les psychiatres et les psychanalystes le savent bien : les cicatrices laissées dans le cerveau par les accidents les plus difficiles de la vie ne s'effacent pas facilement. Il arrive que les patients continuent d'avoir des symptômes des dizaines d'années après le traumatisme initial. Cela est courant chez les anciens combattants, comme chez les survivants des camps de concentration. Mais c'est aussi vrai des traumatismes de la vie civile. Selon une étude récente, la *majorité* des femmes souffrant d'un ESPT à la suite d'une agression (le plus souvent un viol mais aussi également un vol) continuaient de remplir les critères rigoureux de ce diagnostic dix ans plus tard[2]. Le plus intrigant est que la plupart de ces patients savent pertinemment qu'ils ne devraient pas se sentir aussi mal. Ils sont conscients, bien sûr, que la guerre est finie, que les camps ne sont plus qu'un cauchemar du passé, que le viol n'est plus qu'un souvenir, même si c'est un souvenir atroce. Ils savent qu'ils ne sont plus en danger. Ils le *savent*, mais ils ne le *ressentent* pas.

Une trace indélébile

Même sans avoir subi ces traumatismes « avec un grand T » auxquels s'applique le diagnostic d'ESPT, nous connaissons tous le phénomène pour avoir vécu de multiples traumatismes « avec un petit t ». Qui n'a été humilié par un instituteur acariâtre en cours élémentaire ? Qui ne s'est jamais fait impitoyablement larguer par un(e) petit(e) ami(e) ? Dans un registre un peu plus sombre, bien des femmes font des fausses couches, bien des gens perdent leur emploi de façon brutale, sans compter les innombrables personnes qui ont du mal à surmonter leur divorce ou la mort d'un proche.

Ces situations, on y pense et on y repense ; on écoute les conseils de ses amis et de ses parents ; on lit des articles dans la presse à leur propos, peut-être va-t-on même jusqu'à acheter un livre sur le sujet. Tout cela aide, souvent très bien, à *penser* à la situation, et l'on sait pertinemment ce que l'on *devrait* ressentir à présent qu'elle est derrière nous. Pourtant, on reste comme coincé : nos émotions sont à la traîne ; elles s'accrochent au passé bien après que notre vision rationnelle de la situation a évolué. L'homme qui a eu un accident de voiture continue de se sentir inconfortable et tendu lorsqu'il roule sur l'autoroute, même s'il sait que cela fait des années qu'il passe par là pour rentrer chez lui sans avoir de problème. La femme qui a été violée continue de se sentir bloquée lorsqu'elle se trouve au lit avec l'homme qu'elle aime, même si l'affection qu'elle lui porte et son désir d'intimité physique ne font aucun doute dans son esprit. Tout se passe comme si les parties du cerveau cognitif qui contiennent tout le savoir approprié n'arrivaient pas à entrer en contact avec les parties du cerveau émotionnel marquées par le traumatisme, lesquelles continuent d'évoquer les émotions douloureuses.

Dans un laboratoire de l'université de New York, un chercheur originaire de la Louisiane a éclairé d'un jour entièrement nouveau la manière dont ces traces émotionnelles s'organisent dans le cerveau. Enfant, Joseph LeDoux regardait son père boucher débiter des cervelles de bovins. Il en a gardé une fascination pour la structure de cet organe.

Après avoir longtemps étudié la différence entre les cerveaux droit et gauche, LeDoux a voulu comprendre les rapports entre le cerveau émotionnel et le cerveau cognitif. Il a été l'un des premiers à montrer que l'apprentissage de la peur ne passait pas par le néocortex, bien au contraire. Il a ainsi découvert que, lorsqu'un animal apprend à avoir peur de quelque chose, la trace se forme directement dans le cerveau émotionnel[3]. Par exemple, lorsque des rats reçoivent un petit choc électrique immédiatement après une sonnerie, ils apprennent très vite à se figer sur place en attendant le choc dès le début de la sonnerie. Comme les humains qui ont vécu une expérience traumatisante, même si l'expérience s'arrête pendant plusieurs mois, les rats continuent de se figer dans la terreur si, bien plus tard, la sonnerie retentit à nouveau.

Toutefois, il est possible de faire de la « psychothérapie » avec ces rats : il suffit de faire retentir la sonnerie encore et encore *sans* qu'elle soit suivie d'un choc électrique. Après un nombre suffisant de séances de ce type, tout paraît indiquer que les rats ont appris à ne plus avoir peur de la sonnerie (puisqu'elle n'est plus associée à une douleur). Effectivement, les rats ne manifestent plus aucune inquiétude. Même en présence de la sonnerie qui leur avait tant fait peur, ils vaquent maintenant simplement à leurs activités habituelles de rats. Pour tout observateur extérieur, il semble évident que la trace de la peur a été éliminée de leur cerveau émotionnel. Depuis Pavlov, cette psychothérapie comportementale est bien connue pour pouvoir induire ainsi l'« extinction » des réflexes conditionnés[4].

Mais tout n'est pas si simple, et c'est en fait beaucoup plus intéressant encore que ce qu'avait imaginé Pavlov. Il s'avère que ce contrôle de la peur n'est en réalité que ça : un contrôle. Des chercheurs du laboratoire de LeDoux ont pris des rats qui apprenaient à ne plus avoir peur par « extinction » et ils leur ont détruit une partie du cortex préfrontal (le cortex le plus « cognitif », même chez les rats). Ce qu'ils ont observé est stupéfiant : après la lésion du cortex frontal, les rats se sont mis à se figer sur place de nouveau dès qu'ils entendaient la sonnerie, exactement comme ils le faisaient avant leur « thérapie ». Cette recherche a démontré que le cerveau émotionnel ne « désapprend » jamais la peur ; les rats apprennent simplement à la contrôler grâce à leur néocortex – leur cerveau « cognitif ». Tout se passe comme si la thérapie par exposition chez les rats, même lorsqu'elle réussit parfaitement, laissait la trace de la peur dans le cerveau émotionnel intacte. Si le cerveau cognitif est détruit, ou s'il ne fait pas son travail, la peur reprend immédiatement le dessus[5] !

En extrapolant ces résultats chez les humains, on comprend comment les cicatrices dans lc cerveau émotionnel peuvent rester présentes pendant des années, prêtes à se réactiver.

Pauline, que j'ai rencontrée alors qu'elle avait soixante ans, faisait la démonstration aussi éclatante que tragique de la persistance des traces de la peur dans le cerveau émotionnel. Elle consultait parce qu'elle ne supportait pas la présence de son nouveau chef de service depuis qu'elle avait changé de poste. Pourtant, elle se rendait bien compte que son comportement à lui n'avait rien d'anormal : le problème venait d'elle. Deux semaines plus tôt, la présence de son chef derrière son dos l'avait tellement affectée qu'elle avait été incapable de poursuivre sa conversation téléphonique avec un client important. Dix ans auparavant, elle avait déjà perdu son emploi une première fois à cause du même problème. À présent, elle était déterminée à comprendre ce qui lui arrivait – et à le surmonter. Je découvris assez rapidement qu'elle avait eu un père distant, colérique et parfois violent. Il l'avait battue à plusieurs reprises. Je lui demandai de me décrire une de ces scènes. Elle me raconta comment un jour, alors qu'elle avait cinq ans, son père était revenu à la maison avec une nouvelle voiture dont il était très fier. Comme il était d'excellente humeur, elle avait voulu en profiter pour se rapprocher de lui et partager sa joie, et avait décidé de faire briller sa voiture encore plus. Son père étant rentré à l'intérieur, elle avait pris un seau et une éponge et s'était mise à frotter avec tout l'enthousiasme d'une petite fille voulant faire plaisir à son père. Malheureusement, elle n'avait pas remarqué qu'il y avait de petits morceaux de gravier accrochés à son éponge : la carrosserie avait été totalement rayée. Lorsqu'elle était allée chercher son père pour lui montrer fièrement son travail, il avait été pris d'une colère aussi violente qu'incompréhensible à ses yeux. Craignant d'être battue, elle s'était précipitée dans sa chambre pour se cacher sous son lit. L'évocation de ce souvenir faisait revenir à la surface une image qui était restée incrustée dans son esprit aussi nettement qu'une photographie : les pieds menaçants de son père qui avançaient vers elle alors qu'elle se terrait comme un petit animal, le plus près possible du mur. Et en même temps que l'image, l'émotion revenait avec toute sa puissance. Devant moi, cinquante-cinq ans après les faits, son visage se métamorphosait sous l'effet de la peur et sa respiration s'accélérait au point que j'ai redouté qu'elle ne fasse une crise cardiaque dans mon bureau. Cinquante-cinq ans plus tard, tout son cerveau, tout son corps restaient à la merci de l'empreinte laissée par sa peur... Après leur conditionnement aux chocs électriques, les rats de LeDoux réagissent avec terreur à tout stimulus qui ressemble de près ou de loin à celui qu'ils ont appris à craindre[6]. Dans le cas de Pauline, il suffisait que son chef lui fasse penser un tant soit peu à son père pour qu'elle se sente, aujourd'hui encore, plus que mal à l'aise...

En fait, les cicatrices émotionnelles du cerveau limbique semblent toujours prêtes à se manifester dès que la vigilance de notre cerveau cognitif et sa capacité de contrôle fléchissent, même temporairement. L'alcool, par exemple, empêche le cortex préfrontal de fonctionner normalement. C'est pour cette raison que nous nous sentons « désinhibés » dès que nous buvons un peu trop. Mais c'est précisément pour cette même raison que, lorsque nous avons été meurtris ou traumatisés par la vie, nous risquons, sous l'effet de l'alcool, d'interpréter une situation bénigne comme si nous étions agressés une fois de plus et de réagir violemment. Cela peut également se produire lorsque nous sommes simplement fatigués ou trop distraits par d'autres préoccupations pour garder le contrôle sur la peur imprimée dans notre cerveau limbique.

Les mouvements des yeux lors des rêves

Les psychiatres connaissent bien cet aspect de l'ESPT. Ils savent qu'il y a une déconnexion entre les connaissances appropriées du présent et les émotions inappropriées, résidus du traumatisme passé. Ils savent que c'est ce qui rend ce syndrome si difficile à traiter. Leur expérience leur a appris qu'il ne suffit pas simplement de parler pour établir une connexion entre les vieilles émotions et une perspective mieux ancrée dans le présent. Ils savent même que le simple fait de raconter le traumatisme encore et encore ne fait souvent qu'aggraver les symptômes. Ils savent, enfin, que les médicaments non plus ne sont pas très efficaces. Au début des années 1990, une étude d'ensemble des traitements exis-tants de l'ESPT publiée par le prestigieux *Journal of the American Medical Association* – sans doute la revue médicale la plus lue au monde – concluait qu'il n'y avait pas de traitement véritablement efficace pour ce syndrome, seulement des interventions avec des bienfaits limités[7]. Face à des patients comme Pauline, j'étais on ne peut plus conscient de tout cela. Comme tous mes collègues psy-chiatres ou psychanalystes, je me débattais depuis des années pour aider des gens comme elle avec des résultats le plus souvent insatisfaisants. Jusqu'au jour où j'ai assisté à la projection d'une vidéo tout à fait remarquable.

Cela s'est passé lors d'un congrès médical. Francine Shapiro, une psychologue californienne, faisait un exposé sur l'EMDR (en anglais « eye movement desensitization and reprocessing », c'est-à-dire désensibilisation et retraitement par les mouvements oculaires), une méthode de traitement qu'elle avait mise au point, et à propos de laquelle le milieu médical se déchirait depuis quelque temps. J'avais bien sûr entendu parler de l'EMDR et j'étais extrêmement sceptique. L'idée que l'on pouvait *résoudre* les traumatismes émotionnels en bougeant rythmiquement les yeux me paraissait totalement saugrenue. Pourtant, un des cas présentés en vidéo par le docteur Shapiro capta mon attention.

Maggie, une femme d'une soixantaine d'années, avait appris de son médecin qu'elle avait un cancer grave, qu'il ne lui restait que six mois à vivre et qu'elle devait s'attendre à mourir dans la souffrance. Henry, son mari depuis vingt-sept ans, était veuf d'un premier mariage et sa première femme était morte d'un cancer. Quand Maggie lui avait annoncé le verdict du médecin, l'angoisse de Henry avait été telle qu'il lui avait dit qu'il ne pouvait pas revivre cela, et il l'avait quittée dans la semaine. Après le choc initial, Maggie avait sombré dans une profonde dépression. Elle avait acheté un revolver avec l'intention de se tuer. Mis au courant, des amis communs étaient intervenus auprès de Henry et avaient réussi à le convaincre de revenir au foyer. Mais Maggie avait été tellement traumatisée qu'elle ne dormait plus, faisait sans cesse le même cauchemar dans lequel elle voyait Henry partir, et ne supportait pas d'être séparée de lui, même s'il allait simplement faire les courses. Leur vie était devenue impossible, et elle enrageait que ses derniers mois soient ainsi gâchés. Elle avait appris par les journaux qu'il existait un programme expérimental de traitement des traumatismes et elle s'était inscrite pour participer à l'une des toutes premières études contrôlées de l'EMDR. Après avoir évoqué l'arrière-plan de son cas, Francine Shapiro projeta un enregistrement vidéo de la première séance du traitement de Maggie.

Au début de la séance, Maggie ne pouvait même pas

évoquer l'image de Henry s'éloignant le jour de son départ. Dès que le thérapeute lui demandait d'évoquer le souvenir, elle était immédiatement suffoquée par la peur. Ensuite, avec beaucoup d'encouragements, elle est parvenue à laisser les images les plus douloureuses du départ de Henry lui revenir à la mémoire. Le thérapeuthe lui demanda alors de suivre sa main qui se déplaçait de droite à gauche devant ses yeux pour induire des mouvements oculaires rapides comparables à ceux qui ont lieu spontanément pendant les rêves (la phase du sommeil dite « REM sleep » en anglais, pour « rapid eye-movement sleep »). Le souvenir semblait être imprimé dans l'ensemble de son corps et elle devait fournir un effort énorme : en plus de la peur qu'elle revivait, son cœur battait trop fort et trop vite, et elle ne cessait de dire qu'elle avait « mal partout ». Puis, à peine quelques minutes après une autre série de mouvements des yeux, son visage se transfigura d'un seul coup : une expression de surprise se peignit sur ses lèvres et elle déclara : « C'est parti ! C'est comme dans un train... On regarde quelque chose par la fenêtre qui est complètement là, devant soi, et puis tout d'un coup, c'est parti. C'est dans le passé et il y a quelque chose d'autre qui le remplace et qu'on regarde maintenant. Que ce soit de la beauté ou de la douleur, c'est dans le passé... Comment est-ce que j'ai pu me laisser affecter si longtemps par ça ? » Toute son attitude corporelle avait changé. Elle se tenait droite, même si elle paraissait encore déconcertée. Avec la série suivante de mouvements des yeux, elle commença à sourire. Lorsque le thérapeute interrompit les mouvements et lui demanda ce qui lui était passé par l'esprit, elle répondit : « J'ai quelque chose d'amusant à vous dire... Je me voyais sur le perron de la maison, Henry s'éloignait dans l'allée et je pensais : "s'il ne peut pas faire face à la situation, c'est son problème, pas le mien", et je lui faisais de grands signes de la main en disant "bye-bye, Henry, bye-bye". Vous pouvez le croire ? "Bye-bye, Henry, bye-bye..." »

Après d'autres séries de mouvements des yeux, toujours aussi brèves, pas plus de trente secondes ou d'une minute chaque fois, Maggie glissa spontanément vers la scène de son lit de mort. Ses amis l'entouraient, et elle était rassurée de voir qu'elle ne serait pas seule. Encore une série de mouvements des yeux, et, à la place de la peur qui la dominait au début de la séance, c'était maintenant une grande détermination qui se lisait sur son visage. Elle se frappa la cuisse de la main et lança : « Et vous savez quoi ? Je vais mourir dans la dignité ! Personne ne m'empêchera de réussir ça. » L'ensemble avait duré peut-être quinze minutes, et le thérapeute n'avait pas fait dix phrases.

Pendant tout ce temps, le scientifique en moi me murmurait continuellement à l'oreille : « Ce n'est qu'une seule patiente. Peut-être est-elle particulièrement suggestible ? Ça peut très bien n'être qu'un effet placebo. » Mais le médecin en moi répondait : « Peut-être, mais des effets placebos comme celui là, j'en veux bien tous les jours chez mes patients. Je n'ai jamais rien vu de pareil. »

Ce qui a fini par me convaincre, c'est une étude menée sur le traitement par l'EMDR de quatre-vingts patients présentant des traumatismes émotionnels importants. Elle avait été publiée dans l'une des revues de psychologie clinique les plus pointilleuses en matière de méthodologie et de rigueur scientifique. Dans cette étude, 80 % des patients ne montraient quasiment plus de symptômes d'ESPT après trois séances[8]. C'est un taux de guérison comparable à celui des antibiotiques pour la pneumonie[9]. Je ne connais aucune étude de quelque traitement que ce soit en psychiatrie, y compris des médicaments les plus puissants, qui ait fait état d'une telle efficacité en trois semaines. Naturellement, je me disais qu'il était inconcevable qu'un traitement qui marche aussi vite ait des résultats durables. Mais, lorsqu'on avait interviewé le même groupe de quatre-vingts patients quinze mois plus tard, les résultats étaient encore meilleurs que tout de suite après les trois séances. Malgré tout, la méthode me semblait toujours étrange, peut-être même contraire à mon éthique compte tenu de ma culture psychanalytique et donc de mon attachement à l'importance du langage, de la patience, de la durée, de l'analyse du transfert, et ainsi de suite. Toutefois, devant de tels résultats, je ne pouvais m'empêcher de penser que ce qui serait contraire à mon éthique serait de ne *pas* apprendre l'EMDR pour juger par moi-même. Refuser d'essayer aurait peut-être été comme si, au moment de l'introduction de la pénicilline, on avait refusé de l'essayer sous prétexte qu'on croyait à l'efficacité des sulfamides, ces médicaments plus lourds et moins utiles, mais disponibles depuis bien plus longtemps et bien souvent efficaces.

Un mécanisme d'autoguérison dans le cerveau

Le jour de mes quatorze ans, on m'a offert ma première mobylette. Le lendemain, j'ai eu mon premier accident. Je roulais le long d'une file de voitures arrêtées. Tout d'un coup, juste devant moi, une portière s'est ouverte, trop tard pour que je puisse freiner. Outre les inévitables bleus sur mon corps, mon cerveau émotionnel lui aussi en a pris un coup. J'étais secoué. Cela a duré quelques jours. Je repensais à l'accident à des moments inattendus, quand mon esprit n'était pas occupé à autre chose. J'en ai rêvé la nuit. Pendant plusieurs jours, je n'avais plus le même plaisir à prendre ma mobylette. Je me suis même demandé si finalement ce n'était pas trop dangereux. Mais une semaine plus tard, peu après la disparition des marques sur mon corps – et au grand dam de mes parents –, toutes ces pensées s'étaient évanouies et, à la moindre occasion, j'enfourchais à nouveau mon petit cheval de fer. Je faisais, par contre, beaucoup plus attention aux files de voitures garées sur le côté, et je maintenais toujours entre elles et moi la saine distance d'une portière ouverte... L'événement avait été « digéré ». J'avais gardé ce qui était utile et important d'apprendre de cet incident, et les émotions et les cauchemars inutiles avaient, eux, été éliminés.

L'idée de départ de l'EMDR, c'est précisément qu'il existe en chacun de nous un tel mécanisme de digestion des traumatismes émotionnels. Ce mécanisme, les praticiens de l'EMDR l'appellent le « système adaptatif de traitement de l'information ». Le concept est assez simple : comme avec mon accident de mobylette, nous faisons tous l'expérience de traumatismes « avec un petit t » tout au long de notre vie. Pourtant, nous ne développons pas, le plus souvent, de syndrome post-traumatique. Tout comme le système digestif tire ce qui est utile et nécessaire pour l'organisme de la nourriture et rejette le reste, le système nerveux extrait l'information utile – « la leçon » – et se débarrasse en quelques jours des émotions, des pensées et de l'activation physiologique qui ne sont plus nécessaires une fois l'événement passé[10].

Freud, bien sûr, parlait déjà de ce mécanisme psychologique. Il le décrivait comme le « travail du deuil » dans son article classique « Deuil et mélancolie ». Après la perte d'un être cher, d'une chose à laquelle nous sommes très attachés, ou encore à la suite d'un événement qui remet en question notre sentiment de sécurité dans un monde que nous croyions connaître, notre système nerveux est temporairement désorganisé. Ses repères habituels ne fonctionnent plus. Il lui faut un certain temps pour retrouver l'équilibre, ce que les physiologistes appellent l'« homéostasie ». Généralement, l'organisme en sort renforcé. Il a grandi dans l'épreuve et dispose maintenant de nouvelles ressources. Il est plus flexible, mieux adapté aux situations auxquelles il doit faire face. Certains auteurs, comme Boris Cyrulnik en France, ont démontré comment l'adversité menait ainsi souvent à ce qu'il a appelé la « résilience[11] ». À chaque époque sa métaphore. Freud, écrivant à l'époque de la révolution industrielle, a appelé ce processus le « travail » du deuil. L'EMDR est née dans la région de San Francisco, autour de l'école de Palo Alto, à l'époque de la révolution de l'informatique et des neurosciences. Quoi d'étonnant à ce que la nouvelle théorie parle de ce même mécanisme de digestion du cerveau comme d'un « système adaptatif de traitement de l'information » ?

Toutefois, dans certaines circonstances, ce système peut être submergé. Si le traumatisme est trop fort, par exemple à la suite de tortures, d'un viol, ou de la perte d'un enfant (parmi mes patients, la perte d'un enfant, ou même simplement la maladie grave d'un enfant, semble être l'une des expériences les plus douloureuses de la vie). Mais cela peut aussi arriver avec des événements bien moins graves, simplement parce que nous sommes particulièrement vulnérables au moment où ils se produisent, notamment si l'on est un enfant – et donc incapable de se protéger – ou si l'on est dans une position de fragilité.

Anne, par exemple, infirmière, était venue en consultation pour des symptômes dépressifs chroniques et une terrible image d'elle-même. Elle se trouvait grosse et laide – « écœurante » disait-elle – alors qu'objectivement elle était plutôt jolie et son poids tout à fait dans la moyenne. Comme elle était aussi d'un naturel gai et engageant, son image de soi était clairement déformée. En l'écoutant, j'ai compris que cette image s'était ancrée en elle pendant les derniers mois de sa grossesse, trois ans auparavant. Elle se souvenait distinctement du jour où son conjoint, à qui elle reprochait de ne plus jamais passer de temps avec elle, a fini par lui dire : « Tu as l'air d'une baleine. Tu es la chose la plus écœurante que j'aie jamais vue ! » Dans d'autres circonstances, même meurtrie, elle se serait défendue, peut-être même lui aurait-elle répondu qu'il n'était pas non plus exactement Paul Newman. Mais sa grossesse avait été difficile, elle avait dû arrêter de travailler très tôt, elle n'était pas sûre de retrouver son emploi, elle avait perdu confiance et était terrifiée à l'idée que Jack pourrait la quitter après la naissance de l'enfant, comme son père à elle avait quitté sa mère. Elle était vulnérable et impuissante. Il n'en fallait pas plus pour que cette remarque toxique prenne une dimension traumatisante qu'elle n'aurait jamais dû avoir.

Que ce soit en raison de l'intensité du traumatisme ou de la situation de fragilité de la victime, un événement douloureux devient alors « traumatisant » au sens propre du terme. Selon la théorie de l'EMDR, au lieu d'être digérée, l'information concernant le traumatisme se voit alors bloquée dans le système nerveux, gravée dans sa forme initiale. Les images, les pensées, les sons, les odeurs, les émotions, les sensations corporelles et les convictions que l'on en a tirées sur soi (« Je ne peux rien faire, je vais être abandonné ») sont alors stockés dans un réseau de neurones qui mène sa propre vie. Ancré dans le cerveau émotionnel, déconnecté des connaissances rationnelles, ce réseau devient un paquet d'information non traitée et dysfonctionnelle que le moindre rappel du traumatisme initial suffit à réactiver.

Les souvenirs du corps

Un souvenir enregistré dans le cerveau peut être stimulé à partir de n'importe lequel de ses constituants. Un ordinateur a besoin d'une adresse exacte pour retrouver ce qu'il a en mémoire (comme un bibliothécaire a besoin de connaître l'emplacement exact d'un livre pour le retrouver dans les rayons). À l'inverse, l'accès à un souvenir dans le cerveau se fait par analogie : n'importe quelle situation qui nous rappelle un aspect de quelque chose que nous avons vécu peut suffire pour évoquer le souvenir complet. Ces propriétés de la mémoire sont bien connues : on appelle cela « l'accès par le contenu » et « l'accès par les correspondances partielles [12] ».

Cela a des conséquences importantes pour les souvenirs traumatiques. À cause de ces propriétés, n'importe quelle image, n'importe quel son, odeur, émotion, pensée ou même sensation physique qui ressemble aux circonstances de l'événement traumatique peut déclencher le rappel de la totalité de l'expérience stockée de façon dysfonctionnelle. Souvent, l'accès aux souvenirs douloureux se fait par le corps.

J'ai compris pour la première fois l'importance du codage corporel des souvenirs le jour où l'on m'a appelé d'urgence au chevet d'une jeune femme qui venait de sortir de la salle d'opération. Elle n'était pas encore entièrement remise des effets de l'anesthésie générale et les infirmières l'avaient trouvée agitée. Elles avaient eu peur que, dans sa confusion, elle n'arrache accidentellement ses perfusions et les différents câbles encore reliés à son corps. Elles lui avaient donc attaché les poignets avec des bracelets de tissu aux barreaux du lit. Peu de temps après, subitement réveillée, la jeune femme s'était mise à hurler avec une expression de terreur sur son visage. Elle se débattait de toutes ses forces contre les liens et son rythme cardiaque comme sa tension artérielle atteignaient des niveaux dangereux pour son état. Lorsque j'ai enfin réussi à la calmer – j'ai dû rapidement la libérer –, elle m'a décrit le souvenir qu'elle venait de revivre. Elle s'était soudain revue, enfant, attachée par les poignets à son lit par son beau-père qui lui brûlait la peau avec une cigarette. Tout le souvenir, stocké dans sa forme dysfonctionnelle et donc très vive, était remonté à la surface à partir de la sensation de ses poignets entravés...

La force de l'EMDR tient en ce qu'elle évoque d'abord le souvenir traumatique avec toutes ses différentes composantes – visuelle, émotionnelle, cognitive et physique (les sensations du corps) –, puis stimule le « système adaptatif de traitement de l'information », qui n'a pas réussi, jusque-là, à digérer l'empreinte dysfonctionnelle.

Les mouvements oculaires comparables à ceux qui ont

lieu spontanément pendant le sommeil des rêves sont censés apporter l'assistance nécessaire au système naturel de guérison du cerveau pour qu'il achève ce qu'il n'a pas pu faire sans aide extérieure. À la manière de certains remèdes naturels et plantes connus depuis des siècles pour leur capacité à activer les mécanismes naturels de guérison du corps après un traumatisme physique – comme l'*Aloe vera* pour les brûlures[13] ou le *Gotu kola* pour les plaies ouvertes[14] –, les mouvements oculaires de l'EMDR sont censés être un mécanisme naturel qui accélère la guérison après un traumatisme psychologique.

Pendant les mouvements oculaires, les patients donnent l'impression de faire spontanément de « l'association libre » telle que la recommandait Freud et dont on sait qu'elle est particulièrement difficile à faire sur commande. Comme dans les rêves, les patients traversent un vaste réseau de souvenirs reliés les uns aux autres par différentes bribes. Ils commencent souvent à se rappeler d'autres scènes reliées au même événement traumatique, soit parce qu'elles sont de même nature (par exemple, d'autres épisodes d'humiliation en public), soit parce qu'elles sollicitent les mêmes émotions (tel un même sentiment d'impuissance). Il leur arrive souvent d'éprouver de fortes émotions qui remontent rapidement à la surface même si elles avaient été ignorées jusque-là. Tout se passe comme si les mouvements oculaires – de même qu'au cours des rêves – facilitaient un accès rapide à tous les canaux d'association connectés au souvenir traumatique ciblé par le traitement. Au fur et à mesure que ces canaux sont activés, ils peuvent se connecter aux réseaux cognitifs qui, eux, contiennent l'information ancrée dans le présent. C'est grâce à cette connexion que la perspective de l'adulte, qui n'est plus, aujourd'hui, ni impuissant ni soumis aux dangers du passé, finit par prendre pied dans le cerveau émotionnel. Elle peut alors y remplacer l'empreinte neurologique de la peur ou du désespoir. Et lorsqu'elle est remplacée, elle l'est complètement, à tel point qu'on voit souvent une nouvelle personne émerger.

Après plusieurs années de pratique, je suis encore surpris par les résultats de l'EMDR dont je suis le témoin. Et je comprends que mes collègues psychiatres et psychanalystes se méfient, comme moi au départ, d'une méthode à la fois si nouvelle et si différente. Pourtant, comment nier l'évidence lorsqu'elle se manifeste tant dans mon cabinet que dans les nombreuses études publiées ces dernières années ? Je connais peu de choses en médecine aussi impressionnantes que l'EMDR en action. C'est de cela que je voudrais vous parler maintenant.

6

L'EMDR en action

Lilian était comédienne et enseignait son art dans un théâtre de réputation nationale. Elle avait joué un peu partout dans le monde et la maîtrise de la peur, elle connaissait. Pourtant, si elle se trouvait à présent devant moi, dans mon cabinet, c'est parce que cette vieille ennemie, cette fois, la tenait. Elle était terrifiée depuis qu'on lui avait diagnostiqué un cancer du rein. En parlant avec elle, j'appris qu'elle avait été violée à plusieurs reprises par son père lorsqu'elle était encore enfant. L'impuissance qu'elle ressentait maintenant face à sa maladie faisait vraisemblablement écho à l'impuissance qu'elle avait connue enfant, lorsque, déjà, il lui était impossible d'échapper à une situation terrible et sans issue. Elle se souvenait parfaitement du jour où, à l'âge de six ans, elle s'était entaillé l'intérieur de la cuisse sur un grillage de leur jardin. Son père l'avait conduite chez le médecin, qui avait dû lui poser quelques points de suture qui remontaient jusqu'à son pubis. Il l'avait fait devant son père, et sans anesthésie. Une fois rentrés à la maison, son père l'avait clouée à plat ventre sur son lit, l'immobilisant avec sa main sur sa nuque, et l'avait violée pour la première fois. Lilian avait commencé par me déclarer qu'elle avait fait plusieurs années de psychanalyse pendant lesquelles elle avait longuement parlé de l'inceste et de sa relation avec son père.

Elle pensait qu'il ne serait pas utile de revisiter ces vieux souvenirs qu'elle croyait enfin résolus. Mais le rapport entre cette scène – qui reliait entre eux les thèmes de la maladie, de l'impuissance absolue, de la peur – et l'angoisse qu'elle vivait maintenant face à son cancer me semblait trop fort pour ne pas l'explorer davantage. Elle a fini par en convenir et, dès la première série de mouvements oculaires, elle revécut la terreur de la petite fille de six ans qui se manifestait à travers tout son corps. Une idée lui revint aussi en tête, une idée qu'elle avait eue sur le moment : « Et si c'était ma faute ? N'est-ce pas ma chute dans le jardin et le fait que mon père a vu mon sexe chez le médecin qui l'ont poussé à me faire ça ? » Comme presque toutes les victimes d'abus sexuels, Lilian se sentait en partie responsable de ces actes atroces. Je lui ai simplement demandé de continuer de penser à ce qu'elle venait de dire et de faire une autre série de mouvements oculaires. Trente secondes plus tard, lors de la pause suivante, elle m'a dit qu'elle voyait maintenant que ce n'était pas sa faute. Elle n'était qu'une toute petite enfant, et le rôle de son père était de s'occuper d'elle, de la soigner et de la protéger. Cela s'imposa à elle comme une évidence : elle n'avait absolument rien fait qui pouvait justifier une telle agression. Elle était simplement tombée. Quoi de plus normal pour une petite fille active et curieuse ? La connexion entre le point de vue de l'adulte et la vieille distorsion conservée dans son cerveau émotionnel était en train de s'établir sous mes propres yeux.

Lors de la série de mouvements oculaires suivante, c'est son émotion qui s'est transformée. La peur est devenue une colère justifiée : « Comment a-t-il pu me faire une chose pareille ? Comment ma mère a-t-elle pu le laisser faire pendant des années ? » Les sensations dans son corps, qui semblait avoir autant à dire que sa parole, changeaient elles aussi. La pression sur sa nuque qu'elle avait revécue quelques minutes auparavant et la peur qu'elle avait ressentie dans son ventre avaient changé : elle sentait à présent une forte tension dans sa poitrine et sa mâchoire, comme la colère en produit souvent. Plusieurs écoles de psychothérapie considèrent que l'objectif du traitement des victimes de viol est précisément de les accompagner jusqu'à cette transformation réussie de la peur et de l'impuissance en une colère légitime. En EMDR, le traitement continue simplement de la même manière, aussi longtemps que le patient ressent des transformations inté-rieures. Effectivement, quelques séries de mouvements oculaires plus tard, Lilian se voyait comme une petite fille seule, émotionnellement abandonnée et sexuellement abusée. Elle ressentit une profonde tristesse et une grande compassion pour cette pauvre petite fille. Comme dans les stades du deuil décrits par Elizabeth Kübler-Ross, la colère s'était changée en tristesse[1]. Puis elle a réalisé que l'adulte compétente qu'elle était devenue pouvait prendre soin de cette enfant. Cela lui a fait penser à la férocité avec laquelle elle avait protégé ses propres enfants – « comme une mère lionne », a-t-elle dit. Enfin, elle a évoqué progressivement l'histoire de son père. Pendant la Seconde Guerre mondiale, en Hollande, celui-ci était entré très jeune dans la Résistance. Il avait été arrêté et torturé. Pendant toute son enfance, elle avait entendu sa mère et ses grands-parents avouer qu'il n'avait plus jamais été le même. Elle sentit monter en elle une vague de pitié et de compassion pour lui. Même plus, de la compréhension. Elle le voyait désormais comme un homme qui avait eu un grand besoin d'amour et de compassion que sa femme, dure et sèche, ne lui avait jamais donnés, pas plus que ses parents, engoncés dans une tradition culturelle qui n'attachait pas d'importance aux émotions. Elle le voyait à présent comme un homme désorienté et perdu, comme quelqu'un qui avait vécu des choses tellement dures qu'« il y avait de quoi être devenu fou ». Et elle l'a vu tel qu'il était maintenant : « Un vieil homme pitoyable, si faible qu'il a du mal à marcher. Sa vie est tellement difficile. Je suis triste pour lui. »

En soixante minutes, elle était passée de la terreur d'une

petite fille violée à l'acceptation et même à la compassion pour son agresseur, le point de vue le plus adulte qui soit. Et aucun des stades habituels du travail de deuil, tels que décrits par la psychanalyse, n'avait été omis. C'était comme si des mois, voire des années de psychothérapie avaient été condensés en une seule séance. La stimulation du système adaptatif de traitement de l'information semblait l'avoir aidée à établir tous les liens nécessaires entre les événements du passé et sa perspective de femme adulte. Une fois ces liens en place, l'information dysfonctionnelle s'était trouvée digérée – « métabolisée », disent les biologistes – et avait perdu sa capacité à déclencher des émotions inappropriées. Lilian était même devenue capable d'évoquer le souvenir du premier viol et de le regarder en face sans le moindre trouble : « C'est comme si j'étais un simple observateur. Je regarde ça de loin. C'est seulement un souvenir, une image. » Privé de sa charge « limbique » dysfonctionnelle, le souvenir perd de sa vitalité. Son emprise s'estompe. C'est déjà énorme. Pourtant, la résolution des vieux traumatismes que nous portons en nous comme des blessures pas tout à fait cicatricées ne prend pas fin avec la neutralisation des souvenirs anciens.

Une fois ce traumatisme résolu, ainsi que quelques autres, Lilian s'est découvert une force intérieure dont elle n'avait jamais soupçonné l'existence, ni qu'elle pourrait un jour en disposer. Elle affronta sa maladie, et la possibilité de la mort, avec une bien plus grande sérénité. Elle est devenue la partenaire à part entière de ses médecins, a pu explorer de nombreuses formes de traitement complémentaires pour le cancer dont elle se sert avec discernement et intelligence, et, plus important encore, elle a pu continuer de vivre pleinement pendant toute la durée de sa maladie. Sa psychanalyste, qu'elle continuait de voir une fois par mois, a été tellement surprise par la transformation si subite de Lilian qu'elle m'a appelé un jour pour me demander ce qui s'était passé. Qu'avions-nous fait de différent, alors que toute cette histoire d'inceste avait, en principe, été résolue par son analyse ? Comme la plupart des psychanalystes français et américains qui ont eu une expérience similaire avec un de leurs patients, elle s'est rapidement formée à l'EMDR, qui depuis fait systématiquement partie de son travail psychanalytique.

Trois ans après ces quelques séances, même si elle a subi la chirurgie, la chimiothérapie et la radiothérapie, Lilian est plus vivante que jamais. L'expérience de la maladie et sa force vitale lui ont donné un certain rayonnement. Elle joue à nouveau en public et a repris ses cours. Elle espère que cela durera encore longtemps*.

Les enfants du Kosovo

Le travail du système adaptatif de traitement de l'information est encore plus rapide chez les enfants. Tout se passe comme si des structures cognitives plus simples et des canaux associatifs plus épars permettaient de brûler les étapes.

Quelques mois après la fin de la guerre du Kosovo, je me suis rendu sur place en tant que consultant pour les problèmes de traumatismes émotionnels. Un jour, on m'a demandé de voir deux jeunes adolescents, un frère et une sœur. Pendant la guerre, leur maison avait été cernée par des miliciens. Leur père avait été abattu sous leurs yeux. La fille avait été violée avec un revolver sur la tempe dans sa propre chambre. Depuis, elle ne pouvait plus y mettre les pieds. Quant au garçon, il s'était enfui avec son oncle par le toit, mais on leur avait lancé une grenade. Celle-ci avait tué son oncle et l'avait grièvement blessé, lui, à l'abdomen. Les miliciens l'avaient laissé pour mort.

---

* De toute évidence, l'EMDR ne soigne pas le cancer. Toutefois, je sais que ça a été une partie importante de son traitement, comme de celui de beaucoup d'autres patients qui faisaient face à une maladie terminale.

Depuis, les deux enfants vivaient dans un état d'anxiété permanente. Ils dormaient très mal, mangeaient peu et refusaient de quitter leur maison. Le pédiatre qui leur avait rendu visite à plusieurs reprises était très inquiet pour eux et ne savait plus quoi faire pour les aider. Il se sentait particulièrement concerné parce qu'il était un ami de longue date de la famille. Une partie de mon travail consistait à apprendre aux médecins à diagnostiquer l'ESPT, et il m'a demandé de faire quelque chose pour ces enfants.

En entendant leur médecin me raconter leur histoire, je m'étais dit qu'il serait difficile de les aider, surtout dans une langue étrangère et par l'intermédiaire d'un interprète. L'intensité des émotions qu'ils ressentaient lorsqu'ils évoquaient ces souvenirs était très forte. Pourtant, lors de la première séance, je fus surpris de constater que, dès la première série de mouvements des yeux, ni l'un ni l'autre ne semblaient plus bouleversés. Je me souviens de m'être dit que ou bien la présence de l'interprète bloquait leurs associations, ou bien le traumatisme avait été tellement intense qu'ils ne pouvaient plus avoir accès aux émotions (ce qu'on appelle en psychiatrie un phénomène de « dissociation »). À ma grande surprise, à la fin de cette première séance, ils m'ont dit qu'ils étaient à présent capables d'évoquer les images de l'agression sans plus sentir le moindre trouble. Cela m'a paru impossible : j'étais certain que dans quelques jours on verrait bien que rien n'avait été résolu.

Je suis revenu une semaine plus tard, avec l'intention de reprendre le traitement et d'essayer à nouveau, peut-être en partant d'autres scènes. J'ai été stupéfié d'apprendre par leur tante que, le soir même après notre première séance, les deux enfants avaient dîné normalement pour la première fois et qu'ils avaient ensuite dormi toute la nuit sans difficulté, aussi pour la première fois depuis mars. La jeune fille avait même dormi dans sa chambre ! Je n'en croyais pas mes oreilles.

Sans doute les enfants étaient-ils trop bien élevés et accommodants pour me dire que je ne leur avais fait aucun bien. Ou peut-être ne voulaient-ils simplement pas que je leur pose à nouveau des questions sur cet épisode si douloureux ? S'ils m'assuraient qu'ils n'avaient plus de symptômes, peut-être cela me dissuaderait-il de recommencer... Cependant, lorsque je les ai vus, quelque chose avait vraiment changé. Ils souriaient. Ils riaient même, comme des enfants, alors qu'auparavant ils étaient abattus et tristes. Ils avaient aussi l'air bien plus reposés. Mon interprète, qui étudiait la médecine à Belgrade avant la guerre, était convaincu qu'ils avaient été transformés. En dépit de tout cela, je suis resté très sceptique quant à l'utilité réelle de ces séances jusqu'au jour où différents thérapeutes spécialisés dans l'EMDR avec les enfants m'ont confirmé que les enfants réagissent en général bien plus vite et en exprimant beaucoup moins leurs émotions que les adultes. Depuis cette expérience au Kosovo, une des toutes premières études contrôlées sur le traitement de l'ESPT chez l'enfant a montré effectivement que l'EMDR est efficace dès le plus jeune âge[2]. Dans cette étude, l'efficacité de l'EMDR était remarquable, même si elle était moins spectaculaire que ce dont j'avais été le témoin au Kosovo.

La bataille de l'EMDR

Une des choses les plus curieuses dans l'histoire du développement de l'EMDR est la résistance que lui opposent la psychiatrie et la psychanalyse. En 2000, la base de données la plus utilisée sur l'ESPT – la PILOTS Database du Dartmouth Veteran Administration Hospital – avait enregistré plus d'études cliniques contrôlées sur l'EMDR que sur n'importe quel autre traitement de l'ESPT, y compris les médicaments. Les résultats de ces études étaient tellement impressionnants que trois « méta-études » – c'est-à-dire des études de toutes les études publiées – ont conclu que l'EMDR était au moins aussi efficace que les meilleurs traitements existants, mais qu'elle semblait aussi être la méthode la mieux tolérée et la plus rapide[3].

Pourtant, à ce jour, l'EMDR continue d'être décrite comme une méthode « controversée » dans la plupart des cercles universitaires américains, même si elle l'est moins en Hollande, en Allemagne, en Angleterre ou en Italie. Aux États-Unis, certains universitaires n'ont pas hésité à dire que l'EMDR est une « mode », ou une « technique de marketing[4] ». Cette attitude est surprenante de la part de scientifiques respectés, puisqu'elle ne repose pas sur des faits. Je pense qu'elle vient surtout de ce que l'on ne comprend toujours pas le *mécanisme* qui donne à l'EMDR son efficacité particulière. C'est un phénomène courant dans l'histoire de la médecine. Quand de grandes percées ont été accomplies avant qu'une théorie ne puisse les expliquer, elles ont systématiquement rencontré une résistance violente de la part des institutions. Surtout si le traitement était « naturel » ou semblait « trop simple ».

Le cas à la fois le plus illustre et sans doute le plus proche de celui de l'EMDR est l'histoire du docteur Philippe Semmelweis, dont Louis-Ferdinand Céline a fait le sujet de sa thèse de médecine. Semmelweis est ce médecin hongrois qui a démontré l'importance de l'asepsie (l'absence de microbes) pour les accouchements, vingt ans avant les travaux de Pasteur. À cette époque, dans la clinique d'obstétrique où le jeune Semmelweis avait été nommé professeur assistant, plus d'une femme sur trois mourait de fièvre puerpérale dans les jours suivant l'accouchement*. Les femmes les plus pauvres de Vienne, les seules à avoir recours à de telles cliniques, ne s'y rendaient que contraintes et forcées, car elles

---

* Une sur trois, et non neuf sur dix, comme le mentionne Céline avec son génie de l'hyperbole, qui se manifestait déjà dans sa thèse.

ne savaient que trop bien les risques qu'elles y encouraient. Semmelweis eut l'extraordinaire intuition de proposer l'expérience suivante : tous les médecins de la clinique, qui pratiquaient souvent des dissections à mains nues immédiatement avant de faire accoucher une femme, devraient se laver les mains à la chaux avant de toucher les parties génitales de leurs patientes. Il eut les plus grandes peines à imposer cette idée : cela se passait avant la découverte des germes, et il n'y avait aucune raison logique pour que quelque chose d'invisible et d'inodore puisse se communiquer par les mains. Toutefois, les résultats de son expérience furent extraordinaires : en un mois, la mortalité baissa de une patiente sur trois à une sur vingt !

La principale conséquence de l'expérience de Semmelweis fut... son licenciement ! Ses collègues, qui trouvaient le nettoyage à la chaux fastidieux, organisèrent une mutinerie et obtinrent son renvoi. Comme on ne connaissait aucune explication plausible, à l'époque, pour de tels résultats, Semmelweis fut ridiculisé en dépit de sa démonstration éclatante. Il mourut presque fou quelques années seulement avant les découvertes de Pasteur et Lister qui permirent enfin de comprendre scientifiquement ce qu'il avait découvert empiriquement.

Plus récemment, en psychiatrie, il a fallu plus de vingt ans au gouvernement américain pour reconnaître l'efficacité du lithium pour le traitement de la maniaco-dépression*. Comme il ne s'agissait que d'un « sel minéral naturel » sans

---

* L'Australien John F. J. Cade en avait fait la démonstration en 1949, mais les psychiatres américains ne l'ont pas utilisé avant le milieu des années 1960, et il n'a pas été approuvé officiellement avant 1974. En 2002, le mécanisme d'action du lithium reste relativement mystérieux, même si plusieurs pistes prometteuses ont été ouvertes récemment avec la découverte de ses effets sur la transcription des gènes et l'inhibition de la protéine kinase C. [Manji, H. K., W. Z. Potter, et al. (1995), « Signal transduction pathways : molecular targets for lithium's actions », *Archives of General Psychiatry*, no 52, p. 531-543.]

bénéfices connus pour le système nerveux central et qu'on ne comprenait pas son mécanisme d'action, l'utilisation du lithium se heurta à une résistance considérable des milieux psychiatriques conventionnels. Pour prendre un autre exemple encore plus récent, la découverte, au début des années 1980, que les ulcères de l'estomac pouvaient être causés par une bactérie – *H. Pylori* – et traités par des antibiotiques fut tournée en ridicule dans tous les congrès scientifiques jusqu'à ce qu'elle soit enfin acceptée – plus de dix ans plus tard*.

L'EMDR et le sommeil des rêves

Le fait est que nous ne comprenons toujours pas comment l'EMDR produit ces résultats qui impressionnent tant ceux qui l'utilisent. Le professeur Stickgold, du laboratoire de neurophysiologie et d'études sur le sommeil et les rêves de Harvard, a émis l'hypothèse que les mouvements des yeux ou d'autres formes de stimulation qui évoquent une orientation de l'attention jouent un rôle important dans la réorganisation des souvenirs dans le cerveau. Tant pendant le sommeil – et les rêves – que durant une séance d'EMDR. Dans un article publié dans la revue *Science*, Stickgold et ses collègues ont proposé que la physiologie des rêves active et transforme les liens associatifs entre des souvenirs qui sont connectés les uns aux autres par des émotions[5]. Stickgold pense que des mécanismes similaires sont peut-être mis en jeu par la stimulation sensorielle en cours de l'EMDR[6]. D'autres chercheurs ont montré que les mouvements des

---

* C'est un autre Australien, le docteur Barry Marshall, qui a fait cette découverte. Exaspéré par l'attitude de ses collègues qui ne voulaient pas croire ses observations, il a fini par avaler lui-même un tube de concentré de la bactérie pour prouver que cela lui causerait un ulcère.

yeux induisent aussi une « réponse de relaxation obligatoire » dès les premières séries, ce qui se traduit par une réduction immédiate de la fréquence cardiaque et une augmentation de la température corporelle[7]. Cela laisse penser que la stimulation de l'EMDR renforce l'activité du système nerveux parasympathique, comme le fait la pratique de la cohérence cardiaque.

La théorie de Stickgold expliquerait pourquoi il est possible d'obtenir des résultats en EMDR avec d'autres formes de stimulation de l'attention que les mouvements des yeux. En effet, le système auditif est lui aussi stimulé pendant le sommeil des rêves, et on observe également des contractions musculaires involontaires au niveau superficiel de la peau[8]. D'ailleurs, certains cliniciens utilisent, par exemple, des sons présentés alternativement à droite et à gauche grâce à des écouteurs, ou encore la stimulation de la peau par des tapotements ou des vibrations alternées. De fait, nous verrons dans le chapitre 8 comment la stimulation de la peau peut directement moduler l'activité du cerveau émotionnel.

Il est évident qu'il reste bien des choses à découvrir sur le système adaptatif de traitement de l'information et sur les différentes manières de l'aider à faire son travail de digestion, ou de l'accélérer. En attendant, l'EMDR gagne du terrain rapidement grâce à l'accumulation d'études scientifiques qui en démontrent l'utilité. Aujourd'hui, l'EMDR est officiellement reconnu comme un traitement efficace pour l'ESPT par l'American Psychological Association, l'organisme officiel de la profession aux États-Unis[9], la Société internationale pour l'étude du stress traumatique (ISTSS – qui sélectionne les recommandations de traitement pour l'ESPT sur la base des connaissances scientifiques établies[10]), et par le ministère de la Santé du Royaume-Uni[11]. En France, en Allemagne et en Hollande, l'EMDR commence à être enseignée à l'université.

En France, l'EMDR devrait progressivement s'intégrer à

la fois à la pratique de la psychanalyse et à celle des thérapies cognitives et comportementales, avec lesquelles elle partage de nombreuses idées. L'EMDR et la psychanalyse ne sont pas opposées. Bien au contraire, un psychanalyste freudien, lacanien ou kleinien peut trouver dans l'EMDR un outil complémentaire efficace et pouvant faciliter encore son travail*.

Les « petits » traumatismes laissent une longue trace

Il est possible que la découverte de l'EMDR transforme la pratique de la psychiatrie et de la psychanalyse. À la fin du XIXe siècle, Pierre Janet puis Sigmund Freud ont émis l'hypothèse audacieuse qu'une grande partie des troubles psychologiques que l'on rencontre tous les jours dans les cabinets des cliniciens – dépression, anxiété, anorexie, boulimie, abus d'alcool ou de drogue – avaient pour origine des événements traumatiques. C'était une contribution immense, mais elle n'a pas été suivie d'une méthode de traitement permettant de soulager rapidement les gens qui en souffrent. Or, quand la trace dysfonctionnelle des émotions est enfin éliminée par l'EMDR, les symptômes disparaissent souvent complètement et une nouvelle personnalité émerge. Lorsqu'on dispose d'un outil qui permet de s'adresser à la cause des symptômes – pas seulement de les gérer – et de le faire très vite, c'est toute l'approche du patient qui s'en trouve changée. D'autant que les traumatismes « avec un petit t » sont extrêmement courants et qu'ils sont responsables de bien d'autres symptômes que ceux de l'ESPT.

---

* En témoignage de cette symbiose naturelle, en juin 2002, Francine Shapiro a reçu la distinction la plus prestigieuse que puisse obtenir un psychothérapeute, le prix Sigmund Freud, conjointement décerné par l'Association mondiale de psychothérapie et la Ville de Vienne.

Une étude conduite en Australie dans un service d'urgences illustre les conséquences multiples des « petits » chocs émotionnels. Les chercheurs ont suivi pendant un an les victimes d'accidents de la route qui étaient passées par le service. À la fin de l'année, ils leur ont fait passer une série d'examens psychologiques. Plus de la moitié avaient développé des syndromes psychiatriques depuis leur accident. De tous les syndromes constatés, l'ESPT était le *moins* fréquent. Ce dont ces gens souffraient le plus était des dépressions simples, de banales attaques d'anxiété, des phobies. Un bon nombre avaient même développé une anorexie, une boulimie ou un abus d'alcool ou de drogue, sans autres symptômes[12]. La très importante leçon de cette étude est qu'il n'y a pas que l'ESPT, et de loin, qui nécessite de rechercher des événements passés ayant pu laisser des cicatrices émotionnelles qui font encore souffrir. Dans toutes les formes de dépression ou d'anxiété, il faut systématiquement essayer d'identifier dans l'histoire du patient ce qui a pu déclencher les symptômes qui le gênent aujourd'hui. Puis il faut éliminer le plus grand nombre possible de ces traces émotionnelles.

Anne, l'infirmière dont j'ai raconté l'histoire dans le chapitre précédent, était si préoccupée par l'image de son corps qu'elle était convaincue au début de notre première séance que seule une liposuccion généralisée lui permettrait de se regarder à nouveau dans un miroir. C'est précisément avec cette image d'elle-même dans un miroir – qui la faisait grincer – que nous avons commencé la première série de mouvements des yeux. Très vite, elle a associé cette image au souvenir de son ex-mari l'humiliant durant sa grossesse. Pendant le retour de ce souvenir, elle pleurait toutes les larmes de son corps, comme si toute l'émotion avait été conservée intacte dans sa poitrine pendant les trois dernières années. Puis un calme froid est apparu sur son visage. Elle m'a regardé un peu interloquée : « Comment a-t-il pu dire une chose pareille alors que c'était son enfant que je portais dans mon ventre ? » Je lui ai alors demandé de penser simplement à cela et de recommencer les mouvements des yeux. Cette fois, elle s'est mise à sourire : « Quelle crasse, ce type ! Je ne peux pas le voir en peinture ! » dit-elle en riant. Après l'avoir ramenée à l'image initiale de son corps nu dans un miroir, je lui ai demandé ce qu'elle voyait maintenant : « Le corps d'une femme normale de trente ans qui a eu deux enfants... »

Cependant l'EMDR n'est pas la panacée. Dans mon expérience, cette technique marche moins bien pour des symptômes qui ne plongent pas leurs racines dans des événements traumatisants du passé. La technique reste utile, mais les résultats ne sont ni aussi rapides ni aussi impressionnants*. Par contre, il existe pour ces situations diverses méthodes naturelles qui agissent directement sur les rythmes biologiques de l'organisme. En effet, le cerveau émotionnel n'est pas seulement soumis aux variations du cœur et à l'influence du sommeil et des rêves. Il est intégré à un environnement dont il partage tous les rythmes, celui du soleil avec l'alternance du jour et de la nuit, comme celui du cycle menstruel dont la périodicité est lunaire, ainsi que celui des saisons. Comme nous allons le voir à présent, ces cycles plus longs représentent eux aussi une voie d'accès au bien-être émotionnel.

---

* L'EMDR n'est pas indiqué non plus pour les dépressions qui sont d'origine clairement biologique ni pour les psychoses – schizophrénie et autres – ou les démences.

7

L'énergie de la lumière :
régler son horloge biologique

L'aube met l'homme en route, et le met aussi au travail.
Hésiode.

Le docteur Cook et les Esquimaux

Le docteur Frederick Cook était un explorateur aguerri du Grand Nord. Lorsque, au XIXᵉ siècle, son expédition se trouva immobilisée par la glace, il ne perdit jamais espoir qu'il saurait faire face aux conditions climatiques les plus extrêmes. Ce à quoi il ne s'attendait pas, c'est que le défi soit, non pas physique, mais émotionnel. Bloqués au tout début de l'hiver, Cook et ses hommes (il n'y avait pas de femmes dans les expéditions polaires à l'époque) allaient endurer soixante-huit jours d'obscurité permanente. Dans son journal, Cook écrivit : « Les journées raccourcissent rapidement et les nuits ne s'allongent que trop visiblement... C'est le voile décourageant de la noirceur, tombé sur l'éclat blanc des nuits précédentes, qui sème dans nos veines un désespoir qui transperce nos âmes. » Au fur et à mesure qu'ils plongeaient dans les ténèbres de l'hiver, Cook vit ses hommes devenir de plus en plus pessimistes et apathiques. Il finit par leur imposer chaque jour plusieurs heures d'exposition directe à un grand feu de camp. Et il nota dans son journal que c'était la lumière du feu qui semblait leur faire le plus de bien, beaucoup plus que la chaleur.

Cook nota aussi l'effet puissant de la lumière, qui paraissait déchaîner les instincts des Esquimaux avec l'arrivée du printemps : « Les passions de ces peuplades sont périodiques et leurs accouplements se font peu de temps après le retour du soleil. De fait, à cette période, ils tremblent presque de par l'intensité de leurs passions et, pendant plusieurs semaines, la plus grosse partie de leur temps est occupée à les satisfaire[1]. »

Bien avant les descriptions de Cook, la Bible notait déjà l'influence de la lumière et du soleil sur l'humeur et les instincts de l'homme. Il semble tellement évident que nous sommes plus heureux au printemps qu'au creux de l'hiver que nous en oublions presque l'effet profond de la lumière sur l'amélioration de l'humeur et de notre énergie.

La lumière influence directement, contrôle même, plusieurs fonctions essentielles du cerveau émotionnel. Pour les animaux qui vivent dans la nature sans l'influence de sources artificielles de lumière, c'est la longueur des jours et des nuits qui détermine l'heure à laquelle ils se couchent et se lèvent. La lumière contrôle aussi la plupart des instincts vitaux, comme l'appétit pour la nourriture et l'appétit sexuel, et même l'appétit pour l'exploration et la nouveauté. Des expériences en laboratoire montrent que c'est la lumière, et non le changement de température (ou l'exposition aux pollens du printemps, etc.) qui contrôle tous ces changements instinctuels à la fin de l'hiver. La lumière pénètre dans le cerveau par les yeux et son effet est directement transmis à un groupe spécialisé de cellules appelé hypothalamus qui se trouve au cœur du cerveau émotionnel. Aussi minuscule soit-il – il représente à peine 1 % de la masse du cerveau adulte –, l'hypothalamus régit la sécrétion de toutes les hormones du corps. Par voie de conséquence, il agit sur l'appétit, la libido, les cycles du sommeil, les cycles menstruels, la régulation de la température, le métabolisme des graisses, et, surtout, l'humeur et l'énergie de l'action. Puisque nous avons les mêmes structures limbiques que les autres animaux, nos fonctions biologiques et nos appétits instinctifs sont tout aussi influençables que les leurs. Cela paraît souvent plus évident aux femmes qu'aux hommes. Parce qu'elles font l'expérience, tous les mois pendant près de quarante ans, des variations cycliques dans la sécrétion de leurs hormones, elles savent mieux à quel point les fonctions du corps – et les émotions – sont variables et soumises à des rythmes naturels.

Bien sûr, la maîtrise du feu, puis de l'électricité, nous a libérés en partie du contrôle que le cycle naturel de la lumière impose normalement aux heures de sommeil et de veille. Mais la lumière artificielle avec laquelle nous fonctionnons en hiver est cinq à vingt fois moins intense que la lumière naturelle d'un jour de grisaille. Il est donc impossible de remplacer entièrement l'influence du soleil par celle de nos lampes de bureau.

Tous les rythmes du corps

Pascale, spécialiste du marketing, travaille pour une grande entreprise française de produits de luxe. Elle doit se rendre en Asie ou en Amérique au moins une fois par mois. C'est l'un des aspects du travail qui l'avait attirée au début. Un an plus tard, c'est celui qu'elle redoute le plus. En particulier, a-t-elle remarqué, les voyages d'ouest en est. Non seulement elle se réveille horriblement tôt le matin, mais elle sent en outre une sorte de froid dans sa poitrine pendant des jours, son ventre est ballonné et elle est abattue comme elle l'est seulement pendant les trois jours qui précèdent son cycle menstruel. Elle a aussi remarqué qu'elle pleure trop facilement : en regardant une publicité à la télévision (il suffit qu'un enfant sourie à sa mère pour que sa gorge se serre), ou quand on lui parle de son chat qu'elle doit laisser chez une amie à chaque voyage...

Le cycle du sommeil n'est pas le seul à être contrôlé par l'alternance du jour et de la nuit. De nombreux autres rythmes biologiques suivent ce cycle de vingt-quatre heures. La température du corps, au plus bas le matin, monte vers la fin de la journée active (dix-huit ou dix-neuf heures) avant de baisser à nouveau. La sécrétion de différentes hormones, comme le cortisol, la principale hormone du stress, obéit à un rythme de vingt-quatre heures. Les sucs gastriques et l'activité du système digestif suivent, eux aussi, un rythme sur la journée. Normalement, tous ces rythmes sont alignés les uns par rapport aux autres : la température et le cortisol commencent à augmenter le matin, avec le réveil, et les fonctions intestinales correspondent au rythme des trois repas de la journée, puis se mettent en veilleuse pendant le sommeil. Au XXe siècle, toutefois, les physiologistes ont découvert que les voyages en avion qui nous font franchir des fuseaux horaires peuvent dérégler ce bel ordonnancement.

Il s'avère que chacun de ces rythmes fonctionne selon sa propre « horloge » intérieure et qu'ils ne suivent pas nécessairement le signal donné par les périodes de sommeil et de veille. Même la tendance à rêver – ce que les physiologistes du sommeil appellent poétiquement la « pression des rêves » – a son propre rythme qui est indépendant de celui du sommeil ! On rêve surtout pendant la seconde partie de la nuit, quelques heures avant l'heure habituelle du réveil. Si vous passez une nuit blanche, entre cinq et huit heures du matin vous sentirez cette « pression des rêves » : votre cerveau aura tendance à vouloir se « débrancher » et les pensées deviendront désorganisées et fuyantes. Vos muscles se relâcheront soudainement et votre tête tombera toute seule en avant. C'est la période la plus dangereuse au volant pour qui pousse ses limites en conduisant toute la nuit. Ce n'est pas simplement de la fatigue au sens d'un « manque de sommeil » : c'est votre cerveau qui essaie de rêver malgré vous.

Normalement, le cycle des rêves est aligné sur celui du sommeil. Lorsque nous changeons de fuseau horaire, même si nous dormons de minuit à huit heures du matin dans la nouvelle zone, les rythmes biologiques mettent plusieurs jours à se remettre en phase les uns avec les autres. Les rêves, par exemple, continuent de vouloir s'exprimer à leur heure à eux, ce qui peut correspondre à dix heures du matin à Riyad ou à dix-sept heures à Sydney. Du coup, de nombreuses fonctions biologiques sont déréglées, ce qui explique les symptômes du décalage horaire.

Le même phénomène se produit, avec un peu moins d'intensité, lorsque nous nous couchons à quatre ou cinq heures du matin après une longue soirée de week-end. Même si nous dormons jusqu'à midi le lendemain, la période de sommeil ne sera pas en phase avec les autres rythmes biologiques du corps. Les dernières heures de sommeil, par exemple, auront eu lieu alors que le cortisol commence déjà à augmenter et *après* la phase de sommeil des rêves. Nous sommes quasiment condamnés à vivre le reste de la journée dans une sorte de brouillard et d'apathie, parfois de dépression légère, ce que certains appellent le « blues du dimanche ».

Or il existe une manière de remettre toutes les pendules intérieures à l'heure. Comme les tournesols qui s'orientent vers le soleil et le suivent toute la journée, l'hypothalamus est extrêmement sensible à la lumière. Il est biologiquement fait pour entraîner le corps et le cerveau dans le rythme des saisons en traquant de près l'allongement ou la diminution des journées. Lorsqu'il est orienté correctement, le contrôle de l'hypothalamus sur la sécrétion des hormones et des neurotransmetteurs est extrêmement précis*.

Lorsque les jours raccourcissent avec l'arrivée de l'automne puis de l'hiver, près d'une personne sur trois ressent un changement dans son énergie et ses impulsions. Ces changements semblent inspirés de la physiologie de l'hibernation : des nuits plus longues, un réveil difficile, une envie constante de pain, pommes de terre, pâtes, chocolat, bonbons, une baisse d'énergie et de la libido, une perte de motivation pour les projets nouveaux, des pensées ralenties... Entre les mois de novembre et mars, pour près de 10 % des gens qui vivent au-dessus du 40e parallèle (Madrid en Europe, New York en Amérique), ces symptômes prennent la proportion d'une véritable dépression[2]. Le plus frappant, c'est que ces symptômes sont bien davantage physiques que psychologiques. Ce n'est pas vraiment étonnant, puisqu'ils sont plus le fruit d'un changement des rythmes biologiques que la conséquence d'une douleur émotionnelle.

Le jour où j'ai reçu Fred dans mon cabinet, j'ai été frappé par l'absence apparente de toute explication psychologique aux symptômes dont il souffrait depuis deux ans. Fred avait quarante ans, c'était un chef d'entreprise qui avait presque toujours tout réussi. Il était élégant et sympathique, et nullement gêné de répondre aux questions très personnelles que je lui posais. Il avait connu des hauts et des bas dans sa vie, comme tout le monde, mais je ne trouvais pas la moindre trace de douleur persistante dans le récit qu'il m'en faisait. Bien sûr, diriger son entreprise pouvait être stressant et incertain, mais tout restait toujours dans des limites familières, un niveau de difficulté qu'il considérait comme « un

---

* Par exemple, la sécrétion de la mélatonine – l'hormone du sommeil – commence la nuit quelques minutes après l'extinction des lampes si celle-ci a lieu à l'heure habituelle. Elle continue toute la nuit et, le matin, s'interrompt en quelques secondes avec la moindre exposition à la lumière.

défi, une source de stimulation ». « Sans ça, je m'en-
nuierais », a-t-il ajouté. Il ne s'était jamais senti écrasé par la
tâche ni par les circonstances.

Fred avait déjà consulté de nombreux médecins pour ses
symptômes de fatigue chronique et progressive, sa pensée
embrumée, son sommeil trop léger et irrégulier, et la douleur
dans son cou et ses épaules qui avait fini par l'obliger à ne
travailler qu'à temps partiel. Comme il présentait les « points
douloureux » classiques de cette maladie le long de son dos,
on lui avait diagnostiqué une « fibromyalgie ». La fibromyalgie est une maladie assez mal comprise qui associe
plusieurs symptômes de la dépression à une fatigue et à des
douleurs musculaires invalidantes. Les médecins la redoutent
autant que les patients parce qu'elle tend à devenir chronique
en dépit des traitements, y compris les antidépresseurs qui
n'ont qu'une efficacité limitée. Les personnes qui en sont
atteintes se sentent *physiquement* malades et ne comprennent
pas l'insistance de leur médecin à leur faire consulter un
psychiatre ou un psychothérapeute. Fred avait déjà fait tout
le parcours du combattant. Il avait vu autant de praticiens de
médecines alternatives que de médecins traditionnels. Il avait
essayé de faire une psychothérapie, de prendre des anti-
inflammatoires à haute dose, ainsi que deux antidépresseurs
différents dont il n'avait pas toléré les effets secondaires. Pas
plus que mes collègues, je ne savais par où commencer.
Toutefois, un détail de son histoire m'a frappé. Tout avait
débuté par une ou deux semaines de sommeil très perturbé
où il ne se sentait pas « rechargé » le matin et pendant
lesquelles il avait du mal à se lever au réveil. Les douleurs
n'étaient apparues qu'ensuite et elles avaient rendu son
sommeil encore plus difficile. Ses problèmes de sommeil
s'étaient déclenchés en novembre, au moment où la lumière
du jour diminue le plus rapidement. Je n'avais aucune envie
de proposer, à mon tour, un nouveau traitement à Fred qui
lui prendrait du temps ou l'exposerait à des effets secondaires

désagréables pour un résultat aléatoire. Mais ce que j'avais en tête ne pourrait pas lui faire de mal et ne lui demanderait même pas de changer ses habitudes. J'allais, pour la première fois, tenter un traitement par simulation artificielle de l'aube – et jamais je n'aurais cru qu'il allait s'avérer si utile.

Depuis les années 1980, des équipes du National Institute of Mental Health, aux États-Unis, et de différents laboratoires scandinaves ont exploré l'utilité de la thérapie par la lumière pour les dépressions à caractère saisonnier. Ces études ont démontré que trente minutes d'exposition quotidienne à une lumière artificielle très forte (10 000 lux, c'est-à-dire vingt fois plus lumineuse qu'une ampoule électrique normale) pouvaient soigner les symptômes de la dépression hivernale en environ deux semaines. Néanmoins, les patients se plaignaient de devoir rester assis pendant trente minutes devant une lampe spéciale tous les jours. Au cours des dix dernières années, le docteur Richard Avery, de Seattle – tout au nord des États-Unis – a introduit une approche radicalement nouvelle. Au lieu de s'exposer brutalement à 10 000 lux le matin au réveil, il suffirait de se laisser réveiller progressivement par une simulation de l'aube naturelle – un signal que le cerveau reçoit même à travers des paupières closes.

Simuler l'aube naturelle

Il est sept heures et il fait nuit noire. La sonnerie du réveil déchire le calme et interrompt votre rêve. Les paupières lourdes, vous dirigez votre main avec difficulté vers l'intrus pour le faire taire. « Encore cinq minutes... », plaidez-vous piteusement. La journée commence mal. Mais comment faire autrement ? Eh bien, en branchant un appareil tout simple sur votre lampe de chevet. Vous souhaitez vous lever à sept heures ? Dès six heures quinze, l'appareil se met à éclairer la chambre. Tout en douceur, il simule l'apparition – d'abord très lente puis de plus en plus rapide – de la lumière de votre nouvelle journée. Vos yeux, même fermés, sont très sensibles à ce signal, qui est le déclencheur du réveil pour toutes les espèces animales depuis la nuit des temps. C'est ce signal que votre cerveau émotionnel a appris à reconnaître au cours de millions d'années d'évolution. Ce signal de l'aube, notre cerveau et notre corps y sont parfaitement adaptés. Dès les premiers rayons de lumière à travers nos paupières closes, aussi douce soit-elle, l'hypothalamus reçoit le message qu'il est temps d'organiser une transition hors du sommeil. Du coup, le réveil se fait naturellement et en délicatesse, sans interrompre un rêve qui aura compris qu'il doit se conclure de lui-même. La sécrétion matinale du cortisol se déclenche, la température du corps entame son ascension journalière. Lorsque l'intensité de la lumière augmente encore un peu, l'activité électrique du cerveau qui caractérise le sommeil profond entame elle aussi sa transition vers le mode du sommeil léger puis du réveil complet. Pour ceux que cette douceur inquiète, certains appareils sont dotés d'une « sonnerie de rattrapage », au cas où le signal de la lumière n'aurait pas été suffisamment efficace...

Dans une étude sur cinq ans réalisée à Seattle (la ville la plus pluvieuse des États-Unis), le docteur Avery a démontré que la simulation de l'aube est remarquablement efficace pour traiter les symptômes d'hibernation associés à la dépression saisonnière. Il semble que le cerveau soit encore plus réceptif à cette méthode naturelle qu'à l'imposition d'une lumière vive et artificielle qui n'a pas été annoncée[3]. En outre, ses bienfaits ne se limitent pas au traitement de la dépression : plusieurs conjoints de patients qui ont participé à l'expérience indirectement ont décrit qu'ils se sentaient énergisés par ces réveils conciliants.

Fred était enthousiaste à l'idée d'essayer un simulateur d'aube. Il commanda le petit appareil sur Internet et, dès qu'il le reçut, il brancha sa lampe de chevet dans la petite boîte noire programmée pour initier une aube à partir de six heures quinze du matin. (Pour plus de sécurité, il mit quand même son réveil à sonner à sept heures.) Il se réveilla le lendemain matin, lorsque la lumière de sa lampe eut atteint son maximum, cinq minutes avant la sonnerie de son réveil. En moins d'une semaine, il constatait déjà une différence dans sa manière de se réveiller. À moitié endormi, alors qu'il rêvait encore, il réalisait que c'était le matin, mais il replongeait dans le rêve un peu plus longtemps. Cela se produisait une ou deux fois avant qu'il s'aperçoive que son corps et son esprit étaient de plus en plus éveillés et de moins en moins intéressés par l'idée de se rendormir. En moins de deux semaines, il estimait qu'il avait davantage d'énergie pendant la journée et qu'il était capable de penser plus clairement. C'était comme si le brouillard dans sa tête avait commencé à se dissiper. Son humeur s'améliorait aussi progressivement. Quelques mois plus tard, il me dit qu'il avait l'impression d'avoir moins mal au cou et aux épaules, mais malheureusement la douleur n'est jamais complètement partie. Voici comment Fred décrivait son expérience dans un e-mail qu'il a envoyé au fabricant de son simulateur d'aube : « Je trouve à peine les mots pour vous dire ce que cette lumière a fait pour ma vie. Aucune autre approche ne m'a autant aidé. Le fait que ce soit complètement naturel est la cerise sur le gâteau, parce que je tolère mal les médicaments... Je ne comprends pas comment cela fonctionne, mais je me sens plus reposé, plus concentré et plein d'énergie lorsque je me réveille, et c'est toute la différence pour le restant de ma journée, et pour chaque jour qui passe. »

Un des aspects les plus fascinants de la simulation de l'aube est sans doute le fait que cela peut être bénéfique pour chacun de nous, que l'on soit déprimé ou non, que l'on soit stressé ou non. Lorsque j'étais étudiant en médecine, j'ai fait mon premier stage en psychiatrie à l'université de Stanford, en Californie. C'est là que j'ai appris la physiologie du

126

sommeil, avec ses différentes phases, dont celle du sommeil des rêves, dit « paradoxal » parce que l'activité électrique du cerveau pendant ce « sommeil » est exactement la même que pendant l'éveil, alors même que le corps, lui, est complètement relâché.

Vincent Zarcone, qui dirigeait le laboratoire de physiologie du sommeil, était un des plus grands spécialistes de la question. Je me souviens très bien de ce qu'il nous disait : le sommeil paradoxal avait surtout lieu pendant les dernières heures de la nuit et c'était pour cette raison que la sonnerie du réveil interrompait souvent un rêve. J'avais noté depuis longtemps à quel point il est désagréable de se réveiller avant qu'un rêve se soit terminé de lui-même ; à quel point on se sent mieux lorsqu'on se réveille *après* que le rêve est arrivé à sa conclusion naturelle. Je m'étais dit que si une personne au monde savait comment éviter ce problème, ce devait être lui. J'étais donc allé lui parler après le cours pour lui demander s'il n'était pas possible de fabriquer une machine qui empêcherait le réveil de sonner tant que le rêve en cours ne serait pas fini. Après tout, avec toutes les connaissances accumulées sur la physiologie du sommeil paradoxal, il suffirait de détecter si quelqu'un était encore dans cette phase et de simplement retarder la sonnerie du réveil tant qu'il n'en serait pas sorti.

Zarcone m'a regardé en souriant. Il y avait dans ses yeux l'étincelle de quelqu'un qui s'était déjà posé exactement la même question. « Ce serait bien, n'est-ce pas ? m'a-t-il répondu. Hélas, je ne connais aucun appareil capable de faire cela, et, si quelqu'un en fabriquait un, ce serait bien trop compliqué pour un usage quotidien. Il faudrait des électrodes, des fils, un ordinateur sur la table de nuit. Personne n'en voudrait... » C'était il y a vingt ans. Aujourd'hui, la simulation d'aube semble être une solution tellement évidente au problème qu'on se demande pourquoi personne n'y a pensé plus tôt. Pourquoi se réveiller encore au son strident d'un réveil qui vient bousculer tous nos rythmes biologiques, alors qu'il est possible d'atterrir en douceur dans chaque nouvelle journée selon les règles naturelles de l'évolution ?

Il est même possible que cette technologie – quasiment transparente puisqu'elle ne demande aucune modification de nos habitudes de vie – ait une influence sur bien d'autres symptômes que les variations saisonnières de l'humeur ou les réveils difficiles. La thérapie par la lumière a déjà fait ses preuves dans bien d'autres domaines que la dépression hivernale. Selon certaines études, elle permettrait de stabiliser les cycles menstruels[4], de réduire l'appétit pour les féculents et de calmer les excès alimentaires dont sont victimes certaines personnes pendant l'hiver[5], d'améliorer la qualité du sommeil[6], de même que la réaction aux antidépresseurs des patients qui leur sont résistants[7]. Aucune de ces conditions n'a encore été étudiée avec un simulateur d'aube, seulement par la méthode traditionnelle, beaucoup plus lourde, d'exposition à une lumière vive le matin après le réveil. Cependant, si la simulation d'aube s'avérait aussi efficace dans ces différents domaines, elle pourrait bien devenir aussi indispensable à notre existence que le café du matin.

La lumière est capable d'entraîner avec elle tous nos rythmes biologiques, y compris ceux du cerveau émotionnel. Mais il existe encore d'autres manières d'influer sur l'échange d'énergie entre le corps et le cerveau, des méthodes dont les effets sur la dépression et l'anxiété sont attestés depuis près de cinq mille ans dans la médecine traditionnelle chinoise et tibétaine. En dépit de leur incroyable simplicité et de leur élégance, ces systèmes d'intervention sur l'équilibre émotionnel commencent tout juste à être reconnus par la science occidentale. Il y a pourtant énormément à apprendre de leur mystérieuse efficacité.

8

Le contrôle du *Qi* :
l'acupuncture manipule directement
le cerveau émotionnel

Des rendez-vous manqués

Ma rencontre avec l'acupuncture a d'abord été une rencontre ratée, comme celle de deux amis destinés à s'aimer mais qui ne s'en rendent pas compte les premières fois. C'était dans les années 1980, avant mon départ pour l'Amérique du Nord, alors que j'étais encore étudiant en médecine à Paris. Un de mes professeurs de l'époque rentrait de Chine populaire. Il avait lu le livre du Français Soulié de Morant – le premier à avoir fait connaître l'acupuncture en Occident[1] – et avait décidé de s'informer à la source. Il avait filmé en super-8 une opération chirurgicale dans un hôpital de Pékin. Avec deux cents de mes camarades dans un amphithéâtre bondé, je regardais, bouche bée, une femme, dont le ventre était grand ouvert, parler tranquillement avec le chirurgien qui lui retirait des entrailles un kyste de la taille d'un melon. Pour toute anesthésie, elle avait quelques aiguilles très fines plantées à la surface de sa peau. Nous n'avions, évidemment, jamais rien observé de pareil. Pourtant, dès le film terminé et la lumière revenue, nous nous sommes tous empressés d'oublier ce que nous venions de

voir. Peut-être était-ce possible en Chine, mais chez nous...
C'était bien trop loin de nos connaissances, et de l'immense
savoir de la médecine occidentale qu'il nous restait à
acquérir. Trop loin et trop... ésotérique. Je n'ai plus jamais
repensé à ce film pendant quinze ans, jusqu'au jour où je me
suis rendu en Inde, à Dharamsala, siège du gouvernement
tibétain en exil, au pied de l'Himalaya.

J'y visitais l'Institut de médecine tibétaine et m'entre-
tenais avec un praticien de la manière dont il envisageait la
dépression et l'anxiété. « Vous, Occidentaux, avez une vision
à l'envers des problèmes émotionnels, me disait-il. Vous êtes
toujours surpris de constater que ce que vous appelez la
dépression ou l'anxiété, et le stress ont des symptômes physiques. Vous parlez de la fatigue, de la perte ou de la prise
de poids, des battements de cœur irréguliers, comme s'il
s'agissait de manifestations physiques d'un problème mental.
Pour nous, c'est plutôt l'inverse : la tristesse, la perte de
l'estime de soi, le sentiment de faute, l'absence de plaisir
sont les manifestations mentales d'un problème physique. »
Effectivement, je n'y avais jamais pensé de cette façon.
C'était tout aussi plausible que la vision occidentale de la
dépression. Il a poursuivi : « En fait, ce n'est ni vraiment l'un
ni vraiment l'autre. Pour nous, il n'y a pas de différence entre
les deux. Les symptômes émotionnels et physiques sont
simplement deux aspects d'un déséquilibre sous-jacent dans
la circulation de l'énergie, le *Qi*. » Là, il m'avait perdu. Ancré
depuis toujours dans la tradition cartésienne qui établit une
distinction très nette entre le « mental » et le « physique », je
n'étais pas encore prêt à parler de « Qi » (prononcer « chi »)
ni à imaginer une « énergie » régulatrice sous-jacente qui
affecterait à la fois le physique et le mental. Surtout, si on ne
pouvait pas la mesurer. Mais mon interlocuteur a enchaîné :
« Il y a trois façons d'influencer le Qi : la méditation, qui le
régénère, la nutrition et les herbes médicinales et, la plus
directe, l'acupuncture. Nous soignons souvent ce que vous

appelez la dépression par l'acupuncture. Ça marche très bien à condition que les patients suivent le traitement suffisamment longtemps. » Mais je ne l'écoutais déjà plus que d'une oreille. Il me parlait de méditation, d'herbes et d'aiguilles : nous n'étions plus sur la même longueur d'onde. En plus, dès qu'il avait évoqué la durée du traitement, j'ai immédiatement songé qu'il devait s'agir d'un effet « placebo », c'est-à-dire la réaction des patients à des traitements en soi inefficaces, mais qui fonctionnent parce que l'on s'occupe d'eux régulièrement, avec gentillesse, et l'apparence d'une technicité convaincante – comme les aiguilles d'acupuncture, justement. Ce fut mon deuxième rendez-vous manqué. Mais il avait laissé une trace dans ma mémoire.

Le troisième eut lieu à Pittsburgh, peu de temps après. Un samedi après-midi, j'ai rencontré dans la rue une patiente que j'avais vue une seule fois à la consultation de l'hôpital. Elle avait une dépression assez sévère mais avait refusé les antidépresseurs que je lui avais proposés. Comme nous avions tout de même eu un bon contact, je lui ai demandé comment elle se sentait, si elle allait mieux. Elle m'a regardé en souriant, ne sachant si elle pouvait me parler franchement ou pas, puis elle a fini par me dire qu'elle avait choisi de voir une acupunctrice qui l'avait remise d'aplomb en quelques séances étalées sur quatre semaines et qu'elle était maintenant en pleine forme. Si je n'avais pas eu ma conversation avec le médecin tibétain de Dharamsala, j'aurais certainement mis cette « guérison » sur le compte d'un effet placebo. Dans la dépression, l'effet placebo est si important qu'il faut à peu près trois études cliniques comparant un antidépresseur à un placebo pour que l'une des trois montre une supériorité du médicament[2]. Mais la conversation de Dharamsala m'est aussitôt revenue à l'esprit et – un peu vexé, je l'avoue, qu'un autre traitement que celui que je maîtrisais ait été plus utile – je décidai de m'informer de ce qu'on savait de cette étrange pratique. Ce que je devais apprendre me laisse encore confondu par l'étendue de ses conséquences sur la nature du corps et du cerveau.

Le mot de la science

D'abord, avec cinq mille ans d'histoire attestée, l'acupuncture est probablement la plus vieille technique médicale pratiquée de façon continue sur la planète. En cinquante siècles, un grand nombre de placebos ont vu le jour : des plantes inefficaces ou toxiques, des élixirs de serpent ou des poudres d'écaille de tortue, mais aucun, à ma connaissance, n'a survécu dans la pratique courante de la médecine pendant aussi longtemps. Lorsque j'ai commencé à m'intéresser sérieusement à l'acupuncture, j'ai ainsi découvert qu'en 1978 l'Organisation mondiale de la santé avait publié un rapport reconnaissant officiellement l'acupuncture en tant que pratique médicale efficace et acceptée. En outre, un rapport du National Institute of Health américain commençait à circuler dans les milieux universitaires et concluait que l'acupuncture était efficace pour au moins certaines conditions, telles que la douleur après une opération chirurgicale et la nausée associée à la grossesse ou à la chimiothérapie. Depuis, un rapport de la British Medical Association publié en 2000 est parvenu à des conclusions similaires en élargissant encore le champ des indications, incluant, par exemple, le mal de dos[3].

J'ai découvert ensuite que, s'il s'agissait d'un effet placebo, les lapins y étaient aussi sensibles que les humains ! Plusieurs expériences ont clairement démontré qu'un lapin peut être « anesthésié » par la stimulation de points sur la patte correspondant à ceux qui bloquent la douleur chez l'homme. Plus convaincant encore : lorsqu'on injecte un extrait du liquide dans lequel baigne le cerveau du lapin « anesthésié » à un autre lapin, celui-ci ne sent plus la douleur non plus*. Il est donc prouvé que, au minimum, l'acupuncture induit la sécrétion de substances par le cerveau qui peuvent bloquer l'expérience de la douleur, au-delà de tout effet placebo[4].

Enfin, on trouvait dans la littérature scientifique internationale des études qui confirmaient l'efficacité de l'acupuncture pour toute une gamme de problèmes, comme la dépression, l'anxiété et l'insomnie, mais aussi les troubles intestinaux, le sevrage tabagique ou de l'héroïne, l'infertilité féminine (avec un doublement du taux de succès des inséminations artificielles), et même une étude dans le *Journal of the American Medical Association* montrant qu'il est possible de retourner un fœtus dans le ventre de sa mère lorsqu'il se présente par le siège – avec un taux de succès de 80 %[5] !

Une rencontre personnelle

Par la suite, des études encore plus surprenantes allaient être entreprises (voir plus loin), mais cette information me suffisait déjà pour avoir envie de faire moi-même l'expérience de l'acupuncture. On m'avait parlé à plusieurs reprises d'une femme un peu ésotérique, une certaine Christine, qui traitait les problèmes émotionnels par l'acupuncture dite « des cinq éléments ». C'était elle qu'avait consultée ma patiente qui en avait tant bénéficié, et je me suis dit qu'il semblait logique de commencer par elle.

Christine n'était pas médecin, mais elle pratiquait l'acupuncture depuis vingt-cinq ans. Son cabinet était une pièce blanche dans une tour de sa maison à la campagne, qui baignait dans la lumière à toute heure de la journée. Deux fauteuils de toile étaient disposés côte à côte, près d'une petite table basse. Il n'y avait pas de bureau, seulement une table de

---

* Il s'agit du liquide céphalo-rachidien.

massage recouverte d'une couverture amérindienne aux reflets rouges, roses et violets. Sur le mur, une inscription vous accueillait : « La maladie est une aventure. L'acupuncture vous donne les épées, mais c'est à vous de combattre. » Christine vous faisait raconter votre histoire pendant une heure tout en prenant des notes. Elle m'a posé des questions étranges. Elle m'a demandé, par exemple, si je tolérais mieux le chaud ou le froid, si je préférais les aliments crus ou cuits, si j'avais plus d'énergie le matin ou le soir. Ensuite, elle a pris mon pouls longuement, des deux côtés à la fois, en fermant les yeux pour se concentrer. Elle s'y est même prise à plusieurs reprises. Après quelques minutes, elle m'a dit : « Vous savez que vous avez un souffle au cœur, n'est-ce pas ? Ce n'est pas grave. Ça fait très longtemps qu'il est là et il ne vous gêne pas. » Il est déjà difficile d'entendre un petit souffle au cœur avec un stéthoscope, mais je ne connaissais aucun cardiologue qui puisse le détecter en tâtant le pouls ! J'aurais normalement pris ça pour du bluff, mais je me suis soudain souvenu qu'effectivement, quinze ans auparavant, un collègue cardiologue que j'avais consulté pour un tout autre problème m'avait dit exactement la même chose. Il m'avait ausculté pendant cinq bonnes minutes et avait conclu : « Vous avez un tout petit souffle au cœur. Personne ne l'entendra, à mon avis, mais, si un jour on vous le disait, sachez qu'il n'a aucune signification. » Et je n'y avais jamais repensé depuis. Comment cette femme dans son décor de chaman avait-elle pu l'identifier simplement avec ses doigts ?

Ensuite, elle m'a demandé de m'allonger pratiquement nu sur la table de massage. Tout en m'expliquant que j'avais un type morphologique et une personnalité plutôt « yang » mais que je manquais de « yin » dans les reins et que j'avais « trop de Qi » dans le foie, elle a essuyé avec une petite lingette alcoolisée les différents « points » qui, par la stimulation des aiguilles, allaient permettre de « rééquilibrer l'énergie et la relation entre mes organes ». Les points qu'elle avait choisis se trouvaient surtout sur mes pieds et mes tibias, mes mains et mes poignets. Sans aucun rapport, donc, avec le foie ou les reins. Naturellement, je craignais les aiguilles. J'ai été surpris de constater qu'elles étaient presque aussi fines qu'un cheveu. D'ailleurs, je ne sentais absolument rien lorsque, avec doigté, elle donnait un petit coup sec pour en faire entrer une sous la peau. Pas même la sensation d'une piqûre de moustique. Rien. C'était seulement ensuite, lorsqu'elle la faisait tourner un peu où qu'elle lui donnait un petit mouvement de pompe que je ressentis comme une légère décharge électrique, en profondeur. Curieusement, Christine semblait parfois la sentir avant moi. Elle disait : « Ah ! ça y est, je l'ai ! » Et, effectivement, une demi-seconde plus tard, je sentais l'électricité qui paraissait avoir « trouvé » l'aiguille, comme un éclair trouve le paratonnerre. Elle appelait cela la sensation de « Dai Qi », et m'a expliqué que c'était pour elle le signe que le point recherché avait été atteint. « Ce que vous sentez, c'est le Qi qui se déplace, qui est attiré par l'aiguille. » Alors qu'elle manipulait une aiguille sur mon pied, j'ai ressenti une pression aussi brève que soudaine dans le bas du dos. « Oui, m'a-t-elle annoncé, je suis sur le méridien du rein. Je vous ai dit que votre rein manquait de yin. C'est ce que j'essaie de corriger. » J'étais fasciné par ces « méridiens », ces lignes le long du corps décrites deux mille cinq cents ans plus tôt. Ils ne correspondent au parcours d'aucun nerf, ni d'aucun vaisseau sanguin, ni d'aucun canal lymphatique connu, et voilà qu'ils se manifestaient pourtant avec précision dans mon propre corps. Quelques minutes et une dizaine d'aiguilles plus tard, j'ai commencé à éprouver une sensation de calme et de détente diffuser dans tout mon corps. C'était un peu comme le bien-être qu'on ressent après un effort physique intense. À la fin de la séance, j'avais l'impression d'avoir une énergie nouvelle, j'avais envie de faire plein de choses, d'appeler des amis, de sortir dîner. Christine a pris mes pouls à nouveau : « Le yin de vos reins est remonté comme prévu. Je suis contente. Il faut que vous vous détendiez plus. Vous ne vous occupez pas assez de vous. C'est l'activité constante qui le consomme. Est-ce que vous méditez ? Ça le recharge, vous savez... » Puis elle m'a recommandé de changer mon alimentation et a suggéré quelques herbes médicinales. Exactement ce que faisait mon collègue tibétain pour ses patients à Dharamsala...

L'acupuncture et le cerveau

Le véritable coup d'envoi de l'exploration scientifique de l'acupuncture a été donné quelques années plus tard par la publication d'un article dans le très select *Proceedings of the National Academy of Sciences*, une revue où seuls les membres de l'Académie des sciences américaine ou leurs « invités » peuvent publier leurs travaux[6]. Le docteur Cho, un chercheur en neurosciences d'origine coréenne, avait voulu tester la théorie vieille de deux mille cinq cents ans selon laquelle la stimulation du *petit orteil* par une aiguille d'acupuncture améliore... la vue. Il a placé dix personnes en bonne santé dans un scanner et a commencé par tester son appareil en faisant clignoter devant leurs yeux un damier noir et blanc – la stimulation la plus forte que l'on connaisse du système visuel. De fait, les images montraient une grande activation de la région occipitale, celle du cortex visuel, situé tout à fait à l'arrière du cerveau. Chez tous les sujets, le clignotement du damier provoquait un très fort accroissement de l'activité de cette région du cerveau, laquelle disparaissait lorsque la stimulation cessait. Tout était en ordre.

Il a ensuite demandé à un acupuncteur expérimenté de stimuler le point appelé « vessie 67 » dans les anciens manuels chinois, qui se trouve sur le bord externe du petit orteil et dont il est dit qu'il améliore la vision. À la surprise de toute l'équipe, lorsque l'aiguille était manipulée de façon traditionnelle – en la faisant pivoter rapidement entre les doigts –, les images montraient une activation de la même région du cerveau, le cortex visuel ! Certes, l'activation était moins intense qu'avec les damiers, mais elle était suffisamment nette pour passer tous les tests statistiques. Pour s'assurer qu'il ne s'agissait pas d'une hallucination – des chercheurs ou des sujets de l'expérience –, le docteur Cho a fait stimuler ensuite un point sur le gros orteil qui, lui, ne correspond à aucun méridien. Et aucune activation des aires visuelles n'était visible. Mais l'expérience ne devait pas s'arrêter là.

Un des concepts les plus étonnants en médecine traditionnelle chinoise et tibétaine est l'idée qu'il existe différents « types morphopsychologiques », en particulier le type « yin » et le type « yang ». Ces deux types dominants sont déterminés à partir des préférences de chaque personne pour le chaud et le froid, pour certains aliments, pour certaines périodes de la journée, de leur apparence physique, et même de la forme de leurs mollets. Il est écrit dans les textes anciens que la stimulation de certains points d'acupuncture peut avoir des effets exactement opposés chez les malades selon le type du patient, d'où l'importance de faire cette détermination au préalable. Cho a donc demandé à l'acupuncteur de déterminer le type des sujets de l'expérience. Il a ensuite observé les effets de la stimulation du point vessie 67 sur le petit orteil chez les yin et chez les yang. Il a enfin vérifié que les deux groupes réagissaient de la même manière lorsqu'on leur présentait un damier clignotant : activation du cortex visuel, puis disparition de l'activité lorsque la stimulation cessait. Les sujets « yin » avaient le même type de réponse lorsqu'on stimulait le point vessie 67 : activation avec la stimulation, retour à la normale avec l'arrêt de la manipulation. Par contre, et c'était à peine croyable, les sujets « yang » montraient l'effet inverse ! La stimulation de l'aiguille produisait une « désactivation » du cortex visuel, et son arrêt un retour à la normale.

La distinction yin/yang ne correspond à absolument rien de connu dans la physiologie moderne. Elle était pourtant capable de prédire, comme l'indiquent les anciens textes chinois, que le cerveau répondrait à la même stimulation, par la même aiguille, au même point d'acupuncture de façon exactement opposée... C'est un résultat tellement inouï que la plupart des scientifiques occidentaux, comme j'en avais fait le choix il y a vingt-cinq ans, préfèrent ne pas y penser.

Pour Paul, l'acupuncture n'était pas une question théorique. Il souffrait de dépression depuis des années et prenait un antidépresseur classique depuis plusieurs mois, sans résultat. C'est pour son mal au dos qu'il était venu voir Thomas, l'acupuncteur du Centre de médecine complémentaire de l'université. Thomas lui avait proposé d'ajouter aux points traditionnels pour le mal de dos la stimulation de deux points sur le crâne dont plusieurs études chinoises ont suggéré l'efficacité contre la dépression[7]. Dès le milieu de la première séance, Paul a déclaré qu'il sentait se dissiper « une couche de brouillard qui [l'] empêchait de penser ». Il avait l'impression d'être plus léger et un peu plus confiant, même s'il avait encore la gorge nouée, sensation qu'il associait depuis toujours avec ses périodes de dépression. À raison d'une séance hebdomadaire pendant quelques semaines, les autres couches se sont dissipées les unes à la suite des autres, selon ce qu'il a déclaré, puis sa gorge s'est enfin libérée à son tour. Au fil du traitement, il a retrouvé d'abord le sommeil, puis une énergie qu'il ne s'était pas connue depuis deux ans, et enfin sa confiance en soi, son envie d'être avec sa femme et ses filles, et le désir d'entreprendre à nouveau. Comme dans les études chinoises, ses symptômes semblaient avoir répondu de la même façon, et à la même vitesse, à l'acupuncture qu'aux antidépresseurs auxquels elle avait été comparée. Bien sûr, Paul n'a jamais cessé de prendre le médicament que son médecin lui avait prescrit. Il est possible que ce soit celui-ci qui ait fini par avoir de l'effet. Toutefois, le fait que les premiers signes de soulagement soient apparus dès la première séance d'acupuncture suggère que ce sont bien les aiguilles qui ont déclenché son rétablissement. Il est possible aussi, naturellement, que les deux traitements se soient mutuellement complétés et que l'acupuncture ait permis de stimuler les mécanismes d'autoguérison du cerveau émotionnel en sus des effets de l'antidépresseur.

Les acupuncteurs, autant occidentaux qu'asiatiques, savent parfaitement que leur art est particulièrement utile pour le soulagement du stress, de l'anxiété et de la dépression. Pourtant, en Occident, ce sont ces pratiques qui sont les moins reconnues et les moins étudiées. Les rares études occidentales sont positives, et l'acupuncture a même été testée à l'hôpital de l'université de Yale pour contrôler l'anxiété des patients avant une opération, à la place des anxiolytiques[8]. Mais son application est encore très limitée, sans doute parce que, comme pour l'EMDR, on ne comprend pas bien ses mécanismes d'action.

À Harvard, l'un de ces mécanismes d'action vient d'être mis au jour. Le docteur Hui, avec l'aide de l'équipe du Massachusetts General Hospital, un des plus grands centres d'imagerie fonctionnelle cérébrale au monde, a montré comment le cerveau émotionnel peut être directement contrôlé par l'acupuncture. En stimulant un seul point – situé sur le dos de la main, entre le pouce et l'index –, elle a mis en évidence l'anesthésie partielle des circuits de la douleur et de la peur (voir figure 5 du cahier photo). Ce point – que les vieux manuels chinois appellent « gros intestin 4 » – est un des plus anciens et des plus utilisés par tous les acupuncteurs du monde. Il est réputé, justement, pour contrôler la douleur et l'anxiété... La stimulation de la surface de la peau, comme dans l'EMDR lorsqu'on se sert de la peau plutôt que des mouvements oculaires, semble donc capable de « parler » très directement au cerveau émotionnel et d'agir sur lui[9].

L'un des cas les plus frappants pour moi de cette utilisation a été celui de Caroline, une autre patiente de Thomas, l'acuponcteur de notre centre de médecine complémentaire. Il s'agissait d'une jeune femme de vingt-huit ans qui venait d'être opérée d'un cancer de l'estomac très agressif. Le lendemain de l'opération, elle souffrait beaucoup et seule la morphine dont elle dosait elle-même l'administration était capable de la soulager. Cependant, elle tolérait mal ce médicament, qui l'empêchait de penser clairement et lui donnait des cauchemars parfois particulièrement saisissants. C'est dans le cadre d'une étude que nous menions à ce moment que Thomas a eu l'occasion de s'occuper d'elle. Au début, Caroline était tellement préoccupée par sa douleur que c'est à peine si elle s'est aperçue des trois fines aiguilles que Thomas a introduites pendant quarante-cinq minutes dans sa main, son tibia et son abdomen. Toutefois, dès le lendemain, elle n'utilisait presque plus la morphine – seulement trois petites doses en vingt-quatre heures, selon les notes des infirmières. Deux jours plus tard, elle déclarait non seulement n'avoir presque plus mal, mais se sentir plus forte et plus déterminée que jamais à faire face à sa maladie, sans se laisser décourager par le pessimisme de ses médecins. L'anxiété semblait s'être dissoute en même temps que la douleur, et sans aucun des effets secondaires typiques des médicaments antalgiques*[10, 11].

---

* Plusieurs études contrôlées documentent les bénéfices de l'acupuncture pour le contrôle de la douleur postopératoire. En moyenne, un séance quotidienne d'acupuncture dans les premiers jours qui suivent la chirurgie permet de réduire les doses de narcotiques au tiers des doses habituelles et donc de limiter considérablement les effets secondaires. L'exemple le plus connu de cette utilisation est celui du grand chroniqueur du *New York Times* James Reston. Alors qu'il accompagnait Nixon à Pékin prendant son premier voyage en Chine, Reston dut subir une opération de l'appendicite en urgence. Après l'opération – une intervention tout à fait « occidentale » et qui lui sauva la vie – il souffrait terriblement de douleurs abdominales et de ballonnements. Il demanda des

L'étude de Harvard montre que les aiguilles d'acupuncture sont effectivement capables de bloquer les régions du cerveau émotionnel qui sont responsables de l'expérience de la douleur et de l'anxiété. Grâce à elle, on comprend mieux des résultats aussi impressionnants que ceux observés chez Caroline. Les études chez les lapins qui ne sentent plus la douleur ainsi que chez les héroïnomanes en cours de sevrage suggèrent aussi que l'acupuncture stimule la sécrétion d'endorphines, ces petites molécules produites par le cerveau et qui agissent comme de la morphine ou de l'héroïne.

Il existe un troisième mécanisme d'action que les chercheurs commencent à discerner : une séance d'acupuncture aurait une influence directe sur l'équilibre entre les deux branches du système nerveux autonome. Elle augmenterait l'activité du parasympathique – le « frein » de la physiologie – aux dépens de l'activité du système sympathique – « l'accélérateur ». Elle favoriserait donc la cohérence du rythme cardiaque et, de façon plus générale, permettrait de ramener le système à l'équilibre. Les conséquences de cet équilibre sur tous les organes du corps sont bien établies. Comme nous l'avons vu dans des chapitres précédents, son importance pour le bien-être émotionnel, la santé, le ralentissement du vieillissement et la prévention de la mort subite a été répertoriée dans des revues aussi réputées que le *Lancet*, l'*American Journal of Cardiology*, *Circulation*, etc.

---

narcotiques pour calmer la douleur, mais, à la place, il fut surpris de voir qu'on ne lui proposa que deux aiguilles – une dans la main et l'autre dans le tibia – qu'il sentait à peine. La surprise fut plus grande encore, lorsque, quelques heures plus tard, il n'avait plus aucune douleur. Il fut tellement frappé par cet épisode que, dès son retour à New York, il écrivit un grand article dans le *New York Times* intitulé « Laissez-moi vous raconter mon opération à Pékin... ». Du jour au lendemain, avec cet article, Reston avait ouvert les portes de l'Amérique à l'acupuncture où, jusqu'à ce jour, il n'est pas nécessaire d'être médecin pour la pratiquer.

Cet équilibre de la physiologie correspond-il à l'équilibre de l'« énergie vitale », le Qi, dont parlent des textes vieux de deux mille cinq cents ans ? Il n'est sans doute pas possible de réduire le Qi à une seule fonction, mais l'équilibre du système nerveux autonome en est certainement un de ses aspects. On sait maintenant qu'il peut être influencé par la méditation, comme nous l'avons vu au chapitre 3, l'alimentation, comme le verrons au chapitre suivant, et maintenant l'acupuncture. Ce sont exactement les trois méthodes de renforcement du Qi sur lesquelles insistent les médecines chinoise et tibétaine...

Au début du XXIe siècle, nous sommes les témoins d'échanges sans précédent entre les cultures médicales et scientifiques du monde entier. Tel un nouveau « passage du Nord-Ouest » à travers le détroit de Béring, un pont de terre ferme semble avoir été jeté entre les grandes traditions médicales de l'Occident et de l'Extrême-Orient. Grâce à l'imagerie fonctionnelle et les progrès de la biologie moléculaire, le rapport entre le cerveau, les molécules des émotions comme les endorphines, l'équilibre du système nerveux autonome et le « flux de l'énergie vitale » dont parlaient les Anciens est en train d'être établi. De ces liens multiples naîtra sans doute une nouvelle physiologie que certains, comme Candice Pert, professeur de physiologie et de biophysique de l'université Georgetown à Washington, appellent la physiologie du « système corps-cerveau unifié [12] ».

L'acupuncture n'est qu'un des trois piliers de la médecine traditionnelle chinoise. Les deux autres sont, d'une part, le contrôle de la physiologie par l'attitude mentale – que ce soit la méditation ou les exercices de cohérence cardiaque dont nous avons déjà parlé – et, d'autre part, la nutrition. Pour les praticiens de cette médecine dont la sagesse devient de plus en plus claire à nos yeux d'Occidentaux, il n'y aurait aucun sens à utiliser l'acupuncture ou à cultiver son équilibre mental et physiologique sans prêter une attention toute particulière aux constituants qui renouvellent constamment notre corps, c'est-à-dire aux aliments que nous ingérons. Il s'agit là d'un domaine presque entièrement délaissé par les psychiatres et les psychothérapeutes contemporains. Pourtant, de très importantes découvertes ont été réalisées sur le contrôle du stress, de l'anxiété et de la dépression par la nutrition. Des découvertes qu'il est possible de mettre à profit immédiatement.

9

La révolution des oméga-3 : comment nourrir le cerveau émotionnel

Une triste naissance

Patricia avait trente ans quand son deuxième fils est né, un an tout juste après le premier. Jacques, son compagnon, était heureux et fier. L'année qui venait de s'écouler avec leur premier enfant avait été une succession de menus bonheurs au quotidien et ils avaient ardemment désiré ce petit Paul qui venait compléter leur jeune famille. Mais Jacques était surpris : Patricia n'avait pas l'air bien heureuse. Elle était même morose. Elle s'intéressait peu à Paul, voulait qu'on la laisse seule, s'énervait facilement, pleurait parfois sans raison. Même l'allaitement au sein, qu'elle avait tant aimé avec son premier bébé, lui semblait maintenant une corvée.

Comme une jeune maman sur dix environ, Patricia souffrait du « baby blues », d'autant plus déroutant qu'il remplace le bonheur qui entoure habituellement la naissance d'un nouvel être issu de sa propre chair. Comme le bébé était splendide, que tout allait bien dans leur couple, et que le restaurant de Jacques avait de plus en plus de succès, ni lui ni Patricia ne pouvaient comprendre cette tristesse soudaine. Les médecins avaient bien essayé de les rassurer en leur parlant des « changements dans les hormones » qui

145

accompagnent la grossesse et surtout l'accouchement, mais cela ne les avait pas vraiment soulagés.

Depuis une dizaine d'années, des perspectives entièrement neuves se sont ouvertes à propos du problème de Patricia : celle-ci résidait à New York, une ville où la consommation quotidienne d'un des aliments les plus importants pour le cerveau, les acides gras essentiels dits « oméga-3 », est particulièrement basse, comme en France ou en Allemagne, d'ailleurs[1]. Ces acides gras que le corps ne peut pas fabriquer (d'où le terme « essentiels ») sont si cruciaux pour la construction et l'équilibre du cerveau que le fœtus les absorbe en priorité à travers le placenta. Pour cette raison, les réserves de la mère, déjà faibles dans notre société occidentale, chutent dramatiquement au cours des dernières semaines de la grossesse. Après la naissance, les oméga-3 continuent d'être passés en priorité au bébé dans le lait maternel, dont ils sont un des constituants majeurs. Cela aggrave encore le déficit de la mère. Si une deuxième naissance suit la première de près, comme dans le cas de Patricia, et qu'entre-temps son régime soit resté pauvre en poissons et en crustacés, la principale source de ces acides gras, la perte d'oméga-3 après la deuxième grossesse est telle que le risque de dépression pour la mère devient très grand[2].

L'incidence du « baby blues » au Japon, à Singapour ou en Malaisie est entre trois et vingt fois moindre qu'en Allemagne, en France et aux États-Unis. Selon le *Lancet*, ces chiffres correspondent à la différence entre ces pays en ce qui concerne la consommation de poissons et de crustacés et ne peuvent pas être expliqués par une simple tendance des Asiatiques à cacher leurs symptômes de dépression[3]. Si Jacques et Patricia s'étaient installés en Asie plutôt qu'en Amérique, elle n'aurait peut-être pas vécu son deuxième accouchement de la même façon... Il est indispensable de comprendre pourquoi.

L'huile qui fait marcher le cerveau

Le cerveau fait partie du corps. Comme les cellules de tous les autres organes, celles du cerveau renouvellent leurs constituants en permanence. Les cellules de demain sont donc faites de ce que nous mangeons aujourd'hui. Or, pour les deux tiers, le cerveau est constitué d'acides gras. Ceux-ci sont les constituants de base de la membrane des cellules nerveuses, leur « enveloppe », à travers laquelle ont lieu toutes les communications entre toutes les cellules nerveuses dans toutes les régions du cerveau et du corps. Ce que nous mangeons est directement intégré dans ces membranes et en forme la trame. Si nous consommons surtout des graisses « saturées » – celles qui, comme le beurre ou la graisse animale, sont solides à température ambiante –, leur rigidité se reflète par une rigidité des cellules du cerveau. Si, au contraire, nous mangeons surtout des graisses « polyinsaturées » – qui sont liquides à température ambiante –, les gaines des cellules du cerveau sont plus fluides, plus souples, et la communication entre elles se fait de façon plus stable. Surtout s'il s'agit d'acides gras oméga-3[4].

Les effets sur le comportement ne sont pas subtils. Lorsque l'on supprime les oméga-3 de l'alimentation de rats de laboratoire, leur comportement change complètement en quelques semaines : ils deviennent anxieux, n'apprennent plus de nouvelles tâches et paniquent dans les situations de stress (par exemple, lorsqu'ils doivent s'échapper d'un bassin en retrouvant la plate-forme de sauvetage[5]). Peut-être plus grave encore, une alimentation pauvre en oméga-3 réduit l'expérience du plaisir ! Il faut des doses bien plus importantes de morphine à ces mêmes rongeurs pour qu'ils y trouvent un quelconque intérêt, alors que cette drogue est le symbole même du plaisir facile[6].

À l'inverse, une équipe de chercheurs français a montré

qu'un régime riche en oméga-3 – comme celui des Esquimaux qui assimilent jusqu'à 16 g par jour d'huile de poisson[7] – augmente, sur le long terme, la production des neurotransmetteurs de l'énergie et de la bonne humeur dans le cerveau émotionnel*[8] .

Le fœtus et le nouveau-né, dont le cerveau est en plein développement, ont les plus grands besoins en acides gras oméga-3. Une étude danoise publiée récemment dans le *British Medical Journal* établit que les femmes qui consomment plus d'oméga-3 dans leur alimentation de tous les jours pendant la grossesse ont des enfants dont le poids de naissance est plus sain, et qui sont moins souvent prématurés[9]. Une autre étude danoise, publiée, elle, dans le *Journal of the American Medical Association*, signale que les enfants qui ont été nourris au sein pendant au moins neuf mois après la naissance – et ont ainsi reçu une plus grande quantité d'oméga-3 dans leur alimentation – ont des qualités intellectuelles supérieures aux autres vingt et trente ans plus tard**[10] .

Mais l'importance des oméga-3 ne s'arrête pas à la grossesse, loin de là.

La dangereuse énergie de Benjamin

Au début, Benjamin ne savait pas de quoi il souffrait. Lui qui d'habitude avait tant d'énergie – il dirigeait le laboratoire de biochimie d'une grande multinationale pharmaceutique – se sentait fatigué, démotivé. À trente-cinq ans, il

---

* Il s'agit surtout de la dopamine, qui est le neurotransmetteur responsable des effets énergisants et euphorisants des amphétamines et de la cocaïne.

** Il est naturellement possible que d'autres facteurs soient en cause pour expliquer la différence de QI, comme une meilleure qualité de la relation affective pour les enfants allaités plus longtemps. Toutefois, la plupart des chercheurs s'accordent sur la grande importance de l'apport en acides gras oméga-3 pour le développement du cerveau du nouveau-né.

n'avait jamais eu de problèmes de santé ; il se disait que c'était peut-être une infection virale qui traînait en longueur. Dès qu'il arrivait au bureau, il fermait la porte et fuyait les gens. Il avait même demandé à son assistante d'annuler plusieurs rendez-vous importants en prétextant qu'il était trop occupé. Plus le temps passait, plus son comportement devenait étrange. Les réunions, quand il ne pouvait y échapper, le mettaient très mal à l'aise. Il avait l'impression d'être incompétent et que cela se voyait terriblement. Tout le monde lui semblait bien mieux informé que lui, plus créatif, plus dynamique. Il se disait que ce n'était qu'une question de temps avant qu'on découvre que tous ses succès passés étaient dus à la chance ou aux contributions de ses collaborateurs. Une fois revenu dans son bureau, il fermait parfois la porte et pleurait tout en trouvant ridicule de se mettre dans un état pareil. Il s'attendait à être renvoyé du jour au lendemain et se demandait ce qu'il dirait à sa femme et à ses enfants. Puis, comme Benjamin était médecin et que l'entreprise produisait un antidépresseur très prescrit, il décida finalement de s'autoprescrire le médicament. À peine deux semaines plus tard, il se sentait déjà beaucoup mieux. Il reprit son travail normalement, pensant être enfin tiré d'affaire. En réalité, il était au bord du gouffre.

Comme le médicament semblait très efficace mais qu'il avait encore de temps à autre des baisses de régime, il doubla de lui-même la dose. En effet, cela marchait encore mieux. À présent il ne dormait plus que quatre heures par nuit et il rattrapait tout le temps perdu sur ses projets au cours des mois précédents. En plus, il se sentait particulièrement heureux, souriait constamment et faisait rire tous ses collaborateurs avec ses blagues un peu salaces. Un soir où il était resté tard à travailler avec une jeune assistante, celle-ci s'était penchée par-dessus son bureau pour prendre un dossier et, par le décolleté de sa robe, il s'était aperçu qu'elle ne portait pas de soutien-gorge. Il avait soudainement eu très envie d'elle et avait posé sa main sur la sienne. Elle s'était laissé faire, et il n'était pas rentré chez lui cette nuit-là.

Ce triste épisode d'abus de pouvoir sur le lieu de travail n'aurait rien eu de très original, s'il ne s'était reproduit au cours de la même semaine avec une laborantine, puis, les jours suivants, avec une secrétaire. Benjamin éprouvait en lui une telle énergie sexuelle qu'il lui semblait inconcevable d'essayer de la contenir. Et il ne songeait pas un instant à ce qu'il imposait aux membres de son équipe. Mais ses collaboratrices ont rapidement jugé ses avances malvenues. Surtout qu'elles n'étaient pas vraiment libres de dire « non », comme toujours dans ce genre de situation. Et les écarts de Benjamin ne s'arrêtaient pas là. Il était devenu irritable, et sa femme, qui commençait à avoir peur, n'avait plus aucune emprise sur lui. Il l'avait obligée à signer un emprunt garanti sur leur maison pour s'offrir une voiture de sport décapotable, puis il avait investi toutes leurs économies dans des opérations boursières désastreuses. Mais Benjamin avait une telle réputation et il continuait à être tellement productif dans son travail que personne n'osait rien lui dire. Tout s'est écroulé le jour où l'une de ses collaboratrices en eut assez de ses avances et de ses réflexions sexistes. Après une longue lutte contre l'entreprise – qui voulait à tout prix garder Benjamin –, son témoignage accablant signa la fin de sa brillante carrière... et de son mariage. Et ce n'était encore que le début d'une longue souffrance.

Une fois le dos au mur, Benjamin a accepté de consulter un psychiatre : son diagnostic fut sans appel. Benjamin était atteint de la maladie maniaco-dépressive, caractérisée par une alternance entre des épisodes de dépression et des phases de « manie » au cours desquelles les capacités de jugement moral et financier sont complètement désorientées, guidées uniquement par un hédonisme à tous crins de l'instant présent. Ces phases maniaques sont souvent déclenchées, la première fois, par la prise d'un antidépresseur. Une fois le médicament arrêté, et avec l'aide d'un tranquillisant, l'humeur de Benjamin et son excès d'énergie se calmèrent rapidement. Toutefois, privé de ce vent artificiel qui gonflait ses voiles, il prit conscience du drame dans lequel sa vie avait sombré et il retomba très vite dans la dépression. Cette fois, il avait de bonnes raisons de s'apitoyer sur son sort. Pendant des mois, puis des années, les différents médicaments qu'on lui proposait ne firent que le précipiter à nouveau dans la manie ou la dépression. En outre, il était très sensible aux effets secondaires de ces molécules. Les stabilisateurs de l'humeur que l'on essayait à tour de rôle lui faisaient prendre du poids en même temps qu'il se sentait très « ralenti », presque épuisé, même avec des doses normales. Quant aux antidépresseurs, ils l'empêchaient de dormir et affectaient tout de suite son jugement. À cause de son histoire, connue de tous dans son milieu professionnel, et de sa bataille continuelle contre la dépression, il lui avait été impossible de retrouver un travail et il vivait de la pension que lui versait son assurance-maladie. Mais tout a changé le jour où son psychiatre, en désespoir de cause, lui a proposé un traitement qu'il venait de découvrir grâce à une étude publiée dans la principale revue de psychiatrie expérimentale : les *Archives of General Psychiatry*.

Benjamin, qui n'absorbait plus aucun médicament et continuait de pleurer sans raison plusieurs fois par semaine, accepta sans hésitation de prendre neuf capsules par jour – trois avant chaque repas – d'un extrait d'huile de poisson. Ce fut un tournant décisif. En quelques semaines, sa dépression avait complètement disparu. Plus frappant encore, au cours de l'année suivante, il n'eut qu'un épisode de quelques jours durant lequel il a senti un excès inhabituel d'énergie. Deux ans après le début de ce traitement, Benjamin ne prend toujours pas de médicaments autres que ses capsules d'huile de poisson. Il n'a pas récupéré sa femme ni ses filles, mais il a recommencé à travailler dans le laboratoire d'un ancien collègue. Et son talent est tel que je ne doute pas qu'il retrouvera l'élan professionnel de ses premières années.

C'est le docteur Andrew Stoll, de Harvard, qui le premier a démontré l'efficacité des huiles de poisson riches en oméga-3 dans la stabilisation de l'humeur et le soulagement de la dépression chez les patients maniaco-dépressifs[11]. Dans son étude, de tout le groupe de patients qui prenaient des oméga-3, un seul eut une rechute.

Les résultats de cette étude étaient si probants que les chercheurs ont dû interrompre l'étude après quatre mois. En effet, les patients du groupe « témoin » – ceux qui ne recevaient qu'un placebo à base d'huile d'olive – rechutaient tellement plus vite que ceux du groupe à oméga-3 qu'il eût été contraire à la déontologie médicale de les en priver plus longtemps.

Après des années passées à étudier les mécanismes de l'humeur et de la dépression, le docteur Stoll fut si impressionné par l'effet des oméga-3 qu'il décida d'écrire un livre consacré au sujet[12]. Or il est apparu depuis que les bienfaits des oméga-3 ne se limitent pas au traitement de la maladie maniaco-dépressive.

Électrochocs contre huile de poisson

Lorsque les professeurs de Keith lui conseillèrent d'abandonner ses études, tant ses performances intellectuelles se détérioraient, ses parents s'inquiétèrent sérieusement. Keith au doux visage et à l'intelligence si vive n'était pas bien dans sa peau depuis au moins cinq ans. Ses parents avaient mis cela sur le compte d'une adolescence difficile qui durait, peut-être, un peu trop. Malgré sa timidité excessive et sa morosité, Keith avait toujours été un bon élève ; il était très

FIGURE 1 : LE CORPS ET LES ÉMOTIONS SONT PROFONDÉMENT LIÉS

Les « cellules tueuses » du système immunitaire sont la première ligne de défense de l'organisme. Comme la plupart des fonctions du corps, l'activité de ces cellules est sous le contrôle du cerveau émotionnel. Les émotions positives, comme le calme et le bien-être, les stimulent, et le stress, l'anxiété et la dépression les inhibent. Ici, des cellules tueuses (en blanc) attaquent une cellule cancéreuse (en brun).

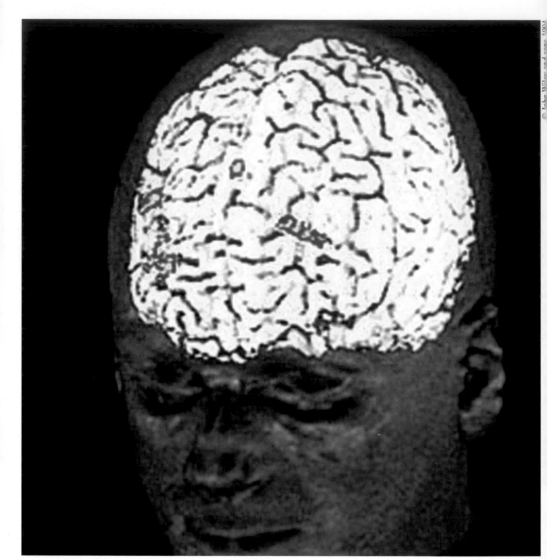

FIGURE 2 : À LA SURFACE, LE CERVEAU COGNITIF

Le « cortex » – du mot latin pour « écorce » – recouvre la surface du cerveau. C'est le siège de la pensée et du langage. Dans cette image, tirée d'une étude de notre laboratoire à Pittsburgh, on voit le cortex préfrontal s'activer chez un sujet qui effectue une tâche mentale complexe.
(Cohen et al., 1994)

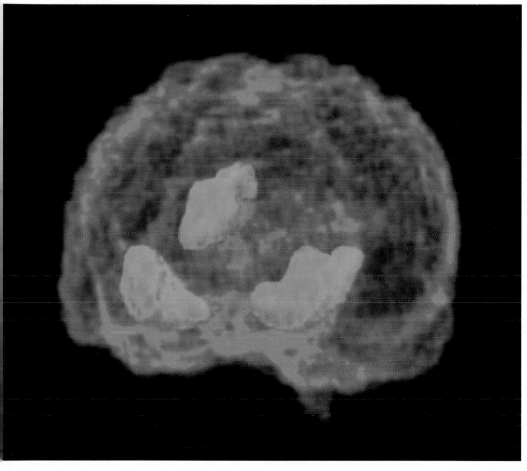

FIGURE 3 : EN PROFONDEUR, LE CERVEAU ÉMOTIONNEL

Véritable « cerveau à l'intérieur du cerveau », le cerveau émotionnel contrôle les fonctions physiologiques du corps : le rythme cardiaque, la tension artérielle, l'appétit, le sommeil, la libido, et même le système immunitaire. C'est sur lui qu'il faut agir pour guérir le stress, l'anxiété et la dépression. Dans cette image tirée d'une autre expérience de notre laboratoire, on voit le cerveau émotionnel sélectivement activé (en bleu) chez des sujets qui ressentent – brièvement – une peur intense.
(Servan-Schreiber et al., 1998)

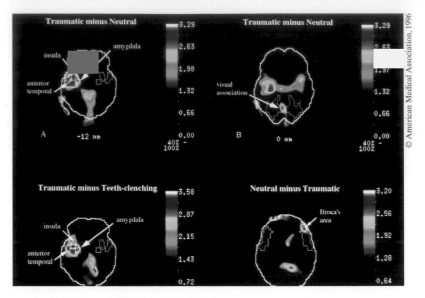

FIGURE 4 : LE CERVEAU TRAUMATISÉ

Tout traumatisme émotionnel laisse une cicatrice dans le cerveau. Cette image est tirée d'une étude du laboratoire du professeur Rauch, de l'université Harvard, au cours de laquelle on faisait écouter à des sujets traumatisés le récit du pire moment de ce qu'ils avaient vécu. En haut à gauche, on voit l'activation du centre de la peur dans le cerveau émotionnel (la région de l'amygdale). En haut à droite, on observe l'activation du cortex visuel, comme si le sujet regardait une image de l'événement traumatique. En bas à droite, on constate une désactivation (une sorte « d'anesthésie ») de la région du cortex responsable de l'expression du langage, comme si la peur avait « débranché » la parole.
(Rauch et al., 1996)

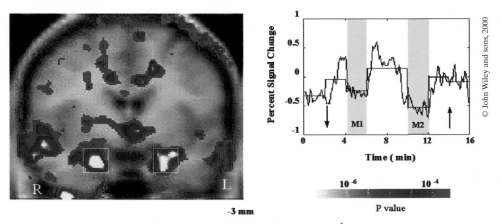

FIGURE 5 : L'ACUPUNCTURE CALME LE CERVEAU ÉMOTIONNEL

L'acupuncture est pratiquée de façon continue depuis cinq mille ans. Dans cette image, tirée d'une étude également réalisée à Harvard, la stimulation produite par une aiguille d'acupuncture sur le dos de la main entraîne une désactivation des aires de la douleur dans le cerveau émotionnel. Cet effet est accentué lorsque l'aiguille est manipulée par l'acupuncteur (M1 et M2).
(Hui et al., 2000)

affectueux avec sa mère et recherchait toujours sa compagnie. Mais, au cours des derniers mois, il avait d'abord refusé de manger dans la cafétéria de son collège – la présence de tous ces gens qu'il ne connaissait pas le mettait mal à l'aise – et ensuite il avait commencé à avoir des crises d'angoisse lorsqu'il devait prendre les transports en commun. Il s'en voulait terriblement et était furieux contre lui-même. Son inquiétude sur son avenir s'aggravait de jour en jour, et il avait beaucoup de mal à dormir. Il n'avait plus d'énergie pendant la journée et n'arrivait pas à se concentrer sur son travail. Comme il s'était toujours raccroché à ses performances scolaires pour se définir par rapport aux autres, il se sentait perdu et avait des pensées suicidaires. Pendant deux ans, il fut d'abord traité sans succès avec toute une gamme d'antidépresseurs, de sédatifs et même, devant l'échec de ces médicaments plus « légers », avec des tranquillisants puissants. L'adjonction de lithium (le traitement de référence de la maniaco-dépression) à son antidépresseur pendant deux mois ne changea rien non plus. En désespoir de cause, sa mère suivit les conseils de son psychiatre et prit rendez-vous avec un spécialiste de psychiatrie biologique au Hammersmith Hospital de Londres.

Le docteur Puri se montra très inquiet devant la sévérité des symptômes de Keith. Son score à un test mesurant le degré de dépression était le plus élevé qu'il ait jamais vu. De plus, Keith parlait maintenant ouvertement de ses projets de suicide avec un détachement qui donnait des frissons dans le dos : « Puisque je dois mourir un jour de toute façon, à quoi bon attendre ? Pourquoi devrais-je souffrir encore longtemps comme cela ? Laissez-moi mourir, par pitié. »

Après tous ces échecs, le médecin savait qu'un seul traitement viendrait peut-être à bout d'une dépression aussi profonde et aussi prolongée : les électrochocs. Seulement, Keith et sa mère s'y opposaient totalement. Le docteur Puri prit la mesure de la situation. Étant donné la gravité de son état, il aurait pu l'hospitaliser contre sa volonté et celle de sa mère, et le soumettre de force aux électrochocs... C'est sans doute ce qu'il aurait fait, lorsqu'une autre possibilité, lointaine et diffuse, lui apparut.

Compte tenu de l'alimentation très « adolescente » de Keith, et puisque qu'il n'avait réagi à aucun traitement, peut-être y avait-il un défaut dans le tissu même de ses neurones. Très intrigué au vu des résultats d'une étude à laquelle il avait participé sur l'influence des oméga-3 sur la dépression de patients schizophrènes[13] ainsi que de ceux obtenus par le docteur Stoll chez des maniaco-dépressifs, le docteur Puri proposa un marché à son jeune patient. Il lui expliqua qu'il avait de bonnes raisons de croire qu'un nouveau traitement, à base d'huile de poisson purifiée, pourrait peut-être l'aider. Cela restait très incertain, car, à sa connaissance, Keith serait le premier malade avec une dépression chronique sévère à être traité ainsi. Toutefois, s'il lui promettait solennellement qu'il n'essaierait en aucune circonstance de tenter de mettre fin à ses jours pendant les huit prochaines semaines et qu'il resterait tout le temps sous la surveillance de sa mère, il voulait bien courir le risque de le soigner ainsi.

Le docteur Puri supprima tous ses médicaments, sauf le dernier antidépresseur qu'il prenait depuis dix mois. Il y ajouta quelques grammes par jour d'huile de poisson purifiée dans le but de régénérer les membranes de ses neurones. Les résultats furent spectaculaires. En quelques semaines, les idées de suicide qui hantaient Keith sans arrêt depuis plusieurs mois disparurent entièrement. Sa gêne en présence de gens qu'il ne connaissait pas s'évanouit également, et il recommença enfin à dormir. Neuf mois plus tard, tous les symptômes de sa dépression, qui le poursuivaient pourtant depuis sept ans, s'étaient dissipés. Son score sur l'échelle de dépression était maintenant... zéro.

En plus d'être psychiatre, le docteur Puri est mathématicien. C'est en outre un spécialiste en imagerie cérébrale fonctionnelle, et le Hammersmith Hospital est un des plus importants centres de recherche dans ce domaine. Avant de traiter Keith, il lui avait fait passer différents scanners pour avoir des images de son cerveau. En répétant les examens neuf mois après, il put constater que le métabolisme du cerveau du jeune homme s'était modifié du tout au tout : non seulement les membranes de ses neurones s'étaient renforcées, mais elles ne montraient plus de signe de déperdition de leurs constituants... C'était la structure même du cerveau de son patient qui avait changé.

La mère de Keith était ravie. Son fils était transfiguré. Elle ne cessait de parler à tous ses amis – qui avaient, il faut bien le dire, un peu de mal à le croire – de l'effet de l'huile de poisson. Le docteur Puri lui-même fut tellement impressionné par cette guérison qu'il en publia une description dans une importante revue de psychiatrie[14] et commença une étude – encore inachevée au moment où j'écris ces lignes – relative à l'effet des huiles de poisson sur la plus grave et la plus mortelle des affections du cerveau : la maladie de Huntington[15].

En médecine, il faut toujours se méfier de ce que l'on appelle les « cas anecdotiques » : c'est-à-dire qu'il ne faut pas bâtir une théorie ou recommander un traitement à tour de bras sur la base d'un seul patient, ou même de quelques cas, si extraordinaires soient-ils. Tout traitement prometteur doit être comparé à un placebo dans une étude où ni les patients ni les médecins traitants ne savent qui reçoit la substance présumée active et qui reçoit le placebo : c'est cela qu'on appelle une « étude contrôlée ». Or, quelques mois après la publication du cas du docteur Puri, l'autre grande revue internationale de psychiatrie – l'*American Journal of Psychiatry* – publia justement une étude contrôlée chez des patients qui, comme Keith, étaient résistants à toutes sortes de traitements.

En Israël, le docteur Nemets et ses collaborateurs ont comparé l'efficacité du même extrait purifié d'huile de poisson – l'acide éthyl-eicosapentaenoïque – à une dose équivalente d'huile d'olive (qui, en dépit de ses propriétés anti-oxydantes bénéfiques, ne contient pas d'oméga-3). Plus de la moitié de ces patients qui, jusque-là, n'avaient réagi à aucun traitement ont vu leur dépression nettement améliorée en moins de trois semaines[16]. L'observation anecdotique du docteur Puri était donc confirmée. Depuis, une autre étude, cette fois britannique, a été publiée dans les *Archives of General Psychiatry*. Elle parvient aux mêmes conclusions et montre également que c'est toute la gamme des symptômes de la dépression qui peut être améliorée par les acides gras oméga-3 : la tristesse aussi bien que le manque d'énergie, l'anxiété aussi bien que l'insomnie, la baisse de libido aussi bien que les tendances suicidaires[17].

Sans doute faudra-t-il attendre plusieurs années avant qu'un nombre suffisant d'études de ce type soient réalisées. En effet, les acides gras oméga-3 étant un produit de la nature, il n'est pas possible de les breveter. Ils n'intéressent donc pas les grandes compagnies pharmaceutiques qui financent la plupart des études scientifiques sur la dépression.

Toutefois, l'existence d'un lien entre la dépression et un taux trop bas d'acides gras oméga-3 dans l'organisme est suggérée par plusieurs autres résultats. Par exemple, les patients déprimés ont des réserves plus faibles en oméga-3 que les sujets normaux[18]. Et plus leurs réserves sont faibles, plus leurs symptômes sont sévères[19]. Plus frappant encore, plus l'alimentation courante des gens contient des oméga-3, moins ils ont tendance à être déprimés[20].

Le régime des premiers hommes

D'après plusieurs chercheurs, pour comprendre ce mystérieux effet des acides gras oméga-3 sur le cerveau et sur l'humeur, il faut remonter aux origines de l'humanité.

Il existe deux types d'acides gras « essentiels » : les oméga-3 – qui sont contenus dans les algues, le plancton et quelques plantes terrestres, dont l'herbe – et les oméga-6 qu'on trouve dans presque toutes les huiles végétales et la viande – surtout la viande d'animaux nourris au grain ou aux farines animales. Bien qu'importants pour l'organisme, les oméga-6 n'ont pas les mêmes propriétés bénéfiques pour le cerveau et ils favorisent les réactions d'inflammation (nous en reparlerons plus loin). Au moment où le cerveau de l'*Homo sapiens* s'est développé, c'est-à-dire lorsqu'il a accédé à la conscience de soi, l'humanité vivait autour des grands lacs de l'Est africain. L'accès à un écosystème unique très riche en poissons et crustacés pourrait avoir été le déclencheur d'un développement prodigieux du cerveau. On pense que l'alimentation de ces tout premiers humains était parfaitement équilibrée, avec un ratio de 1/1 entre l'apport d'oméga-3 et d'oméga-6. Ce ratio idéal aurait fourni au corps exactement l'alimentation qu'il lui fallait pour produire des neurones d'une qualité optimum et donc donner au cerveau des capacités entièrement nouvelles permettant la fabrication d'outils, le langage et la conscience[21].

Aujourd'hui, avec le développement de l'agriculture, de l'élevage intensif, où l'on nourrit les animaux au grain plutôt qu'à l'herbe sauvage, et la présence d'huiles végétales riches en oméga-6 dans tous les aliments industriels, le ratio oméga-3/oméga-6 dans l'alimentation occidentale varie maintenant entre 1/10 et 1/20[22]. Pour prendre une image, on pourrait dire que le cerveau est un moteur de haute performance conçu pour fonctionner avec une essence très raffinée, alors que, nous, nous le faisons tourner avec du diesel de mauvaise qualité[23]...

Cette inadéquation entre ce dont le cerveau a besoin et ce dont on le nourrit aujourd'hui en Europe comme en Amérique expliquerait en grande partie les énormes différences dans l'incidence de la dépression entre les sociétés occidentales qui ne consomment pas, ou peu, de poissons et de crustacés, et les populations asiatiques qui en sont friandes. À Taïwan, Hong Kong et au Japon, la dépression est jusqu'à douze fois moins fréquente qu'en France, même si l'on tient compte des différences d'attitude culturelles envers la dépression dans les pays asiatiques[24]. Cela expliquerait peut-être aussi la vitesse avec laquelle la dépression semble se répandre en Occident depuis cinquante ans. Aujourd'hui, la consommation d'oméga-3 serait encore de moitié inférieure à ce qu'elle était avant la Seconde Guerre mondiale[25]. Or c'est au cours de cette même période que l'incidence de la dépression a considérablement augmenté[26].

L'excès d'oméga-6 dans l'organisme produit des réactions d'oxydation et induit des réponses inflammatoires un peu partout dans le corps[27]. Toutes les grandes maladies chroniques en plein essor dans le monde occidental sont aggravées par de telles réactions inflammatoires : les maladies cardio-vasculaires – comme les infarctus et les accidents vasculaires cérébraux – mais aussi le cancer, l'arthrite et même la maladie d'Alzheimer[28]. Il existe une concordance frappante entre les pays ayant la plus grande mortalité due aux maladies cardio-vasculaires[29] et ceux où la dépression est la plus fréquente[30]. Cela suggère bien l'existence de causes communes. Or les oméga-3 ont des effets bénéfiques très importants pour les affections cardiaques connus depuis plus longtemps que ceux qui viennent d'être étudiés pour la dépression.

La première grande étude sur le sujet a été menée à Lyon par deux chercheurs français, Serge Renaud et Michel de Lorgeril. Dans un article paru dans le *Lancet* ils ont montré que les patients qui suivaient un régime riche en oméga-3 (le régime dit « méditerranéen ») avaient jusqu'à 76 % moins de chances de mourir au cours des deux ans suivant leur infarctus que ceux qui adhéraient aux recommandations standard de l'American Heart Association[31] ! Plusieurs études montrent aussi qu'un des effets des oméga-3 sur le cœur est de renforcer la variabilité du rythme cardiaque et de le protéger contre les arythmies[32]. Comme le renforcement de la variabilité cardiaque protège contre la dépression (voir chapitre 3), il est donc logique de penser que la dépression et les maladies cardiaques évoluent de la même manière dans les sociétés qui font peu de place aux acides gras de poisson dans l'alimentation quotidienne.

La dépression est-elle une maladie inflammatoire ?

La reconnaissance du rôle très important des oméga-3 dans la prévention et le traitement de la dépression promet le développement d'une conception entièrement nouvelle de cette maladie. Et si la dépression était, elle aussi, une maladie inflammatoire, comme on l'a découvert il y a peu pour la maladie des artères coronaires ? Cela permettrait d'expliquer un ensemble d'observations étranges que les théories contemporaines de cette maladie – qui se limitent à l'examen de l'influence de neurotransmetteurs comme la sérotonine – passent généralement sous silence.

Prenez le cas de Nancy, par exemple. Celle-ci avait soixante-cinq ans quand on lui a diagnostiqué une dépression pour la première fois de sa vie. Pourtant, rien n'avait changé dans son existence. Elle ne comprenait pas pourquoi son médecin était intimement persuadé que ses symptômes de tristesse, de fatigue, d'insomnie et de perte d'appétit étaient le signe d'une dépression typique. Six mois plus tard, alors qu'elle n'avait pas encore commencé son traitement d'antidé-presseurs, elle a ressenti une douleur persistante dans le ventre. Une échographie a révélé la présence d'une grosse tumeur au bord du foie : Nancy avait un cancer du pancréas. Comme c'est fréquemment le cas dans cette maladie, il s'était manifesté d'abord par une dépression plutôt que par des symptômes physiques. Nombre de cancers entraînent des phénomènes inflammatoires importants longtemps avant qu'ils n'aient atteint une taille significative. Il semble bien que ce soit cette inflammation qui est responsable des symptômes dépressifs précédant souvent le diagnostic de la maladie. On retrouve d'ailleurs souvent de tels symptômes de dépression dans toutes les maladies physiques qui ont une composante inflammatoire diffuse, comme les infections (la pneumonie, la grippe, la fièvre typhoïde), les accidents vasculaires cérébraux, les infarctus du myocarde, les maladies auto-immunes, et ainsi de suite. La dépression « classique » ne pourrait-elle être également la manifestation de réactions inflammatoires diffuses ? Cela ne serait pas tellement étonnant, puisque l'on sait que le stress déclenche de telles réactions inflammatoires, et que c'est la raison pour laquelle il contribue à l'acné, à l'arthrite et à l'exacerbation des maladies auto-immunes[33]. Après tout, la médecine tibétaine a peut-être raison : la dépression pourrait bien être une maladie autant du corps que de l'esprit.

Où trouver les acides gras essentiels de type oméga-3 ?

Les principales sources d'acides gras essentiels oméga-3 sont les algues et le plancton. Ceux-ci arrivent jusqu'à nous par l'intermédiaire des poissons et des crustacés qui les accumulent dans leurs tissus graisseux. Ce sont donc surtout les poissons d'eau froide – plus riches en graisse – qui sont la meilleure source d'oméga-3. Toutefois, les poissons d'élevage sont moins riches en oméga-3 que les poissons sauvages. Le saumon sauvage, par exemple, est une excellente source d'oméga-3, mais le saumon d'élevage l'est moins*. Les sources les plus fiables, et les moins susceptibles d'être contaminées par l'accumulation de toxines comme le mercure ou les carcinogènes organiques déversés dans les mers et les rivières, sont les petits poissons qui se trouvent en bas de la chaîne alimentaire : les maquereaux (un des poissons les plus riches en oméga-3), les anchois (entiers, pas en filets), les sardines et les harengs. D'autres poissons riches en oméga-3 sont le thon, le haddock et la truite. Cent grammes de maquereau contiennent 2,5 g d'oméga-3 ; cent grammes de hareng 1,7 g ; cent grammes de thon (même en boîte) 1,5 g (à condition qu'il n'ait pas été dégraissé) ; cent grammes d'anchois entiers 1,5 g ; cent grammes de saumon 1,4 g ; cent grammes de sardines 1 g[34]**.

Il existe aussi des sources végétales d'oméga-3, mais celles-ci nécessitent une étape supplémentaire dans le métabolisme pour être transformées dans les acides gras qui sont les constituants des membranes neuronales. Il s'agit des graines de lin (que l'on peut manger telles quelles – 2,8 g pour une cuiller à soupe – ou sous forme d'huile*** –, 7,5 g pour une cuiller à soupe), de l'huile de colza (2,5 g pour une

---

* Il est très difficile de connaître exactement le contenu en oméga-3 de poissons d'élevage, car chaque élevage a ses propres régimes alimentaires. Il semblerait que les élevages de poissons européens soient plus stricts en ce qui concerne la nourriture donnée aux poissons que les élevages américains. D'après le professeur Stoll, les poissons d'élevage européens auraient presque autant d'oméga-3 que les poissons sauvages, Stoll, 2001, *op. cit.*

** La roussette et l'espadon ont aussi un contenu élevé en oméga-3 mais ils sont plus souvent contaminés par le mercure, au point qu'il est recommandé aux femmes enceintes et aux jeunes enfants d'en éviter la consommation. (Recommandation de la Food and Drug Administration américaine. www.cfsan.fda.gov/frf/sea-mehg.html, consulté en janvier 2003.)

*** L'huile de lin peut devenir toxique pour l'organisme si elle n'est pas conservée à froid et protégée de la lumière. Il est donc impératif d'obtenir de l'huile fraîchement pressée, adéquatement réfrigérée, et présentée dans un récipient opaque. L'huile ne doit jamais avoir un goût trop amer (même si elle est par nature un peu amère).

cuiller à soupe), de l'huile de chanvre, des noix (2,3 g pour 100 g). Tous les légumes verts contiennent le précurseur des acides gras oméga-3 bien qu'en moindre quantité. Les sources les plus riches sont les feuilles de pourpier (un aliment de base de la cuisine romaine il y a deux mille ans, et qui est encore utilisé en Grèce aujourd'hui), les épinards, les algues marines et la spiruline (un élément traditionnel des Aztèques).

L'herbe et les feuilles naturelles dont se nourrissent les animaux sauvages contiennent aussi des oméga-3. C'est pour cette raison que le gibier, comme le chevreuil ou le sanglier, est plus riche en oméga-3 que la viande d'élevage[35]. Plus les animaux d'élevage sont nourris au grain, moins leur viande contient d'oméga-3. Un article paru dans le *New England Journal of Medicine* montre par exemple que les œufs de poules nourries au grain – ceux que l'on trouve dans les supermarchés – contiennent vingt fois *moins* d'oméga-3 que les œufs de poules qui se nourrissent librement dans la nature[36]. La viande de bétail nourri au grain devient aussi encore plus riche en acides gras oméga-6, dont les propriétés sont *pro*-inflammatoires. Il est donc recommandé de limiter sa consommation de viande à un maximum de trois portions par semaine et d'éviter les viandes grasses, encore plus riches en oméga-6 que les autres.

Toutes les huiles végétales sont riches en oméga-6 et ne contiennent pas d'oméga-3, sauf l'huile de graine de lin, l'huile de colza et l'huile de chanvre qui sont riches en oméga-3, et l'huile d'olive qui ne contient ni les uns ni les autres. Pour garder le rapport oméga-3/oméga-6 le plus proche possible de 1/1, il faut donc éliminer toutes les huiles de cuisine habituelles, sauf l'huile d'olive et l'huile de colza. Il est en particulier indispensable d'éliminer l'huile de friture qui, en plus, par les radicaux libres qu'elle libère, est particulièrement oxydante pour les tissus.

Le beurre, la crème et les laitages non dégraissés sont

riches en acides gras saturés et doivent donc être consommés avec modération car ils limitent l'intégration des acides gras oméga-3 dans les cellules. Toutefois, le chercheur français Serge Renaud a montré que le fromage et les yaourts, même s'ils sont fabriqués à partir de lait entier, sont bien moins nocifs que les autres produits laitiers : leur haute teneur en calcium et en magnésium réduit l'absorption des acides gras saturés par l'organisme[37]. C'est pour cette raison que, dans son livre sur « le régime oméga-3 », la grande nutritionniste Artemis Simopoulos, qui a longtemps travaillé au NIH américain, autorise jusqu'à trente grammes de fromage par jour.

En pratique, pour être sûr de recevoir une quantité suffisante d'oméga-3 de la plus grande pureté et qualité, il est souvent plus pratique de les prendre sous forme de suppléments alimentaires. Les études existantes suggèrent que, pour obtenir un effet antidépresseur, il faut consommer entre 2 et 3 g par jour d'un mélange des deux acides gras de poisson : l'acide eïcosapentaenoïque (« EPA ») et l'acide docosahexainoïque (« DHA »).

Il existe plusieurs produits vendus dans les pharmacies spécialisées soit sous forme de gélules, soit sous forme d'huile (dont il faut prendre deux à quatre cuillerées à café par jour). Les meilleurs produits sembleraient être ceux qui contiennent la plus haute concentration d'EPA par rapport au DHA. Certains auteurs – comme le docteur Stoll de Harvard et le docteur Horrobin en Angleterre – suggèrent en effet que c'est surtout l'EPA qui aurait un effet antidépresseur et que trop de DHA empêche peut-être cet effet de se manifester, nécessitant des doses plus importantes que si le produit est plus pur en EPA.

Il est préférable de choisir un produit contenant aussi un peu de vitamine E pour protéger l'huile contre une oxydation toujours possible qui la rendrait inefficace, voire nocive. Plusieurs auteurs recommandent de combiner la prise d'huile de poisson avec un supplément vitaminique qui associe vitamine E (800 UI par jour), vitamine C (1 g par jour) et sélénium (200 µg par jour) pour éviter l'oxydation des oméga-3 à l'intérieur de l'organisme. Longtemps tournée en ridicule par la médecine conventionnelle, la prise régulière de vitamines vient d'être sanctionnée officiellement par un article retentissant du *Journal of the American Medical Association*. Après avoir passé en revue toutes les données scientifiques, les très sérieux auteurs de cet article se disent obligés de reconnaître que la prise quotidienne de vitamines (particulièrement, B, E, C et D) réduit les risques de tout un ensemble de maladies chroniques et de maladies graves[38].

Enfin, l'huile de foie de morue, très prisée de nos grands-parents en tant que source de vitamines A et D, n'est pas une bonne source d'oméga-3. Il faudrait en prendre de telles quantités qu'elle conduirait à une surcharge importante et dangereuse en vitamine A.

Curieusement, les huiles de poisson ne semblent pas faire grossir. Dans son étude sur les patients maniaco-dépressifs, Stoll a constaté que les sujets ne grossissaient pas, en dépit de leur forte consommation quotidienne d'huile. De fait, certains ont même maigri[39]. Dans une étude sur des souris, celles qui avaient un régime riche en oméga-3 étaient 25 % plus minces que celles qui consommaient exactement la même quantité de calories mais sans oméga-3. On peut penser que la façon dont le corps utilise les oméga-3 limite la formation de tissu graisseux[40].

Le jugement de l'Histoire

Le jour où les historiens se pencheront sur l'histoire de la médecine au XXᵉ siècle, je crois qu'ils y décèleront deux tournants majeurs. Le premier est la découverte des antibiotiques, qui a presque entièrement éradiqué la pneumonie – la première cause de mortalité en Occident jusqu'à la Seconde Guerre mondiale. Le second est une révolution en cours : la démonstration scientifique que la nutrition a un impact profond sur presque toutes les grandes maladies des sociétés occidentales. Les cardiologues commencent à peine à l'admettre (même s'ils ne prescrivent toujours pas d'huile de poisson, en dépit des études dans ce domaine et, maintenant, des recommandations officielles de la American Heart Association[41]). Les psychiatres en sont encore très loin. Pourtant, le cerveau est certainement aussi sensible au contenu de l'alimentation quotidienne que le cœur. Lorsque nous l'intoxiquons avec de l'alcool ou des drogues illégales, il souffre. Lorsque nous ne le nourrissons pas avec ses constituants essentiels, il souffre aussi. Il est vraiment étonnant qu'il ait fallu deux mille cinq cents ans pour que la science moderne en revienne à cette constatation, que toutes les médecines traditionnelles, qu'elles soient tibétaine ou chinoise, ayurvédique ou gréco-romaine, mettaient en avant dès leurs tout premiers écrits. Hippocrate disait : « Laisse ta nourriture être ton remède et ton remède ta nourriture. » C'était il y a deux mille quatre cents ans.

Mais il existe une autre porte d'entrée au cerveau émotionnel qui passe entièrement par le corps. Reconnue, elle aussi, depuis Hippocrate, elle est tout autant négligée que la nutrition en Occident. Curieusement, elle l'est encore plus par ceux qui souffrent de stress ou de dépression, sous prétexte ou bien qu'ils n'ont pas le temps, ou bien qu'ils n'ont pas l'énergie nécessaire. Or c'est une des sources d'énergie les plus abondantes et les mieux établies par la science. Il s'agit de l'exercice physique. Même, comme nous allons le voir, à très petite dose...

10

Prozac ou Adidas ?

La panique de Bernard

Bernard est producteur de cinéma ; à quarante ans, tout semble lui réussir. Il est grand, élégant, et son irrésistible sourire a dû lui gagner la confiance des gens de son milieu : comment ne pas tomber immédiatement sous son charme ? Pourtant, Bernard est au bout du rouleau. À cause des attaques d'anxiété qui empoisonnent sa vie depuis deux ans.

La première fois, c'était lors d'un déjeuner d'affaires dans un restaurant plein à craquer. Tout se déroulait très bien lorsqu'il s'est subitement senti mal. Il avait la nausée, son cœur battait à tout rompre dans sa poitrinc ct il avait du mal à respirer. Il avait aussitôt pensé à un de ses amis d'enfance, foudroyé l'année précédente par un infarctus. À cette idée, son cœur s'était mis à battre encore plus fort et il était devenu incapable de penser à quoi que ce soit d'autre. Sa vue s'était brouillée, il avait l'impression que les gens et le décor autour de lui devenaient étrangement distants, comme s'ils n'étaient pas réels. En un instant, Bernard avait compris qu'il était en train de mourir. Il avait murmuré une vague excuse et s'était dirigé en titubant vers la sortie du restaurant. Tout de suite il avait hélé un taxi et s'était rendu aux urgences de l'hôpital le plus proche. Là, on lui avait appris qu'il n'était pas mourant. Au contraire, on avait expliqué qu'il venait simplement d'avoir sa première attaque d'anxiété ou, plutôt, de « panique ».

Une personne sur cinq victime de ce type d'attaque est d'abord vue aux urgences d'un hôpital, pas chez le psychiatre (et près de la moitié de ceux-ci arrivent en ambulance !). Effectivement, au cours des deux années suivantes, Bernard était souvent passé par les urgences, ainsi que chez plusieurs cardiologues. On lui avait assuré de manière répétée que ses symptômes n'étaient pas d'origine cardiaque, et on lui avait même prescrit du Xanax, un tranquillisant, « pour vous relaxer », lui avait-on dit.

Au début, ce médicament l'avait beaucoup aidé. Les attaques avaient cessé, et il s'était mis à compter chaque fois plus sur sa petite pilule. Il avait même commencé à en prendre quatre fois par jour pour éviter que l'anxiété ne le gêne dans son travail. Progressivement, il s'aperçut que, s'il était un peu en retard pour sa dose suivante, l'anxiété était plus intense. Un jour, alors qu'il était à l'étranger, on lui avait volé ses bagages. Il s'était brutalement retrouvé sans Xanax. Au bout de quelques heures, l'anxiété était si grande, son cœur s'était mis à battre si fort, qu'il s'en souvient encore aujourd'hui comme le pire jour de sa vie. Une fois rentré de voyage, il s'était promis de se libérer de sa dépendance au Xanax et de ne jamais en reprendre.

Quelques années plus tôt, Bernard avait remarqué que, s'il faisait trente minutes de natation, il se sentait mieux pendant une heure ou deux. Il reprit donc la natation, mais la sensation de bien-être ne durait pas assez longtemps. La mode du « cycling », le vélo d'intérieur intensif pratiqué en groupe, faisait fureur et Bernard se laissa convaincre par un ami d'essayer. Trois fois par semaine, dans une salle où douze personnes se déhanchaient sur une bicyclette immobile, il se plia au rythme effréné imposé par un instructeur qui ne laissait personne baisser les bras. La pulsation de la musique techno et l'émulation de ses voisins l'encourageaient à tenir pendant toute l'heure que durait l'exercice. Il sortait de ces séances à la fois épuisé et d'excellente humeur. Cette sensation intense de bien-être perdurait pendant des heures. De fait, il comprit assez rapidement qu'il ne devait pas faire de cycling après sept ou huit heures du soir s'il voulait dormir. Mais le résultat le plus remarquable fut qu'il se mit à avoir bien plus confiance en sa capacité de faire face aux attaques de panique. En quelques semaines, celles-ci disparurent complètement...

Aujourd'hui, deux ans plus tard, Bernard continue de parler des bienfaits étonnants du cycling à quiconque veut bien l'écouter. Il pratique toujours ce sport au moins trois fois par semaine, surtout lorsqu'il stresse. Il n'a plus jamais eu d'attaque.

Bernard se décrit comme « un accro du cycling », et ce n'est pas faux. S'il cesse de faire du sport, il se sent mal au bout de quelques jours. Quand il voyage, il veille à toujours emporter des chaussures de jogging pour « relâcher la tension », comme il le dit lui-même. Toutefois, c'est une toxicomanie qui ne lui fait que du bien : elle lui permet de maîtriser son poids, accroît sa libido, améliore son sommeil, réduit sa tension artérielle, renforce son système immunitaire, le protège contre les maladies cardiaques et même contre certains cancers. S'il en est « dépendant », son intoxication à l'exercice lui donne le sentiment de *mieux* maîtriser sa vie ; exactement l'inverse de ce qui se passait avec le Xanax.

Un traitement pour l'anxiété...
et les cellules immunitaires

Bernard n'est pas seul. Ce qu'il a découvert par lui-même, Platon en parlait déjà, et, au cours des vingt dernières années, la science occidentale en a fait la démonstration :

l'exercice est un traitement remarquable de l'anxiété. À ce jour, les études sur le sujet sont si nombreuses qu'il existe même plusieurs « études d'études » – des « méta-analyses[1] ». Une étude porte même précisément sur les bienfaits de la bicyclette stationnaire – bien moins intense que le « cycling » dont Bernard était adepte – laquelle montre effectivement que la plupart des participants font l'expérience d'un regain d'énergie tout en se sentant plus détendus[2]. Cette étude constate aussi que les effets positifs sont toujours présents un an plus tard, la grande majorité des participants ayant choisi d'eux-mêmes de continuer leur exercice de façon régulière.

Plusieurs autres études suggèrent que, plus l'on est « déconditionné » – c'est-à-dire plus on s'est laissé aller aux aléas des repas trop lourds, des déplacements en voiture, et des heures passées devant la télévision –, plus l'exercice physique, même à petite dose, fera sentir rapidement ses bienfaits[3].

Bernard avait aussi raison d'augmenter sa dose d'exercice pendant les périodes de stress accru. À l'université de Miami, le docteur LaPerrière s'est penché sur l'effet protecteur de l'exercice dans les situations difficiles. Il a choisi un des moments les plus terribles de l'existence : celui où l'on vous annonce que vous êtes séro-positif pour le virus du sida. À l'époque où il faisait cette étude – bien avant la découverte de la trithérapie –, ce diagnostic équivalait à une sentence de mort. À chacun de s'en débrouiller psychologiquement. Ce que LaPerrière a constaté, c'est que les patients qui faisaient de l'exercice régulièrement depuis au moins cinq semaines semblaient être « protégés » contre la peur et le désespoir. En outre, leur système immunitaire, lequel s'effondre souvent dans les situations de stress, résistait mieux, lui aussi, à cette terrible nouvelle. Les cellules « natural killer » (NK, les « tueuses naturelles ») sont la première ligne de défense de l'organisme tant contre les invasions extérieures – comme le virus du sida – que contre la prolifération de cellules cancéreuses. Elles sont très sensibles à nos émotions. Plus nous nous sentons bien et plus elles font leur travail avec énergie. Par contre, lors des périodes de stress et de dépression, elles ont tendance à se désactiver ou à cesser de se multiplier. Dans le cas des patients qui ne faisaient pas d'exercice, c'est exactement ce que LaPerrière a observé : leur taux de cellules NK chutait brutalement après l'annonce du diagnostic, à l'inverse de celui de patients qui faisaient de l'exercice régulièrement[4] !

L'instruction de Xaviera

La dépression bénéficie aussi d'un peu de jogging. Dans un des premiers articles modernes sur le sujet, le docteur Greist raconte l'histoire de Xaviera. Cette étudiante de vingt-huit ans préparait une deuxième maîtrise à l'université du Wisconsin. Elle vivait seule, sortait rarement en dehors de ses cours et se plaignait toujours de ne pas trouver un homme qui lui convienne. Son existence lui semblait vide et elle avait perdu espoir de voir cela changer un jour. Sa seule consolation, c'étaient les trois paquets de cigarettes qu'elle fumait chaque jour, en regardant les volutes de fumée s'élever dans les airs au lieu de se concentrer sur ses notes de cours. Elle fut à peine surprise lorsque le médecin du dispensaire de l'université lui annonça que son score sur une échelle de dépression était supérieur à celui de 90 % des patients du centre. Cela faisait deux ans que sa dépression durait, et aucun traitement ne lui semblait acceptable. Elle n'avait pas envie de parler de sa mère et de son père ni de ses problèmes avec une psychologue, et elle refusait de prendre des médicaments parce que, comme elle disait, « je suis peut-être déprimée, mais je ne suis pas malade ». Peut-être par défi, elle accepta néanmoins de prendre part à une étude qu'était en train de réaliser le médecin : elle devrait courir trois fois par semaine entre vingt et trente minutes, seule ou en groupe, selon sa préférence.

Lors de son premier rendez-vous avec son moniteur de jogging, elle se demanda si ce n'était pas une blague : comment pouvait-il s'imaginer qu'avec ses trois paquets de cigarettes par jour, son manque total d'exercice depuis l'âge de quatorze ans et ses dix kilos de trop, elle pouvait participer à une étude sur les effets du jogging ? La dernière fois qu'elle s'était laissé convaincre de faire du vélo, elle avait tenu dix minutes et avait cru qu'elle allait mourir. Elle s'était juré de ne jamais recommencer... Et puis l'idée qu'il fallait un *moniteur* pour apprendre à courir lui paraissait *encore plus* ridicule. Qu'y avait-il à apprendre ? Mettre un pied devant l'autre plus vite qu'en marchant ? Elle écouta quand même les conseils qu'on lui donnait. Ils devaient s'avérer absolument essentiels à sa réussite future : d'abord, il fallait faire de tout petits pas, trottiner plutôt que courir, en se penchant à peine vers l'avant, et sans lever trop les genoux. Il ne fallait surtout pas aller trop vite au point d'empêcher de poursuivre une conversation (« il faut pouvoir parler, mais pas chanter », lui répétait l'instructeur). Si elle s'essoufflait, il fallait ralentir, voire se mettre à seulement marcher d'un pas vif. Elle ne devait jamais ressentir ni douleur ni fatigue. L'objectif de départ était simplement de parcourir un kilomètre et demi, en prenant le temps qu'il fallait mais en essayant de trottiner autant que possible. Le fait d'être parvenue à atteindre, dès le premier jour, l'objectif qu'on lui avait fixé fut déjà un motif de satisfaction. Au bout de trois semaines, à raison de trois séances hebdomadaires, elle était devenue capable de garder son rythme de trot sur deux, puis trois kilomètres, sans trop de difficulté. Elle fut aussi bien obligée de constater qu'elle allait un peu mieux. Elle dormait mieux, avait plus d'énergie et passait bien moins de temps à s'apitoyer mentalement sur son sort. Elle progressa ainsi, se sentant chaque jour un peu mieux, pendant cinq semaines.

Et puis, un jour, elle força un peu trop sur la fin de son parcours et se foula la cheville. Pas assez pour être immobilisée, mais suffisamment pour être interdite de course à pied pendant trois semaines. Quelques jours plus tard, elle fut la première étonnée d'être déçue de ne pas pouvoir se rendre à sa séance de jogging. Une semaine encore sans courir et elle s'aperçut que ses symptômes de dépression commençaient à revenir : elle broyait du noir et était pessimiste à propos de tout. Cependant, lorsqu'elle put enfin reprendre ce qui était devenu « son » exercice, ses symptômes s'estompèrent de nouveau en quelques semaines. Elle ne s'était jamais sentie aussi bien. Même ses règles, d'habitude si douloureuses, semblaient passer plus vite. Lorsqu'elle reprit le jogging après trois semaines d'interruption, elle annonça à son moniteur, après avoir couru : « Je ne suis plus en forme, mais je sais que ça va revenir, et je me suis sentie mieux que la première fois que j'ai couru. »

Selon le docteur Greist, le médecin qui pilotait l'étude, longtemps après la fin de celle-ci on la voyait encore régulièrement courir le long d'un lac, avec un grand sourire. L'histoire ne dit pas si elle a arrêté de fumer ni si elle a trouvé le grand amour[5]...

L'extase du joggeur

La dépression est toujours associée à des idées noires, pessimistes, dévalorisantes pour soi et pour les autres, que l'on tourne inlassablement dans sa tête : « Je n'y arriverai jamais ; de toute façon, ça ne sert à rien d'essayer. Ça ne marchera pas ; je suis moche ; je ne suis pas assez intelligent(e) ; c'est toujours comme ça avec moi, je n'ai pas de chance ; je n'ai pas assez d'énergie, de force, de courage, de volonté, d'ambition, etc. ; je suis vraiment au fond du trou ; les gens ne m'aiment pas ; je n'ai aucun talent ; je ne mérite pas qu'on s'intéresse à moi ; je ne mérite pas d'être aimé(e) ; je suis malade, etc. »

Même lorsqu'elles sont terribles et injustement catégoriques (comme « je déçois toujours tout le monde », ce qui est forcément faux), le plus souvent elles sont devenues tellement automatiques que l'on ne voit même plus à quel point elles sont anormales ; l'expression d'une maladie de l'âme plutôt qu'une vérité objective. Depuis les années 1960 et les travaux du remarquable psychanalyste de Philadelphie, Aaron Beck – l'inventeur de la thérapie cognitive –, on sait que le simple fait de se répéter ces phrases entretient la dépression et que le fait de les arrêter volontairement met souvent les patients sur la voie de la guérison[6]. Une des caractéristiques de l'effort physique prolongé est qu'il permet justement d'arrêter, au moins de manière temporaire, ce flot incessant d'idées noires. Il est rare que celles-ci surviennent spontanément durant l'exercice et, si c'est le cas, il suffit de reporter son attention sur la respiration, ou sur la sensation des pas sur le sol, ou encore sur la conscience de sa colonne vertébrale qui se tient droite, et elles disparaissent d'elles-mêmes.

La plupart des joggeurs expliquent qu'au bout de quinze, trente minutes d'effort soutenu ils entrent dans un état où les pensées sont, justement, spontanément positives, même créatives. Ils sont moins conscients d'eux-mêmes et se laissent guider par le rythme de l'effort qui les soutient et les entraîne. C'est ce qu'on appelle couramment le « high », l'extase du joggeur, et que seuls atteignent ceux qui persévèrent durant plusieurs semaines. Cet état, même s'il est subtil, devient souvent addictif. De nombreux joggeurs ne peuvent plus, au bout d'un certain temps, se passer de leurs vingt minutes de course, même une seule journée.

La principale erreur que font les débutants lorsqu'ils reviennent, tout fiers, du magasin de sport avec leurs chaussures neuves, est de vouloir courir trop vite et trop longtemps.

Il n'y a ni vitesse ni distance magique. Comme l'a brillamment démontré Mikhail Csikszentmihalyi, le chercheur des « états de flux », ce qui permet d'entrer dans un état de « flux », c'est le fait de persévérer dans un effort qui nous maintient à la limite de nos capacités. À la *limite*, et pas plus. Pour quelqu'un qui commence à courir, ce sera forcément une distance courte et à petits pas. Plus tard, il devra courir plus vite ou plus longtemps pour rester « en flux », mais plus tard seulement.

Adidas contre Zoloft

Des chercheurs de l'université Duke ont récemment réalisé une étude comparative du traitement de la dépression par le jogging et par un antidépresseur moderne très efficace : le Zoloft. Après quatre mois de traitement, les patients des deux groupes se portaient exactement aussi bien. La prise du médicament n'offrait aucun avantage particulier par rapport à la pratique régulière de la course à pied. Même le fait de prendre le médicament *en plus* du jogging n'ajoutait rien. Par contre, après un an, il y avait une différence notable entre les deux types de traitement : plus d'un tiers des patients qui avaient été soignés par le Zoloft avaient rechuté ; alors que 92 % de ceux qui avaient été soignés par le jogging se portaient encore parfaitement bien[7]. Il est vrai qu'ils avaient décidé d'eux-mêmes de continuer à faire de l'exercice même lorsque l'étude a pris fin.

Une autre étude de Duke a montré qu'il n'était pas nécessaire d'être jeune ni en bonne santé pour tirer avantage de l'exercice physique. Pour des patients déprimés ayant entre cinquante et soixante-dix-sept ans, le simple fait d'effectuer trente minutes de « marche vive », sans courir, trois fois par semaine, produisait au bout de quatre mois exactement le même effet que la prise d'un antidépresseur. La

175

seule différence était que l'antidépresseur soulageait les symptômes un peu plus vite mais pas plus en profondeur[8].

Non seulement l'exercice physique régulier permet de guérir d'un épisode de dépression, mais il permet probablement aussi de les éviter. Dans une population de sujets normaux, ceux qui faisaient de l'exercice au début de l'étude avaient nettement moins de chances de connaître un épisode dépressif au cours des vingt-cinq années suivantes[9].

J'ai bien connu ces deux aspects de l'exercice, le traitement des symptômes autant que la prévention, pour en avoir moi-même fait l'expérience. Lorsque je suis arrivé en Amérique à l'âge de vingt-deux ans, je ne connaissais presque personne. Les premiers mois s'étaient remplis d'eux-mêmes avec toutes les activités habituelles des immigrants. En plus des études, très prenantes, il fallait dénicher un appartement, puis emménager. C'était plutôt sympathique, au début, de tout recommencer de zéro, et sans parents pour me dire ce que je devais faire ou pas, ce qui allait et ce qui n'allait pas. Je me rappelle le plaisir de cette liberté ; du bonheur simple d'acheter des rideaux, ou même une poêle, pour la première fois. Mais après quelques mois, une fois installé et prisonnier de la routine des études, ma vie s'est trouvée singulièrement dépourvue de plaisirs. Sans ma famille, sans mes amis, sans ma culture, sans mes « endroits », j'ai compris subitement que mon âme s'était desséchée imperceptiblement. Je me souviens en particulier d'un soir où plus rien ne semblait avoir d'importance ni de sens ; il ne me restait que la musique classique, que j'écoutais inlassablement au lieu de me plonger dans mes livres de cours. Je me disais même que le seul métier qui pouvait avoir du sens dans un monde aussi froid et indifférent était celui de chef d'orchestre. Comme je n'avais pas la moindre chance d'y parvenir, cela ne faisait qu'aggraver mon pessimisme d'immigrant isolé. Après plusieurs semaines de ce régime, j'ai fini par réaliser que, si je ne réagissais pas, j'allais rater mes examens et que, là, j'aurais de vraies raisons de déprimer. Avoir tout quitté pour venir échouer en Amérique, c'était trop idiot. Je ne savais pas très bien par où commencer, mais je savais qu'il me fallait de toute façon secouer cette torpeur qui me faisait passer des heures assis à ne rien faire d'autre que d'écouter toujours les mêmes cassettes. Je m'étais mis au squash à Paris avant mon départ et j'avais même emporté ma raquette. C'est elle qui m'a sauvé.

Je me suis d'abord inscrit dans un club. Pendant les deux premières semaines, rien n'a changé, sauf qu'il y avait à présent dans ma vie une activité que j'anticipais avec plaisir. Je savais que, au moins trois fois par semaine, j'aurais du plaisir à me dépenser physiquement et en prenant ensuite une longue douche bien méritée. Évidemment, grâce au squash, j'ai aussi rencontré des gens qui m'ont invité chez eux et, petit à petit, j'ai construit une vie sociale un peu plus riche. Pendant longtemps, je n'ai pas su si c'était l'exercice qui m'avait aidé ou mes nouveaux amis. Mais ça n'avait pas tellement d'importance. Je me sentais infiniment mieux et j'étais remis en selle. Plus tard, j'ai appris que, même dans les moments les plus difficiles, si je faisais vingt minutes de course à pied au moins tous les deux jours, le plus souvent seul, j'étais bien mieux armé pour faire face et que je pouvais, en tout cas, éviter les affres de la dépression. Et rien de ce que j'ai pu apprendre depuis ne m'a fait changer jusqu'à aujourd'hui ce qui est ma « première ligne de défense » contre les aléas de la vie.

Stimuler le plaisir

Par quelles mystérieuses voies l'exercice a-t-il un tel impact sur le cerveau émotionnel ? Il y a d'abord, bien sûr, son effet sur les endorphines. Ce sont de petites molécules sécrétées par le cerveau et qui ressemblent beaucoup à

177

l'opium et à ses dérivés comme la morphine et l'héroïne. Le cerveau émotionnel contient de multiples récepteurs pour les endorphines[10], et c'est d'ailleurs la raison pour laquelle il est si sensible à l'opium qui donne immédiatement une sensation diffuse de bien-être et de satisfaction. L'opium est même l'antidote le plus fort qui soit contre la douleur de la séparation ou du deuil[11]. Comme un pirate, l'opium détourne un des mécanismes intrinsèques du bien-être et du plaisir dans le cerveau.

Toutefois, lorsqu'on les utilise trop fréquemment, les dérivés de l'opium entraînent une « habituation », une accoutumance des récepteurs du cerveau. Du coup, il faut augmenter la dose chaque fois pour obtenir le même effet. En outre, comme les récepteurs sont de moins en moins sensibles, les petits plaisirs quotidiens perdent toute leur signification ; y compris la sexualité, qui est le plus souvent réduite à néant chez les toxicomanes.

C'est l'inverse qui se passe avec la sécrétion d'endorphines induite par l'exercice physique. Plus le mécanisme naturel du plaisir est ainsi stimulé, en douceur, plus il semble devenir sensible. Et les gens qui font régulièrement de l'exercice tirent *plus* de plaisir des petites choses de la vie : de leurs amis, de leur chat, des repas, de leurs lectures, du sourire d'un passant dans la rue. C'est comme s'il était plus facile pour eux d'être satisfaits. Or, avoir du plaisir, c'est justement l'inverse de la dépression, laquelle est avant tout définie par l'absence de plaisir, bien plus que par la tristesse. C'est sans doute pour cette raison que la libération d'endorphines a un effet antidépresseur et anxiolytique si prononcé[12].

Lorsqu'on stimule de la sorte, par des voies naturelles, le cerveau émotionnel, cela stimule également l'activité du système immunitaire en favorisant la prolifération des cellules « natural killer », en les rendant plus agressives contre les infections et les cellules cancéreuses[13] (voir l'illustration en couleurs des cellules tueuses dans le cahier

central, figure 1). C'est l'inverse qui se produit chez les héroïnomanes, dont les défenses immunitaires s'effondrent...

L'autre mécanisme possible est tout aussi intrigant et
rejoint ce que nous avons vu à propos de la cohérence du
rythme cardiaque : les gens qui font de l'exercice régulièrement ont une plus grande variabilité du rythme cardiaque
et plus de cohérence que ceux qui sont sédentaires[14]. Cela
veut dire que leur système parasympathique, le « frein »
physiologique, qui induit des périodes de calme, est plus sain
et plus fort. Un bon équilibre des deux branches du système
nerveux autonome est un des meilleurs antidotes qui soient
contre l'anxiété et les attaques de panique. Tous les symptômes de l'anxiété trouvent leur origine dans une activité
excessive du système sympathique : bouche sèche, accélération du cœur, suées, tremblements, augmentation de la
tension artérielle, etc. Comme les systèmes sympathique et
parasympathique sont toujours en opposition, plus on stimule
le parasympathique, plus il se renforce, comme un muscle
qui se développe, et il bloque tout simplement les manifestations de l'anxiété.

Il existe un tout nouveau traitement de la dépression qui
est encore à l'étude dans les plus grands centres de psychiatrie biologique expérimentale. Il s'agit de la stimulation
du système parasympathique par un appareil implanté sous
la peau. Tels ces appareils qui sont censés vous muscler
pendant que vous regardez la télévision en faisant se
contracter les abdominaux par une petite décharge électrique,
ce traitement futuriste prétend activer les propriétés bénéfiques du système parasympathique sans effort de la part du
patient. Plusieurs études préliminaires chez des patients qui
n'ont réagi à aucun autre traitement semblent très prometteuses[15]. Je pense pour ma part qu'on peut probablement
parvenir exactement au même résultat par l'exercice physique
et la pratique de la cohérence cardiaque, même si cela reste

réservé aux patients qui sont encore capables de se motiver suffisamment pour entreprendre de telles activités.

Les clés du succès

Même lorsqu'on est convaincu de l'importance d'un exercice régulier, rien n'est plus difficile que de l'intégrer dans son quotidien. Encore plus lorsque vous êtes déprimé ou stressé. Pourtant, quelques secrets très simples rendent plus facile le passage à une vie physiquement plus active.

Tout d'abord, il faut savoir qu'il n'est pas nécessaire d'en faire beaucoup. L'important c'est que l'exercice soit régulier. Selon différentes études, la quantité minimale qui ait un effet sur le cerveau émotionnel est vingt minutes d'exercice trois fois par semaine. La durée semble avoir de l'importance, mais pas la distance parcourue ni l'intensité de l'effort. Il suffit que l'effort soit soutenu au niveau où l'on peut encore parler sans pouvoir chanter. Comme pour certains médicaments, les bienfaits, par contre, peuvent être proportionnels à la « dose » d'exercice. Plus les symptômes de dépression ou d'anxiété sont sévères, plus il faut être régulier et intense. Cinq séances par semaine sont préférables à trois, et une heure de cycling a plus de chances d'être efficace que vingt minutes de marche soutenue. Toutefois, le pire est d'essayer par exemple le cycling, de s'essouffler et se fatiguer, et de ne plus y retourner. Dans ce cas, les vingt minutes de marche seront infiniment plus efficaces !

Il faut commencer doucement et laisser votre corps vous guider. Le but est d'entrer dans l'état de flux décrit par Csikszentmihalyi. Pour cela, il suffit d'être toujours à la limite de ses capacités, et pas plus. La limite des capacités, c'est la porte d'entrée de l'état de « flux ». Quand les capacités augmenteront, ce qui est une conséquence naturelle de l'entraînement, il sera toujours temps de courir plus et plus vite. De ce point de vue, les études disponibles ne tranchent pas entre les formes d'exercice dites « aérobiques », comme la course, la natation, le vélo, le tennis, etc., qui ont tendance à essouffler, et l'exercice dit « anaérobique », comme la musculation. Un grand article de *British Medical Journal* suggère que les deux semblent être aussi efficaces[16].

Ensuite, la plupart des études suggèrent que l'exercice collectif est encore plus efficace que l'exercice individuel. Le soutien et les encouragements des autres, voire simplement l'émulation, au sein d'un groupe qui s'adonne à la même activité, font une grosse différence. Ne serait-ce tout simplement que parce que cela nous motive les jours où il pleut, où on est en retard, où il y a un bon film à la télé, et ainsi de suite... Les gens qui font de l'exercice en groupe se plient mieux à l'impératif de régularité si crucial pour la réussite.

Enfin, il faut choisir une forme d'exercice qui vous amuse. Plus l'exercice est ludique, plus il est facile de s'y tenir. Aux États-Unis, par exemple, il existe dans de nombreuses entreprises des équipes informelles de basket qui se réunissent trois fois par semaine pendant une heure à la fin de la journée. Mais cela peut aussi être du football, à condition que tout cela soit régulier (et que l'on ne se retrouve pas systématiquement à faire le gardien de but). Si vous aimez la natation et détestez courir, ne vous forcez pas à faire du jogging. Vous ne vous y tiendrez pas.

Un conseil qui s'est avéré très utile pour plusieurs de mes patients a été de rendre ludique la pratique du vélo stationnaire ou du tapis de jogging à la maison grâce à leur magnétoscope ou à leur lecteur de DVD. Il suffit de faire l'exercice en face d'un film d'action et de ne s'autoriser à le regarder qu'aussi longtemps qu'on continue. Cette méthode a plusieurs avantages : d'abord, les films d'action – comme la musique dansante – ont tendance à nous activer physiologiquement, et donc nous donnent envie de bouger. Deuxièmement, un bon film a un effet hypnotique qui nous fait oublier le temps qui passe, et les vingt minutes réglementaires s'écoulent bien avant qu'on ait pensé à regarder sa montre. Enfin, comme il est interdit de continuer à visionner le film si on s'arrête, le suspense donne envie de recommencer le lendemain, ne serait-ce que pour connaître la suite... (Comme les machines font du bruit et que l'exercice gêne plutôt la concentration, il est préférable d'éviter les films intimistes... Par ailleurs, le rire n'étant pas compatible avec l'effort physique, il vaut mieux éviter également les comédies...)

Se tourner vers les autres

Jusqu'ici, nous n'avons considéré que des voies d'accès au cerveau émotionnel centrées sur l'individu. Que ce soit la cohérence du rythme cardiaque, l'EMDR, la simulation de l'aube, l'acupuncture, la nutrition ou l'exercice, toutes ces méthodes prennent l'individu comme mesure et comme cible. Toutefois, le cerveau émotionnel n'a pas seulement pour rôle de contrôler la physiologie intérieure du corps. Son autre fonction, non moins importante, est de surveiller l'équilibre de nos relations affectives et de s'assurer que nous avons toujours notre place dans la horde, le groupe, la tribu, ou la famille. L'anxiété et la dépression sont souvent des signaux de détresse qu'émet le cerveau émotionnel lorsqu'il détecte une menace pour notre équilibre social. Pour l'apaiser et vivre en harmonie avec lui, il faut gérer avec plus de grâce nos relations avec autrui. En fait, il suffit d'utiliser quelques principes d'hygiène affective. Ils sont aussi simples et efficaces que très généralement ignorés.

11

L'amour est un besoin biologique

Le défi émotionnel

La mère de Marie lui rend son bulletin scolaire : « Tu es nulle. Tu n'arriveras jamais à rien. Heureusement que j'ai ta sœur. » La femme de Jacques brise une assiette sur le bord de l'évier : « Vas-tu enfin m'écouter ! J'en ai marre de crier ! Comment peut-on être aussi égoïste ? » Quelques jours à peine après avoir été engagé, Edgar se renseigne dans un département de sa nouvelle entreprise qui n'est pas le sien. Un collègue inconnu s'approche de lui et dit : « Je ne sais pas qui vous êtes, mais vous n'avez rien à faire ici. C'est mon territoire, alors foutez le camp ! » Pour la troisième fois cette semaine, les voisins de Sophia font la fête jusqu'à deux heures du matin. Le lendemain, elle sort les poubelles à sept heures en faisant le plus de bruit possible. « Ça leur apprendra... », marmonne-t-elle.

Rien ne fait autant grincer des dents notre cerveau émotionnel que les conflits avec ceux et celles qui font partie de notre environnement direct. Qu'on le veuille ou non, même les conflits avec nos voisins – qui sont, après tout, des « étrangers » – peuvent nous affecter autant qu'un crissement d'ongles sur un tableau noir.

Par contre, notre cœur fond devant le spectacle d'un

enfant souriant qui prend la main de son père pour lui dire, en le regardant dans les yeux : « Je t'aime, papa. » Ou devant la femme âgée sur son lit de mort qui regarde son mari et lui confie : « J'ai été très heureuse avec toi. Je n'ai rien à regretter. Je peux partir en paix. Et quand tu sentiras le vent sur ton visage, souviens-toi que c'est moi qui suis venue t'embrasser. » Ou encore devant le réfugié qui serre contre lui le médecin d'une organisation humanitaire et lui déclare : « Vous êtes un envoyé de Dieu. J'ai eu tellement peur, et vous avez sauvé ma fille ! »

Dans un cas comme dans l'autre, nous réagissons au rapport affectif entre des êtres. Quand les gens se font violence émotionnellement, nous en souffrons, même lorsque nous ne sommes que de simples témoins. Quand ils se disent ce qu'ils ressentent (« je t'aime », « j'ai été heureuse » », « j'ai eu peur ») et qu'ils utilisent ce ressenti pour se rapprocher, pour se toucher le cœur, nous sommes émus. Les réalisateurs de cinéma et les publicitaires ont une intuition parfaite de ce qui nous fait réagir dans ce domaine. On essaie de nous faire acheter du café, par exemple, en nous suggérant que son arôme rapproche les amis, les couples, ou une mère et sa fille. Cela est vrai à un point tel que des déprimés déclarent avoir souvent les larmes aux yeux pendant les intermèdes publicitaires à la télévision. Le plus souvent, ils ne comprennent pas pourquoi. C'est simplement parce qu'ils viennent d'être témoins d'une scène d'affection entre deux êtres, et c'est précisément ce sentiment de connexion, d'intimité, qui leur manque le plus.

Selon des études préalablement citées, la France aurait un des taux de dépression les plus élevés de la planète (à égalité avec le Liban, qui a connu vingt-cinq ans de guerre civile). Nous sommes aussi les plus grands consommateurs d'antidépresseurs au monde. Ces statistiques sont à peine croyables pour un pays qui vit en paix depuis quarante ans, dont la plus grande partie de la population bénéficie de conditions matérielles confortables, où le climat est idéal, les villes et la campagne belles, et la culture profonde. C'est tellement incroyable que nous préférons généralement ne pas y penser... tout en prenant du Prozac. Nous nous disons que tout ça finira bien par s'arranger, un jour. Seulement voilà : ça ne s'arrange pas. Depuis trente ans, le taux de dépression ne cesse d'augmenter dans les sociétés occidentales. Au cours des dix dernières années, la consommation d'antidépresseurs a doublé dans notre pays. Si on me demandait par où commencer pour inverser cette tendance, je répondrais qu'il faudrait s'attaquer à la violence des rapports quotidiens, autant dans le couple, avec nos enfants ou nos voisins, que sur le lieu de travail[1].

Il y a trente-cinq ans, mon père, journaliste, a écrit un livre intitulé *Le Défi américain*. Il y dénonçait le retard que l'Europe avait pris dans certains aspects essentiels du fonctionnement de l'entreprise par rapport aux entreprises les plus en pointe aux États-Unis, principalement l'automatisation par l'informatique et les techniques modernes de management. Aujourd'hui, après vingt ans passés en Amérique, ayant fait le choix de rentrer en France, je suis frappé par la nouvelle nature du défi. La vraie différence dans la culture d'entreprise des deux sociétés n'est plus dans l'informatique ou la gestion, mais dans le fait que les meilleures entreprises américaines, que ce soit des universités, des centres de recherche, ou certaines chaînes de grande distribution, ont réinventé la nature des relations humaines au travail. Elles ont saisi l'importance de l'intelligence émotionnelle, du travail d'équipe, du respect de l'intégrité de l'autre, des encouragements (le « feedback positif »). Elles ont compris que rien n'est plus mauvais pour l'entreprise que la violence inutile des rapports entre les gens, alors que ces relations, toutes nos relations, forment le tissu même du bien-être. D'autant plus que quelques idées aussi

simples que puissantes permettent de les transformer complètement pour le meilleur.

La physiologie de l'affection

Il y a toute une partie du cerveau émotionnel qui
distingue les mammifères des reptiles. Du point de vue de
l'évolution, la différence essentielle est que les mammifères
mettent au monde une descendance vulnérable et incapable
de survivre pendant plusieurs jours, semaines ou années sans
l'attention constante de ses parents. Le cas extrême étant
l'espèce humaine, dont les bébés sont le plus immatures et
nécessitent l'investissement parental le plus long. Chez nous,
comme chez tous les mammifères, l'évolution a donc créé
des structures limbiques du cerveau qui nous rendent particulièrement sensibles aux besoins de nos enfants*. L'évolution
a câblé dans notre cerveau l'instinct qui nous fait répondre à
leurs besoins : les nourrir, les tenir au chaud, les caresser, les
protéger, leur montrer comment cueillir, comment chasser,
comment se défendre. C'est cet appareillage, construit pour
assurer une relation indispensable à la survie de l'espèce – et
donc particulièrement robuste et efficace – qui est à la base
de notre profonde capacité à former des liens sociaux, à
« entrer en relation » avec les autres : famille, horde,
tribu, etc.

Une région spécifique de notre cerveau émotionnel est
même responsable des cris de détresse que nous émettons
– bébés – dès que nous sommes séparés de ceux auxquels
nous sommes attachés[2]. Elle est aussi responsable de notre
réaction instinctive à ces cris. Dès la naissance, le cerveau

---

* Les oiseaux partagent ces régions limbiques avec les mammifères même
s'ils sont ovipares, à cause de la dépendance extrême, pour eux aussi, de leur
progéniture à la naissance sur l'investissement parental.

émotionnel du bébé appelle : « Es-tu là ? » Et, encore et encore, celui de la mère lui répond : « Oui, je suis là ! » Ces cris et notre réponse instinctive constituent l'« arc réflexe » des relations entre les êtres, qu'ils soient animaux ou humains, la base sur laquelle se sont bâtis toute la communication vocale, tout le chant des oiseaux, tous les meuglements, barrissements, hululements, aboiements, miaulements, piaillements, puis toute la poésie et les chansons des humains. C'est sans doute là que trouve ses racines la remarquable capacité de la musique à évoquer des émotions : elle agit directement sur le cerveau émotionnel – bien mieux que ne le font les mots ou les mathématiques.

Chez les reptiles, cette communication limbique n'existe pas. Et c'est tant mieux pour eux, en un sens : si les bébés lézards, crocodiles ou serpents faisaient savoir à leurs parents où ils étaient, ils se feraient manger tout crus. *Idem* pour les requins, alors que les mamans dauphins ou baleines communiquent constamment par les sons avec leurs petits, et que ces mammifères marins ont des chants que certains scientifiques n'hésitent pas à comparer au langage. De fait, il est possible d'entretenir des relations affectives avec presque tout mammifère et avec bon nombre d'oiseaux (les perruches et les perroquets sont parmi les animaux domestiques les plus affectueux), mais ni un boa ni un iguane ne répondront de la même façon à l'amour que vous pourrez leur manifester...

Le cerveau émotionnel est donc construit pour émettre et recevoir sur le canal de l'affect. Il s'avère que ce type de communication joue un rôle essentiel pour la survie de l'organisme, et pas seulement en ce qui concerne la nourriture et la chaleur. Le contact émotionnel est, pour les mammifères, un véritable *besoin* biologique, au même titre que la nourriture et l'oxygène. Ce que la science a redécouvert à son insu.

L'amour est un besoin biologique

Dans les années 1980, les progrès de la réanimation ont permis de garder en vie des nouveau-nés de plus en plus prématurés. Dans des couveuses hermétiques munies de lampes à ultraviolets, les conditions de vie artificielles peuvent être réglées avec la précision nécessaire à la survie de ces petites formes humaines que les internes appellent avec une dérision affectueuse « les petites crevettes ». Mais on s'est aperçu à l'époque que le système nerveux fragile de ces bébés supportait mal les manipulations rendues nécessaires par les soins. On a alors appris à les soigner sans contact physique. Et des écriteaux ont été installés sur les couveuses : « NE PAS TOUCHER ».

Les cris de détresse que l'on entendait malgré l'insonorisation des couveuses étreignaient même le cœur des infirmières les plus blasées, mais elles les ignoraient de manière disciplinée. Seulement voilà, malgré la température idéale, les conditions d'oxygène et d'humidité parfaitement établies, une alimentation mesurée en milligrammes et des UV..., les nourrissons ne grandissaient pas ! Scientifiquement, c'était un mystère, presque un affront. Comment, dans des conditions aussi parfaites, la nature refusait-elle de coopérer ?

Médecins et chercheurs s'interrogeaient et se rassuraient comme ils le pouvaient en constatant qu'une fois sortis de la couveuse, les enfants – c'est-à-dire ceux qui avaient survécu – rattrapaient leur poids rapidement. Mais un jour, dans une unité de néonatalogie américaine, on a remarqué que certains bébés, bien qu'encore en couveuse, semblaient grandir normalement. Rien pourtant n'avait été changé dans les protocoles de soins. Rien... ou presque.

Une enquête a en effet révélé, au grand étonnement des cliniciens, que tous les enfants qui grandissaient étaient suivis par une même infirmière de nuit qui venait de commencer à travailler dans le service. Interrogée, la jeune femme a d'abord hésité puis a fini par avouer : elle était incapable de résister aux pleurs de ses petits patients. D'abord avec inquiétude, puisque c'était interdit, puis avec une assurance croissante au vu des résultats, elle avait entrepris quelques semaines plus tôt de caresser le dos des bébés pour calmer leurs pleurs. Comme aucune des réactions négatives contre lesquelles on l'avait mise en garde ne se produisait, elle avait continué.

Depuis, à l'université Duke, le professeur Schonberg et son équipe ont confirmé ce résultat dans une série d'expériences réalisées sur des bébés rats isolés à la naissance. Ils ont prouvé qu'en l'absence de contact physique c'est chaque cellule de l'organisme qui refuse littéralement de se développer. Dans toutes les cellules, la partie du génome responsable de la production des enzymes nécessaires à la croissance cesse de s'exprimer, et le corps dans son ensemble entre dans une sorte d'hibernation. Par contre, si l'on caresse doucement le dos de chaque petit raton de douces lampées à l'aide d'un pinceau humide imitant les coups de langue que prodigue toute maman rat en réponse aux appels de ses petits, la production des enzymes reprend immédiatement, ainsi que la croissance. Le contact émotionnel est bel et bien un facteur nécessaire à la croissance, et même à la survie[3] !

Dans les premiers orphelinats modernes, vers le milieu du XX⁰ siècle, on ordonnait aussi aux infirmières, par crainte des maladies contagieuses, de ne pas toucher les enfants ni de jouer avec eux. Malgré les soins impeccables qu'ils recevaient sur les plans physique et alimentaire, 40 % de ceux qui attrapaient la rougeole en mouraient. À l'extérieur de ces orphelinats si « hygiéniques », moins d'un *enfant sur cent* succombait à cette maladie généralement bénigne[4].

En 1981, David Hubel et Torsten Wiesel, deux chercheurs de Harvard, ont reçu le prix Nobel de médecine pour leurs travaux fondateurs sur le fonctionnement du système visuel. Ils ont, entre autres, établi que le cortex visuel ne se développe normalement que s'il est suffisamment stimulé pendant une période critique, au tout début de la vie[5]. Aujourd'hui, nous sommes en train de découvrir qu'il en va de même pour le cerveau émotionnel. Les épouvantables orphelinats roumains, où les enfants étaient parfois attachés à leur lit et nourris comme des animaux, ont apporté au cours des dernières années une autre démonstration éclatante de ce qui arrive aux petits de notre espèce lorsqu'ils ne reçoivent pas de nourriture affective : la plupart en meurent. Depuis, des chercheurs de Detroit ont montré que, chez les petits orphelins roumains qui ont survécu, le cerveau émotionnel est souvent atrophié, sans doute de manière irréversible[6].

C'est par hasard que le docteur Hofer a découvert comment la physiologie des mammifères se désorganise quand les relations affectives se dégradent. Il étudiait la physiologie des bébés rats lorsqu'un matin il s'aperçut qu'une des mamans rats avait quitté sa cage durant la nuit. Les petits rats laissés à eux-mêmes avaient un rythme cardiaque deux fois inférieur à la normale. Hofer avait d'abord pensé que cela devait être dû au manque de chaleur. Pour vérifier son hypothèse, il a donc enveloppé un petit appareil chauffant dans une chaussette et l'a posé au milieu des petits ratons sans poil. À sa grande surprise, cela n'a rien changé. D'expérience en expérience, Hofer a pu montrer que ce n'était pas seulement le rythme cardiaque qui était lié à la présence régulatrice de la mère (en fait, à l'expression de son amour maternel), mais plus de quinze fonctions physiologiques, dont les périodes de sommeil et de réveil nocturne, la tension artérielle, la température du corps, et même l'activité de cellules immunitaires comme les lymphocytes B et T, défenseurs de l'organisme contre toutes les infections (voir figure 5)[7]. Au bout du compte, il est parvenu à ce résultat étonnant : la principale source de régulation biologique pour ces bébés rats était... l'amour de leur mère.

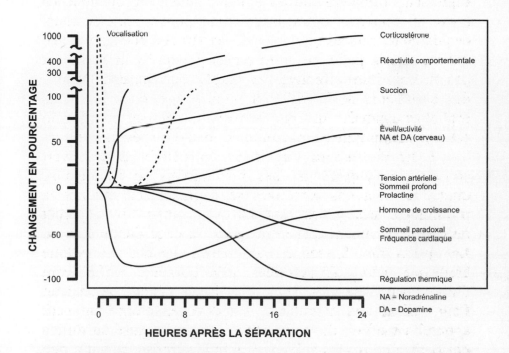

Figure 5 : L'amour maternel et la physiologie du nouveau-né. – Au cours des heures qui suivent sa séparation d'avec la mère, la physiologie d'un petit raton vole littéralement en éclats. Dans l'état « normal », les différentes fonctions corporelles du petit raton sont alignées les unes par rapport aux autres. Après la séparation, tout se dérègle, comme si les mailles serrées de la physiologie du nouveau-né se désarticulaient. (Cette illustration est inspirée de Hofer, 1995.)

Chez les humains, on a établi que la qualité de la relation entre les parents et leur enfant, définie par le degré d'empathie des parents et leur réponse à ses besoins émotionnels, détermine, plusieurs années plus tard, la tonicité de son système parasympathique, c'est-à-dire le facteur précis qui favorise la cohérence du rythme cardiaque et permet de mieux résister au stress et à la dépression[8]...

« Votre femme vous manifeste-t-elle son amour ? »

Il est donc à présent établi que chez tous les mammifères, y compris les humains, l'équilibre physiologique des tout-petits dépend de l'affection qu'on leur porte. Est-il vraiment surprenant que cela soit vrai aussi pour les adultes ?

Une étude parue dans le *British Medical Journal* a montré que la survie moyenne d'hommes âgés ayant perdu leur femme était de loin inférieure à celle d'hommes du même âge dont l'épouse était encore en vie[9]. Selon une autre étude, les hommes atteints de maladies cardio-vasculaires ayant répondu « oui » à la question « Votre femme vous manifeste-t-elle son amour ? » avaient deux fois moins de symptômes que les autres. Et plus ces hommes accumulaient les facteurs de risque (cholestérol, hypertension, stress), plus l'amour de leur femme semblait avoir un effet protecteur[10]. Phénomène inverse : huit mille cinq cents hommes en bonne santé ont été suivis pendant cinq ans. Ceux qui, au début de l'enquête, se reconnaissaient dans l'affirmation « Ma femme ne m'aime pas » ont développé trois fois plus d'ulcères que les autres. Selon cette étude, mieux vaut être fumeur, hypertendu ou stressé que de ne pas être aimé par sa femme[11]. Chez les femmes, les bienfaits du soutien émotionnel sont tout aussi importants. Sur mille femmes à qui l'on venait de diagnostiquer un cancer du sein, on a recensé deux fois plus de décès au bout de cinq ans parmi celles qui disaient manquer d'affection dans leur vie[12]. Même chez les femmes bien-portantes, celles qui se sentent souvent « méprisées » par leur mari ont plus fréquemment des rhumes, des cystites et des troubles intestinaux que celles dont la vie de couple est harmonieuse[13]. Les femmes qui vivent ensemble, ou même qui partagent simplement un bureau, voient souvent leurs cycles menstruels se synchroniser[14]. Mais le phénomène est renforcé lorsqu'il existe entre elles un véritable lien affectif, lorsqu'elles sont amies plutôt que de simples colocataires ou collègues.

La leçon de toutes ces études est simple : la physiologie des mammifères sociaux n'est pas indépendante de tout le reste. À chaque instant, sa régulation optimale dépend des relations que nous avons avec autrui, surtout avec les gens qui nous sont proches émotionnellement. Dans un superbe petit livre sur le cerveau émotionnel et ses fonctions, poétiquement intitulé *Une théorie générale de l'amour*, trois psychiatres de l'université de San Francisco, Lewis, Amini et Lannon, ont donné un nom à ce phénomène : la régulation limbique. Dans leurs mots : « La relation [affective] est un concept aussi réel et aussi déterminant que n'importe quel médicament ou intervention chirurgicale[15]. »

Mais, de toute évidence, c'est une idée qui a encore du mal à passer. Même si elle est parfaitement établie scientifiquement, peut-être parce qu'elle ne fait pas vendre de médicament.

Quand les animaux nous soignent

À l'hôpital, à Pittsburgh, on me demandait souvent mon avis avant de laisser rentrer chez elle une personne âgée déprimée qui avait eu un pontage ou qui se remettait d'une fracture du col du fémur. En général, j'étais le dernier à être consulté, et les collègues qui m'avaient précédé avaient déjà prescrit une longue liste de médicaments : antiarythmiques, antihypertenseurs, anti-inflammatoires, antiacides, etc. On attendait que je joue mon rôle et que j'ajoute mon « anti » à moi : un antidépresseur ou un anxiolytique (anti-anxiété)...

Le plus souvent, toutefois, la cause de la dépression était claire : ce vieux monsieur ou cette vieille dame vivait seul depuis des années, ne sortait plus beaucoup à cause d'une santé fragile, ne voyait plus ses enfants ni ses petits-enfants, qui étaient partis s'installer en Californie, à Boston ou à New York, ne jouait plus au bingo avec ses amis et se laissait dépérir en regardant la télévision. Pour quelle raison ce patient aurait-il envie de s'occuper de lui ? Et quand bien même un antidépresseur lui aurait fait du bien, le prendrait-il tous les jours ? Sans doute pas plus que ses autres pilules, déjà si difficiles à distinguer les unes des autres et à absorber comme prescrit... Je n'avais pas vraiment envie d'ajouter mon grain de sel à cette confusion. Les médicaments ne sont pas des « régulateurs limbiques ». Alors, prenant mon courage à deux mains, j'inscrivais ma recommandation dans le dossier médical : « Pour ce qui est de sa dépression, le plus bénéfique pour ce patient serait de se procurer un chien (un petit chien, cela va de soi, pour minimiser les risques de chute). Si le patient soutient que ce sera trop de travail, un chat fera l'affaire, lequel n'a pas besoin d'être sorti. Si cela lui semble toujours trop, un oiseau, ou bien un poisson. Si le patient refuse toujours, alors une belle plante d'appartement. »

Au début, je recevais des coups de fil un peu irrités des internes des services de chirurgie orthopédique ou cardio-vasculaire : « Nous vous avons consulté pour que vous nous recommandiez un antidépresseur, pas une ménagerie ! Que voulez-vous qu'on mette sur son ordonnance ? On ne trouve pas d'animaux domestiques chez le pharmacien ! » Et en dépit de mes explications qui ne semblaient convaincre que moi-même, ils finissaient invariablement par prescrire eux-mêmes un antidépresseur. Sans doute étaient-ils convaincus d'avoir ainsi soutenu la cause de la médecine moderne et scientifique face à l'obscurantisme toujours menaçant d'une médecine de « bonne femme »...

J'ai vite compris que mon approche n'était pas efficace et que je finirais par me faire une très mauvaise réputation. J'ai donc eu recours à une feuille préimprimée sur laquelle j'avais résumé différentes études scientifiques sur le sujet, et que je joignais à mes conclusions dans le dossier médical. J'espérais ainsi porter à la connaissance de mes collègues certains résultats remarquables qu'ils semblaient ignorer. Comme ceux de cette étude publiée dans l'*American Journal of Cardiology*, selon laquelle des hommes et des femmes dont l'infarctus avait été accompagné de dangereuses arythmies avaient été suivis pendant plus d'un an. Ceux qui possédaient un animal domestique avaient *six fois moins* de chances de mourir dans l'année suivante que les autres [16]. Ou encore ceux de cette autre étude, selon laquelle les personnes âgées ayant un animal domestique avaient une bien meilleure résistance psychologique aux difficultés de la vie et consultaient beaucoup moins souvent leur médecin [17]. Sans oublier cette autre étude d'un groupe de Harvard selon laquelle le simple fait de s'occuper d'une plante réduisait de moitié la mortalité des pensionnaires en maison de retraite [18]. Ni celle portant sur des malades du sida, qui montrait que les propriétaires d'un chien ou d'un chat étaient plus à l'abri de la dépression [19]. Enfin, je faisais référence à l'évangile de mes interlocuteurs : le sacro-saint *Journal of the American Medical Association*. Cette revue avait publié en 1996 une étude montrant que les gens handicapés au point de ne presque plus pouvoir se déplacer – comme ces patients âgés qu'on me demandait de voir – étaient plus heureux, avaient une meilleure estime de soi et un réseau de relations nettement plus développé s'ils étaient accompagnés d'un chien [20]. En fait, il a même été prouvé que la simple présence à vos côtés d'un animal vous rend « plus attirant » aux yeux des autres[21].

Même les courtiers en Bourse se portent mieux s'ils ont un animal domestique. C'est un des métiers les plus stressants qui soient : constamment victimes des fluctuations du marché, sur lequel ils n'ont aucune prise, ils doivent, malgré tout, remplir leurs quotas de ventes. Quoi d'étonnant qu'une bonne partie d'entre eux souffre précocement d'hypertension artérielle ? Le docteur Allen, de l'université de Buffalo, a procédé à une étude peu conventionnelle sur un groupe de courtiers de sa ville. Les antihypertenseurs qu'on leur prescrivait faisaient bien redescendre leur tension en dessous du seuil alarmant de 16/10 auquel elle pouvait monter. Toutefois, cela n'empêchait pas les poussées de tension dans les moments de stress. Le docteur Allen a proposé à la moitié d'entre eux de prendre chez eux un chien ou un chat. (Ils avaient le droit de choisir l'animal.) Six mois plus tard, les résultats étaient parlants : ceux qui avaient un animal domestique ne réagissaient plus au stress de la même façon : non seulement leur tension artérielle s'était stabilisée même en période de stress, mais leur performance pour certaines tâches – calcul mental rapide, exposé devant un public – était nettement meilleure : ils commettaient moins d'erreurs, comme s'ils contrôlaient mieux leurs émotions, et donc leur concentration[22]. Dans une autre étude, le docteur Allen a pu montrer que les femmes âgées (plus de soixante-dix ans) qui vivent seules mais avec un animal familier ont la même tension artérielle que les femmes de vingt-cinq ans qui ont une vie sociale active[23].

Ma « pièce jointe » s'est avérée très efficace : on ne m'a plus jamais fait la moindre remarque et je n'entendais plus les internes ricaner dans mon dos lorsque je laissais une de mes recommandations « zoologiques » dans le dossier d'un de leurs malades. En revanche, hélas, je ne pense pas qu'un seul patient soit jamais reparti *sans* sa prescription de Prozac, ni avec un chat... Scientifiquement établie ou non, l'idée que la relation affective est *en soi* une intervention physiologique comparable à un médicament n'a tout simplement pas encore fait son chemin en médecine.

Les chiens de Sarajevo

Les propriétaires d'un animal domestique, eux, n'ont pas besoin qu'on leur démontre ce qu'ils ressentent dans leur vie de tous les jours. Ou même dans des circonstances plus extraordinaires. En 1993, Sarajevo vivait sous les bombes et la menace constante des francs-tireurs. À part quelques rations « humanitaires », il n'y avait plus rien à manger depuis presque un an. Tous les magasins avaient été pillés, il n'y avait plus une fenêtre intacte, les parcs de la ville étaient devenus des cimetières où les places devenaient rares. On ne pouvait plus sortir dans la rue par peur de prendre une balle perdue ou d'être la victime d'un autre « sniper ». Pourtant, dans cette ville épuisée et agonisante, dont les seuls soubresauts n'étaient plus que le fracas de la guerre, on voyait encore un homme, une femme, un enfant promenant son chien. « Il faut bien le sortir, disait un homme dans la rue, et puis, dans ces moments-là, on oublie un peu la guerre ; quand on se consacre à quelque chose d'autre, on oublie un peu. »

Dans la seule pièce encore intacte de leur appartement, un vieux couple avait gardé une chienne et un chat trouvés mourants dans la rue au début du siège. Ils pensaient qu'après quelques semaines, lorsqu'ils iraient mieux, ils pourraient les relâcher. Un an plus tard, ils étaient toujours avec eux. Nadja et Thomaslov partageaient avec ces animaux les maigres rations qu'ils arrivaient à se procurer de temps en temps. Le chat préférait le lait en poudre des colis humanitaires français – « c'est un marquis », disaient-ils en riant –, mais, quand il avait vraiment faim, il acceptait les rations américaines que l'on trouvait un peu plus facilement. La chienne avait eu sept petits chiots devant l'immeuble. Cinq avaient survécu parce que les résidents leur apportaient des restes quand ils pouvaient. « Nous prenons soin d'eux parce que nous avons besoin de sentir que quelque chose vit autour de nous. Nous donnons à manger aux oiseaux aussi dès que nous le pouvons. Cela nous rappelle la paix. Vous savez ? La paix normale, la paix de tous les jours, comme avant. Il faut s'accrocher et croire que nous allons survivre[24]. » Cela se passait à Sarajevo, en 1993. Au milieu du cauchemar, quand on manque de tout, il reste encore ceci : la relation affective, même avec un chien. Pouvoir encore donner. Pour se sentir humain. Sentir qu'on compte encore pour quelqu'un. Et c'est plus fort que la faim, plus fort que la peur.

Lorsque ces relations sont perturbées, notre physiologie se dégrade, et nous ressentons cela comme une douleur. C'est une douleur affective, mais une douleur tout de même, souvent plus intense, d'ailleurs, que la souffrance physique. Cette clé de notre cerveau émotionnel ne dépend pas uniquement de l'amour de notre partenaire. Elle dépend de la qualité de toutes nos relations affectives. Avec nos enfants, nos parents, nos frères et sœurs, nos amis, nos animaux. Car l'important, c'est le sentiment de pouvoir être soi-même, complètement, avec quelqu'un d'autre. De pouvoir se montrer faible et vulnérable autant que fort et radieux. De pouvoir rire mais aussi pleurer. De se sentir compris dans ses émotions. De se savoir utile et important pour quelqu'un. Et d'avoir un minimum de contacts physiques chaleureux. D'être aimé, tout simplement. Comme toutes les plantes qui se tournent vers la lumière du soleil, nous avons besoin de la lumière de l'amour et de l'amitié. Sans elle, nous sombrons dans l'anxiété et la dépression. Hélas, dans notre société, des forces centrifuges sont constamment à l'œuvre pour nous séparer les uns des autres. Et quand elles ne nous séparent pas, elles nous incitent souvent à vivre dans la violence des mots plutôt que dans l'affection. Pour gérer au mieux notre physiologie, il nous faut apprendre à gérer au mieux tous nos rapports avec autrui.

Et cela est possible, pour peu que l'on se donne la peine de maîtriser les bases de ce que l'on peut appeler la « communication émotionnelle ».

12

La communication émotionnelle

[Ceux qui maîtrisent la parole juste] ne font offense à personne. Pourtant ils disent la vérité. Leurs mots sont clairs mais jamais violents... Ils ne se laissent jamais humilier, et ils n'humilient jamais personne.

Bouddha.

La terrible tante Esther

J'ai eu un ami merveilleux aux États-Unis dont la situation familiale était presque une parabole. Ils étaient près de trente cousins et cousines, et l'un des sujets de conversation favoris lors des grandes réunions de famille était leur tante Esther. Celle-ci avait quatre-vingt-cinq ans et elle continuait d'inspirer une certaine terreur – maintenant mêlée de pitié – tant chez ses sœurs que chez tous les cousins, et même chez leurs enfants. Elle avait toujours été acariâtre et difficile, mais elle avait une intelligence vive et avait hérité vingt ans plus tôt d'une fortune considérable à la mort de son mari. Grâce à ces deux qualités, elle réussissait à s'imposer dans toutes les affaires de la famille. Elle téléphonait sans arrêt à tout le monde pour demander des nouvelles ou un service, insistait pour qu'on la conduise ici ou là, se plaignait constamment qu'on ne lui rendait pas suffisamment visite et, quand l'envie lui prenait, s'invitait à dîner, ou même en week-end. De toute évidence, Esther avait besoin d'affection et de reconnaissance, mais son style très agressif faisait fuir tous ceux qu'elle aurait voulu approcher.

Les trente cousins étaient divisés en trois catégories très nettes en ce qui concernait les rapports avec la tante Esther. Les plus nombreux, de loin, étaient ceux qui ne disaient jamais « non » directement à tante Esther. Ils cherchaient toujours une excuse pour l'éviter et, quand ils se sentaient acculés par son insistance et ses arguments, ils finissaient par dire « oui » à regret pour éviter ses diatribes, ses appels interminables et ses récriminations. En revanche, ils ne la rappelaient jamais, pas même lorsqu'ils avaient promis de le faire, manquaient parfois des rendez-vous auxquels ils avaient accepté de se rendre, ou bien arrivaient très en retard. Dans son dos, ils se moquaient d'elle et essayaient même de lui soutirer de l'argent, parfois malhonnêtement, comme si sa personnalité impossible et les efforts qu'ils devaient faire pour elle contre leur gré leur en donnaient le droit. On appelle ce type de comportement « passif », ou « passif-agressif » : c'est la réaction humaine la plus courante dans les sociétés traditionnelles face à une personne en position d'autorité qui déplaît, mais aussi, curieusement, dans les familles et les entreprises[1]. C'est le comportement que nous adoptons lorsque nous voulons surtout éviter les conflits. C'est le comportement que l'on retrouve souvent chez les gens qui se décrivent comme des « êtres sensibles », « respectueux d'autrui », « ne voulant pas faire de vagues inutiles », « préférant donner que prendre », etc. Pas plus que dans les sociétés traditionnelles ou les entreprises, cela ne marchait particulièrement bien dans la famille de Georges. D'un côté, ces cousins et cousines se sentaient « utilisés » par Esther et avaient tous un certain ressentiment à son égard ; de l'autre, Esther, qui percevait bien leur mauvaise volonté et soupçonnait leur malhonnêteté, les méprisait. Comme, en plus, elle avait des relations haut placées dans leur ville, cela leur compliquait souvent la vie.

Les cousins du deuxième groupe étaient moins nombreux. Un jour, Esther en avait réveillé un à minuit. Larry, qui n'avait pas peur d'elle, lui avait dit qu'il en avait assez de ses manières. Puis, emporté par des années d'agacement inexprimé à son égard, il l'avait traitée de tous les noms. Esther en fut très meurtrie, mais, comme elle n'avait pas non plus sa langue dans sa poche, elle lui retourna le compliment en lui assenant deux ou trois choses qui le blessèrent tout autant. Même si Larry ne regretta jamais d'avoir dit ce qu'il pensait, il savait que dorénavant tante Esther s'opposerait à lui à la moindre occasion. Et, en effet, elle ne manqua pas de le lui faire sentir au cours des années suivantes, de même qu'à tous les autres membres de la famille qui s'étaient comportés avec elle de la même manière. Le cabinet d'avocats de Larry perdit plusieurs contrats ; cependant, il est vrai qu'en compensation la tante Esther cessa de l'importuner et faisait même de son mieux pour l'éviter. Au moins, il n'avait plus affaire directement à elle et il avait eu la satisfaction de lui dire tout haut ce qu'il pensait tout bas depuis longtemps. Le comportement de Larry et de ses autres cousins et cousines qui s'étaient conduits de la sorte était ce qu'on appelle un comportement « agressif ». Il est moins fréquent que le premier et plus typiquement masculin. Mais il ne contribue pas plus à résoudre les problèmes et il se solde le plus souvent par des pertes matérielles (divorce, licenciement, etc.). En outre, il a été établi que ce type de comportement est un facteur d'hypertension et de maladies cardio-vasculaires[2].

Enfin, il y avait mon ami Georges. Georges reconnaissait parfaitement les défauts d'Esther ; or, non seulement il la voyait régulièrement, mais cela ne semblait pas lui peser. Il avait même une authentique affection pour elle, et c'était réciproque. En fait, elle lui rendait même souvent service, s'occupant de ses enfants, conduisant sa voiture chez le gara-giste, et ainsi de suite. Elle lui avait même avancé les fonds pour qu'il puisse agrandir sa maison et l'avait aidé, très adroi-tement, à refaire la décoration de son bureau. Georges travaillait dans le même hôpital que moi, et j'avais toujours été admiratif de la maîtrise dont il faisait preuve dans ses relations avec ses collaborateurs et ses collègues, comme de sa manière de gérer les inévitables moments de tension qui avaient émaillé notre amitié au cours des dix dernières années.

J'ai mis longtemps à comprendre ce qui le distinguait des autres et lui avait indiscutablement permis d'entretenir des relations de qualité avec quelqu'un de si difficile que sa tante Esther. En fait, Georges était un maître de la troisième façon de se comporter, celle qui n'est ni passive ni agressive. Il avait découvert par lui-même la communication émotion-nelle non violente, que l'on appelle aussi parfois « communi-cation assertive », la seule qui permet de donner et de recevoir en retour ce dont on a besoin, tout en restant respec-tueux de ses propres limites et des besoins d'autrui.

Un soir qu'il m'avait invité à dîner chez lui, j'ai pu le voir à l'œuvre avec sa tante. Esther devait l'accompagner lors d'un voyage d'études qu'il allait entreprendre au nom de l'université dans une ville où elle avait beaucoup de relations. Ce soir-là, c'était la troisième fois qu'elle l'appelait en deux jours pour lui demander d'ajouter plusieurs autres personnes à l'agenda de ses rendez-vous, déjà très chargé. Georges avait eu une longue journée à l'hôpital, il était tard, et je savais combien il aimait dîner dans le calme, surtout lorsqu'il avait invité un ami. Je me demandais comment il allait gérer une telle situation. Il a d'abord pris une grande respiration, puis il a attaqué : « Esther, vous savez combien je tiens à ce voyage que nous allons faire ensemble et combien je vous suis reconnaissant de tout ce que vous avez fait pour moi. » C'était vrai, et je sentais qu'il n'avait pas à se forcer pour l'avouer. Je ne sais pas ce qu'Esther lui a dit, mais j'ai tout de suite eu l'impression que la tension de l'autre côté de la ligne avait déjà baissé. Puis il a enchaîné : « Mais quand vous m'appelez trois fois de suite pour me dire la même chose, alors que nous en avons déjà parlé pendant une heure et que nous nous sommes mis d'accord, je me sens frustré. J'ai besoin de sentir que nous faisons équipe et que vous respectez mes besoins comme je respecte les vôtres. Pouvons-nous nous mettre d'accord que nous ne reviendrons pas sur ces décisions déjà prises ? » En deux minutes la conversation était conclue et il pouvait se concentrer à nouveau sur notre dîner. Et il était parfaitement serein, comme si on venait simplement de lui annoncer l'heure de son avion... J'ai pensé à tous les patients qui, au fil des années, m'avaient fait appeler sur mon beeper à des heures indues. Si seulement j'avais su leur parler ainsi ! Ce n'est que bien plus tard que j'ai découvert la logique et la mécanique parfaitement huilée qui se cachaient derrière la force tranquille de mon ami Georges...

Le *Love Lab* de Seattle

À l'université de Seattle, dans un endroit appelé le « Love Lab » (le laboratoire de l'amour), des couples mariés acceptent de passer sous le microscope émotionnel du professeur Gottman. Celui-ci analyse la nature de leurs interactions. Des caméras vidéo filment les couples et permettent de détecter la moindre grimace qui passe sur leur visage, même si elle ne dure que quelques dixièmes de seconde. Des capteurs surveillent les variations de leur rythme cardiaque et de leur tension artérielle. Depuis qu'il a inventé son Love Lab, plus de cent couples ont accepté d'y discuter de leurs sujets chroniques de conflit : la répartition des tâches ménagères, les décisions concernant les enfants, la gestion des finances, les relations avec la belle-famille, les conflits autour du tabac, de la boisson, et ainsi de suite. La première découverte du professeur Gottman est qu'il n'existe pas de couple heureux – en fait, pas de relation affective durable – sans conflit chronique. C'est même plutôt l'inverse : les couples qui n'ont pas de sujet de dispute chronique doivent se faire du souci. L'absence de conflits est le signe d'une distance émotionnelle telle qu'elle exclut toute véritable relation. La deuxième découverte – stupéfiante – est qu'il suffit au professeur Gottman d'analyser cinq minutes – cinq minutes ! – d'une dispute entre une femme et son mari pour prédire avec une précision de plus de 90 % qui restera marié et qui divorcera dans les quelques années à venir – même s'il s'agit d'un couple qui est encore en pleine lune de miel[3] !

Rien n'affecte autant notre cerveau émotionnel et notre physiologie que lorsque nous nous sentons émotionnellement éloignés de ceux à qui nous sommes les plus attachés : notre conjoint, nos enfants, nos parents. Dans le Love Lab, un mot de trop, un minuscule rictus de mépris ou de dégoût – à peine visible pour un observateur – suffisent pour provoquer une accélération du rythme cardiaque chez celui à qui ils sont destinés. Une pique bien placée assaisonnée d'un peu de mépris, et la fréquence cardiaque grimpera brutalement à plus de 110 battements par minute*[4]. Le problème est qu'une fois le cerveau émotionnel mis en alerte de cette façon, il supprime complètement la capacité du cerveau cognitif à raisonner rationnellement : comme nous l'avons vu, le cortex préfrontal se trouve « débranché ». Les hommes, en parti-culier, sont très sensibles à ce que Gottman appelle « l'inon-dation » affective : une fois leur physiologie activée, ils sont « noyés » par les émotions et ils ne pensent plus qu'en termes de défense et d'attaque. Ils ne cherchent plus à trouver une solution ou une réponse qui calmerait la situation. Nombre

---

* La fréquence cardiaque de base pour un homme est généralement, autour de 70 ; elle est à peu près de 80 pour une femme.

206

de femmes réagissent aussi de la sorte. Lorsqu'on entend ces échanges, ils semblent terriblement familiers :

Fred : Est-ce que tu es passée prendre mes affaires à la teinturerie ?

Ingrid (*d'un ton moqueur*) : « Est-ce que tu es passée prendre mes affaires ? » Tu n'as qu'à passer les prendre toi-même. Qu'est-ce que je suis, ta bonne ?

Fred : Loin de là. Si tu étais ma bonne, au moins le ménage serait bien fait[5]...

Au cours de cet échange, la physiologie de Fred et d'Ingrid se dérègle rapidement et les conséquences sont désastreuses. Gottman définit ce qu'il nomme « les quatre cavaliers de l'Apocalypse » dans les dialogues conflictuels. Il s'agit de quatre attitudes qui détruisent toutes les relations sur leur passage. Elles activent le cerveau émotionnel de l'autre à un point tel que celui-ci devient incapable de répondre autrement qu'avec méchanceté ou en se retirant comme un animal blessé. Grâce aux quatre cavaliers, nous sommes littéralement certains de ne pas obtenir ce que nous désirons de la relation ; pourtant, ce sont eux que nous appelons presque toujours en premier sur le front de nos batailles affectives.

L'apocalypse de la communication

Le premier cavalier est la *critique*. Critiquer l'autre au lieu de lui présenter simplement une doléance ou une requête. Exemple de critique : « Tu es encore en retard. Tu ne penses qu'à toi. » Doléance : « Il est neuf heures. Tu avais dit que tu serais là à huit heures. C'est la deuxième fois cette semaine. Je me sens seule et je m'ennuie quand je t'attends comme ça. » Critique : « J'en ai assez de ramasser tes affaires. Tu es exaspérant avec ton foutoir ! » Doléance :

« Quand tu laisses traîner tes affaires dans la cuisine, ça me gêne le matin quand je veux prendre mon café. J'ai besoin d'ordre autour de moi pour me sentir bien. Pourrais-tu faire l'effort de ranger le soir avant de te coucher ? »

Gottman donne une recette imparable pour transformer une doléance légitime, qui a toutes les chances d'être entendue, en une critique qui ne déclenchera que du ressentiment, de la mauvaise volonté ou une contre-attaque virulente : il suffit d'ajouter à la fin : « C'est quoi, ton problème ? »

Ce que ces observations ont de prodigieusement étonnant, c'est à quel point elles semblent aller de soi ! Nous savons tous exactement comment nous n'aimons *pas* être traités. Il nous est, par contre, plus difficile de préciser comment nous *aimerions* l'être, alors même que nous sommes instantanément reconnaissants lorsque quelqu'un s'adresse à nous de manière émotionnellement intelligente. Je me souviens d'une leçon inattendue que j'ai reçue un jour au téléphone. J'attendais depuis plus de vingt minutes que l'opératrice d'une compagnie aérienne me dise où en était ma réservation pour un vol que je devais prendre l'après-midi même. Impatient et anxieux, lorsqu'elle a fini par m'avouer qu'elle ne la retrouvait pas, je me suis emporté : « Comment ça ? Mais c'est dingue ! À quoi servez-vous si vous êtes inca-pable de retrouver une réservation ? » Au moment même où je prononçais ces mots, je les regrettais déjà. Je savais perti-nemment que j'étais en train de me mettre à dos la personne dont j'avais le plus besoin pour résoudre mon problème. Mais j'ignorais comment m'en sortir. J'ai pensé qu'il eût été ridicule de m'excuser (en fait, il n'est jamais trop tôt ni trop tard, mais ça, je ne l'avais pas encore compris). À ma grande surprise, c'est elle qui m'a tiré d'affaire : « Quand vous élevez la voix, monsieur, je ne peux pas me concentrer pour vous aider. » J'avais de la chance : elle venait de me donner l'occasion parfaite de m'excuser sans perdre la face. Je l'ai fait aussitôt et, quelques secondes plus tard, nous discutions à nouveau comme deux adultes qui cherchent à résoudre un problème. Lorsque je lui ai expliqué l'importance de ce voyage pour moi, elle s'est même transformée en une solide alliée et a enfreint une règle pour me donner une place sur un vol en principe bloqué. C'était moi le psychiatre, mais c'est elle qui avait totalement maîtrisé les émotions de la conversation. Ce jour-là, j'ai songé qu'elle rentrait chez elle le soir sans doute plus détendue que moi. C'est cette expérience qui m'a incité à m'initier à la communication émotionnelle non violente. Personne, en effet, n'avait jugé important ou utile de me l'enseigner...

Le deuxième cavalier de Gottman, le plus violent et le plus dangereux pour notre équilibre limbique, c'est le *mépris*. Le mépris se manifeste bien sûr par des insultes, des plus douces – certains diraient sournoises – comme « votre comportement est inapproprié », aux plus classiques et violentes comme « ma pauvre fille, tu es une idiote », ou « pauvre type », ou le tout simple mais pas moins redoutable « tu es ridicule ». Le sarcasme aussi peut faire très mal, comme lorsque Fred répond à Ingrid : « Si tu étais ma bonne, au moins le ménage serait bien fait. » Le sarcasme peut être drôle au cinéma (et encore), mais il ne l'est pas du tout dans la vie courante. Ce sont précisément ces sarcasmes que nous recherchons pourtant souvent, parfois même avec délectation. Je connais une grande journaliste française qui a passé plus de quinze ans en analyse. Un jour que nous parlions de la manière de gérer les conflits, elle m'a confié : « Moi, lorsque je me sens agressée, je cherche à détruire mon adversaire ! Si j'arrive à le réduire en miettes, je suis contente... »

Les expressions du visage suffisent souvent à communiquer le mépris : les yeux qui roulent vers le haut en réponse à ce que l'on vient de dire, les coins de la bouche qui s'abaissent avec les yeux qui se plissent en réaction à l'autre... Lorsque c'est quelqu'un avec qui l'on vit ou travaille qui vous adresse ces signes, ils vont droit au cœur comme une flèche et rendent toute résolution paisible de la situation pratiquement impossible : comment raisonner ou parler calmement lorsque le message que l'on reçoit est qu'on n'évoque que le dégoût ?

Les troisième et quatrième cavaliers sont la *contre-attaque* et le *retrait total*. Lorsqu'on est attaqué, les deux solutions aussitôt mises en avant par le cerveau émotionnel sont le combat et la fuite (la fameuse réaction *fight or flight* décrite par le grand physiologiste américain Walter B. Cannon dans les années 1930). Elles ont été gravées dans nos gènes par des millions d'années d'évolution. Et ce sont effectivement les deux choix les plus efficaces pour un insecte ou un reptile... Or, quel que soit le conflit, le problème de la contre-attaque est qu'elle ne connaît que deux issues : dans le pire des cas, elle mène tout droit à une escalade de la violence : blessé par ma contre-attaque, l'autre renchérit. Cela se passe ainsi au Moyen-Orient, bien sûr, mais aussi dans toutes les cuisines du monde où les couples se déchirent. Le cycle se perpétue jusqu'à ce qu'on ait recours à la séparation physique et permanente des belligérants : la destruction de la relation ; que ce soit par un licenciement, un divorce... ou un meurtre. Dans le meilleur des cas, la contre-attaque « réussit » et l'autre est vaincu par notre verve ou – comme les parents se le permettent souvent avec les enfants, et les hommes avec les femmes – par une gifle ! La loi du plus fort a parlé, et le reptile en nous est satisfait. Mais cette victoire laisse forcément le vaincu blessé et meurtri. Et cette blessure ne fait que creuser le gouffre émotionnel et aggraver la difficulté à vivre ensemble. Jamais une contre-attaque violente n'a donné envie à l'autre de se fondre en excuses sincères et de vous prendre dans ses bras...

L'autre option, le retrait total, est une spécialité masculine qui a le don d'énerver particulièrement les femmes. Elle préfigure souvent la phase ultime de désintégration d'une relation, que ce soit un mariage ou une collaboration professionnelle.

Après des semaines ou des mois de critiques, d'attaques et de contre-attaques, l'un des protagonistes finit par quitter le champ de bataille, en tout cas émotionnellement. Alors que l'autre recherche le contact, demande à lui parler, il se renfrogne, regarde ses pieds ou se cache derrière son journal « en attendant que ça passe ». L'autre, exaspéré par cette attitude qui prétend l'ignorer complètement, parle de plus en plus fort et finit même parfois par crier. C'est l'étape de l'assiette qui vole ou, lorsque c'est la femme qui s'est transformée en « mur de briques », des coups qu'elle risque de prendre. La violence physique est une tentative désespérée de renouer le lien avec l'autre, de faire en sorte qu'il entende ce que nous vivons émotionnellement, qu'il sente notre douleur. Évidemment, c'est toujours peine perdue. Victor Hugo a superbement illustré cette vaine poursuite de celle qui vous ignore : l'abbé Frollo, pour se sentir reconnu d'Esméralda qui ne fait que l'ignorer et refuser ses avances, finit par la torturer, puis la mettre à mort ! Le retrait affectif n'est pas une façon efficace de gérer les conflits. Comme l'a montré Gottman, et Hugo avant lui, ça se termine souvent très mal.

Tout dire mais sans violence

Grâce au Love Lab de Seattle, on a réussi à comprendre avec un niveau de détail sans précédent ce qui se passe dans la tête et dans le cœur des gens qui sont en conflit. Et comment ils vont souvent droit dans le mur. Naturellement, on a toutes les raisons de croire que ce sont les mêmes réflexes, les mêmes erreurs qui minent la gestion des conflits non conjugaux, qu'il s'agisse de nos enfants, de nos parents, de notre belle-famille, et surtout de nos supérieurs et de nos collègues de bureau. Mais quels sont donc les principes de la communication efficace, celle qui fait passer le message sans aliéner son destinataire, celle qui, au contraire, lui inspire du respect et lui donne envie de nous aider ?

Un des maîtres de la communication non violente est le psychologue Marshall Rosenberg. Né à Detroit dans un quartier pauvre et particulièrement violent, celui-ci s'est passionné très jeune pour les façons intelligentes de résoudre les différends sans en passer par la violence. Il a enseigné et pratiqué dans toutes les circonstances et toutes les régions du monde où la gestion des conflits est indispensable, qu'il s'agisse d'écoles de quartiers défavorisés, de grandes entreprises en cours de restructuration, du Moyen-Orient ou de l'Afrique du Sud[6]. Le premier principe de la communication non violente est de remplacer tout jugement – c'est-à-dire toute critique – par une observation objective. Au lieu de dire « vous avez fait preuve d'incompétence », ou même « ce rapport n'est pas bon » – ce qui met immédiatement la personne à qui nous parlons sur la défensive –, il vaut mieux tout simplement être objectif et précis : « Dans ce rapport, il y a trois idées qui me semblent manquer pour communiquer notre message. » Plus l'on est précis et objectif, plus ce que l'on dit est interprété par l'autre comme une tentative légitime de communication plutôt que comme une critique potentielle. Rosenberg cite une étude qui s'est penchée sur la relation entre la littérature d'un pays et la violence de ses habitants : selon celle-ci, plus les œuvres contiennent des termes qui classent les gens – qui les jugent comme « bons » ou « mauvais » –, plus la violence s'exprime librement dans les rues du pays[7]...

Le deuxième principe est d'éviter tout jugement sur l'autre pour se concentrer entièrement sur ce que l'on ressent. C'est la clé absolue de la communication émotionnelle. Si je parle de ce que je ressens, personne ne peut en débattre avec moi. Si je dis : « Tu es en retard, c'est ton égoïsme habituel... », l'autre ne peut que contester ce que j'avance. Par contre, si je dis : « Nous avions rendez-vous à huit heures et il est huit heures et demie. C'est la seconde fois en un mois ;

quand tu fais cela, je me sens frustrée et même parfois humiliée », il ne pourra remettre en cause mes sentiments. Ceux-ci m'appartiennent entièrement ! Tout l'effort consiste à décrire la situation avec des phrases qui commencent par « je » plutôt que par « tu » ou par « vous ». En parlant de moi, et seulement de moi, je ne critique plus mon interlocuteur, je ne l'attaque pas, je suis dans l'émotion, donc dans l'authenticité et l'ouverture. Si je m'y prends bien et si je suis vraiment honnête avec moi-même, j'irai même jusqu'à me rendre vulnérable en lui indiquant comment il m'a fait mal. Vulnérable parce que je lui aurai dévoilé une de mes faiblesses. Mais, le plus souvent, c'est justement cette candeur qui va désarmer l'adversaire et lui donner envie de coopérer – dans la mesure où lui aussi souhaite préserver notre relation. C'est exactement ce que faisait Georges avec sa tante Esther (« Quand vous m'appelez... je me sens frustré... ») ou encore l'opératrice de la compagnie aérienne (« quand vous élevez la voix, je ne peux pas me concentrer pour vous aider... »). Ils ne parlaient que de deux choses : ce qui venait de se passer – objectivement et qui ne prêtait à aucun débat – et ce qu'ils ressentaient. Pas un mot n'était dit sur ce qu'ils pensaient de l'autre parce que cela n'aurait servi à rien.

Selon Rosenberg, il est encore plus efficace non seulement de dire ce que l'on ressent, mais aussi de faire part à l'autre de l'espoir partagé qui a été déçu. « Quand tu arrives en retard, alors que nous avons rendez-vous pour aller au cinéma, je me sens frustrée parce j'aime beaucoup voir le début d'un film. C'est important pour moi pour pouvoir profiter de toute la séance. » Ou encore : « Quand tu ne m'appelles pas pour donner de tes nouvelles pendant une semaine, j'ai peur qu'il ne soit arrivé quelque chose. J'ai besoin d'être rassurée que tout va bien. » Ou, dans le contexte du travail : « Quand vous laissez circuler un document avec des fautes d'orthographe, je me sens personnellement embarrassé parce que c'est mon image et celle de toute l'équipe qui sont affectées. Je tiens beaucoup à notre image et à notre réputation, surtout après que nous avons travaillé aussi dur pour nous faire respecter. »

Lorsque j'enseigne cette approche de la communication aux jeunes médecins qui en ont bien besoin pour gérer leurs rapports avec des patients difficiles, je leur donne un « algorithme », une sorte de recette par étapes. Ils le notent souvent sur une carte qu'ils consultent lorsqu'ils se préparent à un rendez-vous conflictuel. Rosenberg raconte qu'un des participants de son atelier lui a rapporté un jour l'histoire suivante : il avait commencé à s'aider d'une carte de ce type pour mettre en pratique avec ses enfants ce qu'il avait appris. Au début, c'était évidemment un peu embarrassant, parfois même franchement ridicule, et ces enfants n'avaient pas manqué de le lui faire remarquer. Il avait consulté sa carte, comme tout bon débutant consciencieux, et leur avait dit : « Quand vous me dites que je suis ridicule, alors que je fais un effort pour essayer d'améliorer nos relations et de mieux jouer mon rôle de père vis-à-vis de vous, ça me fait de la peine. J'ai besoin de sentir que c'est important pour vous aussi que nous puissions nous parler autrement que comme nous le faisons depuis des mois... » Cela avait marché et il avait continué de la sorte pendant plusieurs semaines. À tel point qu'il avait fini par ne plus utiliser sa carte. Puis, un jour, alors qu'il se disputait avec ses enfants au sujet de la télévision, son tempérament l'avait emporté sur ses résolutions non violentes. Son fils de quatre ans lui avait alors lancé, avec une certaine urgence : « Papa, va chercher ta carte ! »

La carte à six points

La carte dont je me sers et que je donne aux jeunes médecins comporte l'inscription suivante : « S.P.A.-C.E.E. » Ces initiales résument les six points clés d'une approche non violente qui vous donne les meilleures chances d'obtenir ce que vous souhaitez, que ce soit chez vous, au bureau, avec la police, et même avec votre garagiste. Voyons ce que signifient ces initiales.

S pour *SOURCE*. Il faut d'abord s'assurer que l'on s'adresse bien à la personne qui est la source du problème et qu'elle a les moyens de le résoudre. Cela a beau paraître évident, en général, ce n'est pourtant pas notre premier réflexe. Si un collègue me fait une réflexion désagréable devant toute l'équipe au sujet de mon travail (ou ma compagne devant mes amis à propos du saumon que j'ai trop cuit), cela ne sert absolument à rien de m'en plaindre ensuite auprès de mes autres collègues ou de ma mère au téléphone – alors que c'est ce que j'aurai le plus envie de faire. Au mieux, mon offenseur n'en entendra jamais parler ; au pis, on lui rapportera ce que j'aurai dit (avec les déformations et exagérations de rigueur) et je passerai pour un lâche. Pour gagner son respect et changer son comportement, c'est à mon collègue lui-même, à ma compagne elle-même, que je dois parler. Et je suis la seule personne à pouvoir le faire. Bien sûr, c'est beaucoup plus difficile et je n'en ai pas envie ; mais c'est la seule façon d'être efficace. Il faut s'adresser à la source du problème.

P pour *PLACE et MOMENT*. Il faut toujours veiller à ce que la discussion se déroule à un endroit (une « place ») protégé et privé, et à un moment propice. Ce n'est généralement pas une bonne idée d'affronter notre agresseur, même si notre doléance est non violente, en public ni dans un couloir. Il ne faut pas non plus engager cette conversation immédiatement, « à chaud », ni lorsqu'il est dans une situation de stress. Il est toujours préférable de choisir un endroit où l'on peut parler tranquillement et de s'assurer de la disponibilité de celui ou celle à qui je m'adresse.

A pour *APPROCHE AMICALE*. Pour se faire entendre, il faut d'abord s'assurer que l'on va être écouté. Y a-t-il meilleur moyen d'échouer dans votre démarche que d'arborer une attitude agressive ou un ton de voix trop péremptoire ? Comme l'a démontré Gottman grâce à son Love Lab, si l'un des protagonistes se sent agressé, il a tendance à être « noyé » par ses émotions avant même que la conversation ait pu commencer. Suite à quoi, plus rien ne sera du moindre secours. Il faut donc, au contraire, veiller à mettre son interlocuteur à l'aise dès les premiers mots ; lui ouvrir les oreilles plutôt que de les lui fermer. Or savez-vous quel est le mot le plus agréable de toute la langue française pour entamer une conversation ? C'est le nom de la personne à qui vous vous adressez ! Les psychologues appellent cela le « phénomène du cocktail » : vous êtes dans un cocktail, tout le monde parle autour de vous, et vous êtes pourtant remarquablement concentré sur la conversation que vous avez engagée avec votre interlocuteur. Vous n'entendez rien des dialogues qui se tiennent autour de vous : ils sont filtrés et éliminés par votre attention. Et voilà que, soudain, dans un autre groupe, quelqu'un prononce votre nom. Aussitôt, vous l'entendez et vous tournez la tête. Votre nom : ce mot, plus que tout autre, est comme fait exprès pour attirer votre attention. De même, votre nom vous sautera aux yeux au milieu d'un texte dense. Nous sommes plus réceptif à notre nom qu'à n'importe quel autre mot. Donc, quoi que vous ayez à dire à votre offenseur, commencez par l'appeler par son nom, puis dites quelque chose d'aimable, à condition que ce soit vrai. Ce ne sera pas toujours facile à trouver, mais c'est très important. Si, par exemple, il s'agit de vous plaindre d'avoir été critiqué en public par votre patron, vous pourriez dire : « Bertrand, j'apprécie toutes les opportunités de recevoir du feedback de votre part. Cela me permet d'avancer, de progresser dans mon travail. » Souvenez-vous aussi de ce que Georges a commencé par dire à Esther : « Esther, vous savez comme je tiens à ce voyage que nous allons faire ensemble, et comme je vous suis reconnaissant... » Ce n'est pas toujours aisé. Les premières fois, cela vous écorchera même un peu la bouche. Pourtant, ça en vaut la peine. La porte de la communication est maintenant ouverte.

C pour *COMPORTEMENT OBJECTIF.* Ensuite, il faut entrer dans le vif du sujet : faire état du comportement qui motive notre doléance, tout en nous limitant à une description de ce qui s'est passé et rien d'autre, sans la moindre allusion à un jugement moral que l'on pourrait porter. Il faut donc dire : « Lorsque vous avez fait cela », et c'est tout. Il ne faut pas dire : « Lorsque vous vous êtes comporté comme un pervers », mais « Lorsque vous avez fait allusion à ma petite culotte ».

E pour *ÉMOTION.* La description des faits doit être immédiatement suivie par l'émotion que l'on a ressentie. Là, il ne faut pas tomber dans le piège de parler de sa colère, qui est souvent l'émotion la plus manifeste. Il ne faut donc pas dire : « Quand vous avez lancé devant tout le monde que ma robe était ridicule (comportement objectif), vous m'avez mise en colère », car la colère, c'est déjà une émotion tournée vers l'autre, pas l'expression d'une blessure intime. Il est bien plus fort et efficace de parler de soi-même : « Je me suis sentie blessée », ou « J'ai trouvé cela humiliant pour moi ».

E pour *ESPOIR DÉÇU.* On pourrait s'en tenir à l'expression d'une émotion, mais il est encore plus bénéfique de poursuivre en mentionnant l'espoir déçu, ou le besoin que l'on ressent et qui n'a pas été satisfait. « J'ai besoin de me sentir en sécurité au bureau, de savoir que je ne serai ni humiliée ni blessée par des remarques caustiques, surtout venant de quelqu'un d'aussi important que vous. » Ou, s'il s'agit de notre conjoint(e) qui nous a superbement ignoré(e) au cours d'un dîner mondain : « J'ai besoin de me sentir en contact avec toi, de sentir que je compte pour toi, même quand nous sommes avec des amis. »

Je sais parfaitement que cette démarche a quelque chose de surréaliste, surtout quand il existe si peu de modèles dans notre entourage dont nous inspirer. On se dit : « Oui, ce serait formidable si je pouvais parler comme ça, si j'osais parler comme ça. Mais c'est impossible. Pas avec mon patron » (ou « pas avec mon mari » ; « pas avec mes enfants » ; « pas avec ma belle-mère », etc.). Le problème est pourtant simple : il n'y a que trois manières de réagir dans une situation de conflit : la passivité (ou la passivité-agressivité), la réaction la plus courante et la moins satisfaisante ; l'agressivité, pas vraiment plus efficace et bien plus dangereuse ; ou bien l'« assertivité », c'est-à-dire la communication émotionnelle non violente.

Il existe tout de même des circonstances où il vaut mieux être passif ou agressif que se lancer dans le processus complexe de la communication assertive. Lorsque l'enjeu est tellement mineur, par exemple, qu'il ne mérite ni notre temps ni notre attention, il est parfaitement légitime d'être « passif » et d'accepter une insulte, ou de se faire manipuler sans réagir. C'est souvent plus économique. À l'inverse, dans les situations d'urgence ou de danger, il est normal d'être « agressif » et de donner des ordres sans explication. C'est le mode sur lequel fonctionne l'armée, justement parce que sa raison d'être est de faire face au danger. Mais, quelle que soit la situation, il n'y a que trois façons de réagir. Et c'est à nous, chaque fois, de choisir. À nous de relever, ou non, le défi émotionnel.

Heureusement, les relations ne sont pas toutes conflictuelles. L'autre aspect généralement délaissé de la communication, alors qu'il est presque aussi important, est de savoir profiter des occasions d'approfondir notre relation avec autrui. Une des manières les plus simples d'y parvenir est de savoir être totalement présent lorsqu'il (ou elle) souffre et a besoin de notre aide. Là encore, l'important c'est de connaître les mots qui permettent de faire passer le courant émotionnel d'un cerveau à l'autre, efficacement, sans que cela prenne trop de temps. Pour cela, il existe une autre technique. Elle est plus facile à utiliser ; sans doute parce qu'elle comporte moins de risques pour nous.

13

Écouter avec le cœur

La première année où l'on m'a demandé d'apprendre aux médecins de mon hôpital à mieux écouter leurs patients, je me souviens d'avoir songé que j'avais bien peu à leur offrir. Je savais quel était l'un de leurs principaux problèmes : le patient (ou, plus souvent, la patiente) qui se met à pleurer au milieu de la consultation. Quand une pauvre dame, mère de cinq enfants, qui était venue parce qu'elle souffrait de « maux de tête » révélait d'un seul coup au milieu de pleurs que son mari l'avait quittée, c'était pour eux une catastrophe... Tout ce à quoi ils étaient capables de penser, c'était au temps que cela allait prendre, à la salle d'attente bondée, se disant : « Ça y est, mon après-midi est foutu ! » Pour moi, évidemment, c'était l'inverse. Quand un patient fondait en larmes, je me disais que j'étais sur la bonne voie. Puisque nous étions dans l'émotion, j'étais sur la piste de la vérité ; il n'y avait plus qu'à tirer sur le fil. Mais, en tant que psychiatre, je n'étais pas du tout dans la même situation que mes collègues. Leurs consultations ne duraient que dix ou quinze minutes, les miennes jamais moins de trente minutes et en général une heure, voire plus. Les méthodes de communication qu'on m'avait enseignées – l'écoute passive et attentive ponctuée de « mmm... mmm... », ou de « dites-m'en

219

plus sur votre mère... » – débouchaient sur de longs épanche-
ments qui me convenaient très bien mais cadraient mal avec
le temps strictement mesuré d'un cardiologue ou d'un
chirurgien. Mais je devais assurer le cours « Gérer les
patients difficiles » dans le cadre de ma charge d'enseignement, et il fallait donc bien que je trouve quelque chose
de plus efficace que de conseiller à mes étudiants de faire des
« mmm... mmm... » en penchant la tête de côté, et de plus
humain que de les renvoyer chez eux au plus vite avec une
ordonnance de Prozac en poche. Et ça ne devait pas prendre
plus de dix minutes.

On n'apprend jamais autant sur une question que lorsqu'on doit l'enseigner à des étudiants. J'ai donc fait des
recherches sur le sujet, et j'ai découvert que Marian Stuart
et Joseph Lieberman, une psychothérapeute et un psychiatre,
avaient fait une série d'études remarquables sur ce qui
distingue les médecins qui ont un don pour communiquer
et ceux qui ne l'ont pas. Après avoir filmé des dizaines de
consultations courtes avec des médecins très appréciés de
leurs malades, ainsi que d'autres avec des médecins qui
l'étaient beaucoup moins, ils ont distillé la quintessence de
ce « don » en une technique très facile à apprendre[1]. Comme
bien d'autres, j'ai enseigné cette méthode pendant des
années. Mais ma plus grande surprise a été de découvrir
qu'elle s'appliquait à tout le monde avec le même bonheur :
à ma famille, à mes amis, et même à mes collègues lorsqu'ils
traversaient une passe difficile. Ces gens ne venaient pas me
parler en tant que psychiatre. Je n'avais pas non plus nécessairement la possibilité – ni parfois l'envie – de passer une
heure à me pencher sur les détails les plus infimes de leur
existence. Il fallait, pour eux aussi, trouver la manière la plus
efficace et la plus humaine d'« entrer en contact » et de les
aider à se sentir mieux... en dix minutes. La méthode de
Stuart et Lieberman permet d'améliorer considérablement
notre capacité d'écoute – et donc notre rapport aux autres –

sans avoir besoin d'être psychiatre. De se rapprocher des gens qui comptent le plus, nos conjoints, nos parents, nos enfants, comme nous n'avons jamais appris à le faire. Or, en faisant cela, en approfondissant nos relations, nous nous soignons aussi nous-mêmes.

Les Questions de l'ELFE

La technique se résume en cinq questions qui se succèdent assez vite. Un bon moyen mnémotechnique pour s'en souvenir est de poser « les Questions de l'ELFE ». Comme dans les contes de fées, c'est l'ELFE qui transforme le quotidien banal en un instant magique.

Q pour « *Que s'est-il passé ?* » Pour établir une connexion avec une personne qui souffre, il faut évidemment qu'il vous raconte d'abord ce qui s'est produit dans sa vie et lui a fait mal. C'est ce qu'il vous décrira en répondant à la question : « Que t'est-il arrivé ? » La découverte de Stuart et Lieberman sur ce point est qu'il n'est pas indispensable d'entrer dans les détails, bien au contraire. L'important est d'écouter en interrompant la personne le moins possible pendant trois minutes, mais à peine plus. Si cela vous semble peu, vous serez sans doute surpris d'apprendre que, en moyenne, un médecin interrompt son patient après dix-huit secondes[2]. Au-delà de trois minutes, si vous laissez votre interlocuteur se perdre dans les détails, vous risquez de ne jamais arriver à l'essentiel. Et l'essentiel, au fond, ce ne sont jamais les faits, mais les émotions. Il faut donc rapidement passer à la deuxième question, bien plus capitale.

E pour *Émotion*. Très vite, la question que vous devez poser est : « Et quelle *émotion* as-tu ressentie ? » Cela pourra souvent vous paraître superflu. J'ai enseigné cette méthode à des médecins généralistes au Kosovo après les horreurs de la guerre de 1999. Un jour, un de mes « élèves » s'est retrouvé face à une femme qui se plaignait d'avoir toujours mal à la tête, au dos, aux mains, de ne pas dormir, de perdre du poids. Le pauvre homme faisait défiler dans sa tête tous les diagnostics possibles de l'encyclopédie médicale, de la syphilis à la sclérose en plaques... Je lui ai suggéré à l'oreille de lui demander simplement : « Qu'est-ce qui vous est arrivé ? » En quelques secondes, elle lui a confié qu'elle n'avait plus de nouvelles de son mari, qui avait été enlevé par des miliciens serbes deux semaines plus tôt. Elle se disait qu'il devait être mort. Elle n'avait sans doute eu personne d'autre à qui raconter cela, tant ces histoires étaient monnaie courante. Assurément, on pouvait imaginer ce qu'elle avait dû ressentir, et le médecin hésitait terriblement sur la deuxième étape. Cela paraissait trop évident ; poser la question avait quelque chose de presque insultant. Je l'ai encouragé, malgré tout. Il est parvenu à articuler, timidement : « ... Et qu'avez-vous ressenti quand c'est arrivé ? » C'est à ce moment que la femme a, enfin, fondu en larmes. « J'étais terrifiée, docteur, terrifiée... » Il lui a pris le bras et l'a laissée pleurer un peu. Cela faisait si longtemps qu'elle en avait besoin. Puis il a enchaîné avec la plus importante de toutes les questions.

L pour *Le plus difficile*. Le meilleur moyen de ne pas se noyer dans l'émotion, c'est de plonger jusqu'au fond, au plus dur, au cœur de la douleur. C'est seulement là qu'on peut donner le coup de pied qui fait remonter à la surface. À nouveau, c'est une question qui semble impolie, ou « indécente », compte tenu de ce que vivre une telle situation veut dire. C'est pourtant la plus efficace de toutes les questions : « Qu'est-ce qui a été *le plus difficile* pour vous ? – Le fait de ne pas savoir quoi dire aux enfants, a répondu la femme sans hésiter. Moi, je savais depuis longtemps que ça allait arriver, et mon mari et moi en avions souvent parlé. Mais les enfants... Qu'est-ce que je peux faire pour les enfants... » Elle fut prise de sanglots plus violents que les précédents. Ce qu'elle venait de dire, ce n'était pas du tout ce à quoi je m'attendais quand elle avait parlé de sa terreur d'avoir perdu son mari... Mais de toute évidence, pour elle, c'était autour de ses enfants que toutes les émotions s'étaient cristallisées. Si nous ne lui avions pas demandé, jamais nous ne l'aurions deviné...

La question « L » est magique parce qu'elle sert à focaliser l'esprit de celui qui souffre. Elle lui permet de commencer à regrouper ses idées sur le point fondamental, celui qui fait le plus mal, alors que, livré à lui-même, son esprit – le nôtre – a tendance à partir dans toutes les directions. J'ai moi-même expérimenté l'effet puissant de cette intervention. Je traversais une période difficile après une rupture affective. Chaque soir, je me retrouvais seul et je ressentais la tristesse dans chaque partie de mon corps, mais je ne pleurais pas. Je ne pleurais jamais. Comme beaucoup d'hommes ont appris à le faire, je serrais les dents et je continuais d'avancer. La vie ne s'était pas arrêtée parce que mon cœur était brisé. Il y avait toujours beaucoup à faire... Un soir, une amie m'a appelé pour prendre de mes nouvelles. Je n'aimais pas ressasser cette histoire qui n'avait à l'évidence aucune solution, mais elle était professeur de pédiatrie et elle connaissait bien l'ELFE, elle aussi. Lorsqu'elle m'a demandé ce qu'il y avait de plus difficile pour moi, j'ai soudain eu devant les yeux une image : celle de mon fils qui était venu m'aider à installer ma nouvelle chambre. Je le revoyais triste et fragile, mais serrant les dents lui aussi. Et je n'étais pas là pour l'aider. Je fondis littéralement en larmes. Toute cette tristesse diffuse s'était tout à coup focalisée là où elle aurait dû se trouver depuis le début, dans les pleurs et les sanglots qui me submergeaient. J'avais crevé l'abcès. Après quelques minutes, je me sentais infiniment mieux. Rien n'était résolu, mais je savais maintenant d'où venait la douleur. Et, dans ce domaine – celui de mon fils –, tout était encore devant moi.

F pour *Faire face*. Après avoir permis à l'émotion de

s'exprimer, il faut ensuite profiter du fait que l'énergie est concentrée sur la source principale du problème : « Et qu'est-ce qui vous aide le plus à *faire face* ? » Avec cette question, on tourne l'attention de celui à qui on parle vers les ressources qui existent déjà autour de lui et qui peuvent l'aider à s'en sortir, à se ressaisir. Il ne faut pas sous-estimer la capacité des gens à se sortir des situations les plus difficiles. Ce dont ils ont souvent le plus besoin, c'est qu'on les aide à retomber sur leurs pieds ; pas qu'on règle les problèmes à leur place. Nous avons tous du mal à comprendre et à admettre que les hommes et les femmes qui nous entourent sont plus forts, plus résistants, qu'on ne le croit généralement. Que nous sommes *nous-mêmes* plus forts et plus résistants que nous ne le croyons. Ce que j'ai dû apprendre – avec difficulté – à mes élèves médecins, nous devons tous l'apprendre aussi dans nos relations affectives. Au lieu de penser « Ne reste pas là comme ça ! Fais quelque chose ! » lorsque quelqu'un exprime son émotion et sa douleur, nous devons plutôt penser « Ne fais rien ! Reste là comme ça ! » Car c'est bien le rôle le plus bénéfique que nous puissions souvent jouer : être simplement là et accompagner, au lieu de proposer des solutions les unes après les autres ou de prendre les problèmes qui ne nous appartiennent pas sur nos épaules. La femme albanaise du Kosovo a commencé par réfléchir un instant. « Ma sœur et mes voisins, a-t-elle répondu, nous sommes tous un peu dans la même situation et nous sommes ensemble tout le temps. C'est vrai qu'ils sont formidables avec les enfants. » Cela ne résolvait rien, évidemment, mais elle voyait un peu mieux vers où se tourner pour ce dont elle avait le plus besoin dans l'immédiat. Et le simple fait de le savoir faisait qu'elle se sentait moins perdue. Dans mon cas, ce qui m'a aidé, c'est de réaliser que je pouvais commencer une nouvelle relation avec mon fils, de prendre les choses en main. Et puis il y avait un ami avec qui je pouvais toujours parler de tout, même s'il habitait loin.

Alors j'ai commencé à l'appeler plusieurs fois par semaine. Le soir, justement. Quand la solitude me pesait le plus.

E pour *Empathie*. Enfin, pour conclure l'interaction, il est toujours utile d'exprimer avec des mots sincères ce que l'on a éprouvé en écoutant l'autre. Pour simplement lui communiquer que nous avons, pendant quelques minutes, partagé son fardeau. À la fin de la conversation, il repartira seul avec son lourd bagage, mais, pendant ces quelques instants, nous l'aurons tenu ensemble et nous comprenons donc mieux sa douleur. Ce souvenir lui permettra de se sentir moins seul sur la route où il s'est engagé. Le plus souvent, quelques mots très simples suffisent, par exemple : « Ça doit être dur pour vous », ou « Je suis désolé de ce qui vous est arrivé ; j'étais ému, moi aussi, en vous écoutant ». Les enfants qui accourent vers leur mère quand ils se sont fait un « bobo » saisissent très bien cela ; souvent mieux que les adultes. De toute évidence, leur mère ne peut pas grand-chose contre la douleur. Elle n'est ni médecin ni infirmière. Mais ce n'est pas seulement la douleur qui doit être soulagée, c'est surtout la solitude ! Les grandes personnes aussi ont besoin de se sentir moins seules quand elles souffrent*.

Notre patiente au Kosovo n'est pas sortie guérie de sa consultation de quinze minutes. Mais elle était plus forte et bien moins seule. Son médecin, lui, a eu l'impression d'avoir été plus efficace que s'il avait prescrit une batterie d'examens inutiles ou des médicaments qui n'auraient servi à rien. Lui aussi, comme tous les Kosovars que j'ai rencontrés là-bas – tant albanais que serbes –, avait beaucoup souffert et ses émotions étaient presque aussi fragiles que celles de cette dame qui sortait maintenant de la consultation. Mais, en le regardant, j'ai eu le sentiment qu'il allait lui-même mieux. Il

---

* Je remercie le docteur Rachel Naomi Remen de m'avoir appris à faire cette distinction dans son très beau livre, *Kitchen Table Wisdom*, Riverside Books, 1997.

semblait plus détendu, plus sûr. Comme si ce bref entretien les avait grandis tous les deux. Comme si chacun en avait tiré un peu plus de dignité. En se connectant avec elle, en lui apportant un peu de son humanité, il s'était également soigné lui-même. C'est ainsi, dans ces échanges réussis, même s'ils ne nous « guérissent » pas instantanément, que notre cerveau émotionnel se développe ; qu'il devient plus confiant dans notre capacité à entrer en relation avec les autres, et donc d'être « régulé » par eux, comme il en a besoin. Et c'est cette confiance qui nous protège de l'anxiété et de la dépression.

Susmita parle à sa mère

Les techniques de communication dont nous venons de parler sont souvent ignorées par les psychiatres et les psychanalystes, qui considèrent qu'il s'agit de « simples questions de bon sens ». Bien évidemment, cela est vrai. Mais comme le montrent les études effectuées sur des médecins en exercice – souvent depuis de nombreuses années – et contrairement à ce qu'affirmait Descartes, le bon sens n'est pas la qualité la mieux partagée... Si les parents s'adressaient toujours ainsi à leurs enfants, si les couples savaient se critiquer sans violence et s'écouter avec le cœur, si les patrons savaient respecter ainsi leurs collègues et leurs employés, si le bon sens était effectivement mieux partagé, on n'aurait pas besoin de l'enseigner. Même en psychothérapie, il est souvent important de compléter le traitement par des instructions très précises sur la manière dont le patient doit s'y prendre pour améliorer ses rapports affectifs avec les gens qui comptent le plus pour lui. J'ai du mal à comprendre pourquoi on ne nous enseigne pas cela systématiquement.

Loin du Kosovo, dans une ville américaine, l'une de mes patientes a dû apprendre très vite les bases de la communication émotionnelle efficace pour affronter une relation qui est souvent la plus difficile de toutes : celle que l'on a avec sa mère.

Susmita avait cinquante-cinq ans. À première vue, elle avait tout pour être heureuse : un mari qui l'adorait depuis trente ans, deux garçons à la fois beaux, brillants et particulièrement affectueux, et une très belle maison dans le quartier le plus cossu de la ville. Arrivée de Taïwan aux États-Unis à l'âge de quatorze ans, elle avait même très bien réussi financièrement en créant une entreprise de travail intérimaire qu'elle avait ensuite revendue, plusieurs années auparavant. Elle jouait au tennis une ou deux fois par semaine dans un club privé, et elle aimait sentir encore le regard des hommes sur son corps élancé. Mais, sous cette surface sans aspérités, le monde intérieur de Susmita était un chaos. Elle était sujette à des attaques d'anxiété et se réveillait plusieurs fois la nuit. Pendant la journée, il lui arrivait de se cacher pour pleurer. Elle avait le sentiment d'être tout le temps au bord de l'étouffement. Son médecin avait fini par lui prescrire un anxiolytique et un antidépresseur. Susmita n'avait jamais pris de médicaments de sa vie, et l'idée de commencer par des médicaments psychiatriques lui semblait inconcevable. Elle voulait essayer autre chose. J'étais très confiant qu'avec son intelligence et sa volonté nous pourrions rapidement l'aider à contrôler ses symptômes. Après des séances de biofeedback pour maîtriser sa cohérence cardiaque, plusieurs séances d'EMDR qui lui ont permis de nettoyer une bonne partie du lourd bagage émotionnel laissé par une enfance souvent difficile, et des efforts pour améliorer son alimentation, en quelques semaines elle avait fait des progrès considérables. Pourtant, elle continuait d'avoir de temps à autre des attaques d'anxiété au cours de la nuit et ne s'était pas entièrement débarrassée de cette sensation d'étouffement qui l'étreignait encore de temps à autre le matin au réveil. En faisant un nouveau tour d'horizon de sa situation, je me suis aperçu qu'elle avait beaucoup minimisé la violence de sa relation affective avec sa vieille mère, Sun li, qui avait quitté Taïwan pour venir vivre chez elle après la mort de son troisième mari. On ne peut pas faire comme si les relations affectives très douloureuses n'existaient pas. On ne peut pas les éviter à coups de Prozac, ni avec les traitements naturels les plus efficaces qui soient. Sa situation demandait à être prise à bras-le-corps.

Sun li avait refusé d'apprendre l'anglais et de passer son permis de conduire. Évidemment, elle s'ennuyait, et sa principale activité semblait être de se mêler de la vie de sa fille. Avec une intelligence remarquable, elle savait très précisément comment faire pour que celle-ci se sente coupable tout en prétendant ne rien demander pour elle-même. Et quoi que Susmita fasse – c'est-à-dire à peu près tout ce qu'elle lui demandait –, ce n'était jamais assez, ou jamais ce qu'il fallait. Comme il était exclu de la renvoyer à Taïwan ou de la placer dans une maison de retraite où elle n'aurait pu parler à personne, Sun li jouissait d'une formidable position de force dans la maison : il fallait s'occuper d'elle, faute de quoi elle rendait tout le monde malheureux, tout simplement en faisant la tête. Même si Susmita était maintenant capable de maîtriser les accélérations de son cœur quand sa mère lui lançait ses piques habituelles, et même si, grâce à l'EMDR, les disputes d'aujourd'hui ne faisaient plus écho aux châtiments corporels de son enfance, Susmita restait soumise à une violence verbale et émotionnelle constante dans sa propre maison. En outre, sa culture asiatique ne l'avait clairement pas préparée à faire face à une mère âgée aussi difficile. Elle n'a commencé à se sentir vraiment mieux que lorsqu'elle a accepté de gérer de manière systématique la relation émotionnellement chargée avec sa mère.

Nous avons entrepris de dresser une liste des concessions qu'elle était prête à faire, et des limites qu'elle voulait poser. Elle était d'accord, par exemple, pour emmener Sun li déjeuner et faire du shopping trois fois par semaine. Cela me semblait beaucoup, mais c'était à elle de définir ce qu'elle jugeait acceptable. Par contre, Susmita tenait à avoir la paix dans sa maison pendant une heure le matin, une fois que son mari était parti au bureau, et à disposer d'une heure avec lui quand il rentrait le soir. Elle ne croyait pas que sa mère parviendrait à cesser de l'invectiver. Sun li s'était toujours exprimée de la sorte, et, à quatre-vingt-cinq ans, il était trop tard pour que cela change. En revanche, elle ne supporterait plus les menaces de violence physique que sa mère – si incroyable que cela puisse paraître – continuait parfois de proférer à son encontre.

Avec sa carte « SPA-CEE » en main, nous avons répété comment elle aborderait sa mère pour lui faire part de ce dont elle avait maintenant besoin. Elle a choisi avec mon aide l'endroit et le moment où cette conversation aurait lieu, et la manière de l'aborder : « Chère mère, vous savez comme je tiens à ce que vous soyez heureuse dans ma maison et combien mon rôle de fille est important pour moi. Pour que la plus grande harmonie règne dans la maison, il y a certaines choses dont nous devons discuter ensemble. » Après avoir tâtonné, elle a trouvé la façon d'enchaîner avec la description des comportements qui la dérangeaient, de ses émotions et de ses besoins : « Trois choses me gênent dans votre attitude et m'empêchent d'être aussi à l'aise avec vous que je le souhaiterais : d'abord, quand vous m'interrompez dans mes activités le matin juste après le départ de Han. Je me sens incapable de tout faire à la fois, alors que c'est le moment où j'essaie d'organiser ma journée. J'ai besoin d'être seule pendant une heure ; ensuite, quand vous vous joignez à nous dès que Han est revenu du bureau. Cela me frustre de ne pas avoir un moment pour me retrouver avec lui avant le début de la soirée en famille. J'ai besoin d'une heure seule avec lui quand il rentre ; enfin, quand vous dites des choses comme "je vais te donner une leçon" ; même si je sais que ce n'est pas vrai, cela me fait encore peur et c'est très désagréable pour moi. J'ai besoin de me sentir en sécurité dans ma maison et de savoir qu'il n'y aura jamais de violence ici. »

Le premier jour fut délicat. Jamais de sa vie Susmita n'avait fait face à sa mère de cette façon ! La discussion se déroula moins simplement que nos répétitions dans mon bureau. Pourtant, Susmita réussit à lui indiquer ce qu'elle souhaitait faire avec elle – les sorties programmées – et ce dont elle avait besoin pour elle-même. Elle lui a demandé de coopérer avec elle et lui a également dit qu'à partir de ce moment, si elle se sentait jamais menacée, elle refuserait de sortir avec elle pendant deux jours.

Les deux premières semaines furent les plus difficiles. Naturellement, Sun li testait les limites à la moindre opportunité. Elle trouvait mille raisons impérieuses de se rendre en ville en dehors des trois occasions sur lesquelles elle avait donné son accord de principe. Elle avait aussi, naturellement, testé la résolution de sa fille en la menaçant dès le troisième jour. Susmita m'appelait pratiquement un jour sur deux, mais elle tenait bon. Même si ses symptômes avaient plutôt empiré, elle comprenait très bien pourquoi, et cela l'inquiétait moins. Au bout d'un mois, l'atmosphère de la maison s'était considérablement calmée et les symptômes de Susmita s'étaient atténués. C'est alors qu'elle s'est enfin sentie capable d'une plus grande disponibilité émotionnelle envers sa mère, qui avait, après tout, eu elle aussi une vie pénible. Elle a appris à lui parler en écoutant systématiquement l'émotion qui se cachait derrière ses mots et en l'aidant à identifier ce qui la gênait le plus. Elles commencèrent ainsi à évoquer la longue et tumultueuse vie de sa mère, qui, de son enfance en Chine impériale à son exode avec Tchang Kaï-chek, était digne d'un roman. Ces discussions avec sa mère avaient un ton inhabituel pour elles. Cependant, le caractère de Sun li n'avait pas vraiment changé pour autant, et il ne changerait sans doute jamais. La différence, c'est que Susmita avait à présent le sentiment de contrôler à nouveau sa vie. Elle avait un nouveau respect d'elle-même et elle voyait bien que sa mère, elle aussi, la considérait à présent d'un autre œil.

Le dernier dan

La maîtrise de la communication émotionnelle ne s'obtient pas en une journée ni en un mois. Pas même en un an. Dans les arts martiaux, on débute par une ceinture blanche et on finit par atteindre la ceinture noire. Viennent ensuite des raffinements sans fin qu'on appelle des « dans ». Mais il n'existe pas de « dernier dan ». On peut toujours s'améliorer.

Pour moi, l'art de la communication émotionnelle ressemble un peu à cela. Il requiert une maîtrise de l'énergie qui demande sans doute toute une vie pour être parfaitement affinée. J'ai moi-même l'impression, après des années passées à m'intéresser à la question – il est vrai, sans aucun entraînement systématique –, de n'être qu'une « ceinture marron ». Néanmoins, j'en ai acquis une expérience suffisante pour être intimement persuadé qu'il est tragique de traverser la vie sans s'atteler à cette tâche fondamentale : améliorer, toujours, sa communication émotionnelle. Même si cela peut se perfectionner à l'infini, ce n'est qu'une raison de plus pour s'y mettre sur-le-champ. J'aime cette anecdote qu'on raconte à propos de Colbert. La France manquait cruellement de bateaux permettant de faire face à la puissance grandissante de l'Angleterre. Il n'y avait pas suffisamment de chênes pour fabriquer des mâts. Colbert réunit les forestiers du Roi et leur demanda de planter une forêt. « Mais, Monseigneur, lui répondirent-ils, il faut cent ans pour avoir des chênes assez grands pour faire des mâts... – Ah, dit Colbert, dans ce cas... il faut commencer tout de suite ! » Heureusement, les bienfaits de la communication émotionnelle se font sentir, eux, bien plus rapidement. Les jeunes médecins à qui je l'ai enseignée remarquaient une différence presque immédiate dans leurs rapports avec leurs patients, et, du coup, dans l'économie de leur énergie au cours de leurs longues et difficiles journées. Il est encore plus facile de développer cette maîtrise lorsqu'on combine son apprentissage avec celui de la cohérence du rythme cardiaque. En stabilisant le cerveau émotionnel et en le rendant plus réceptif à notre ressenti en même temps qu'à celui des autres, la cohérence cardiaque nous permet de trouver les mots plus facilement et de rester centré sur notre intégrité.

Je me suis longuement étendu sur l'impact de la régulation émotionnelle, sur la meilleure manière de gérer l'influence que nous exerçons mutuellement les uns sur les autres. Après la maîtrise de la physiologie grâce aux différentes méthodes centrées sur le corps décrites dans la première partie de ce livre, la gestion de la communication est certainement l'étape essentielle pour guérir son cerveau émotionnel. Toutefois, il en est une autre qui est grandement négligée depuis cinquante ans en Occident. Il s'agit de l'importance de ce que nous pouvons faire non pour nous-même, mais pour les autres. De notre rôle dans la communauté où nous vivons, au-delà de notre personne et même de nos proches. L'homme est un animal profondément social. Nous ne pouvons pas vivre heureux, nous ne pouvons pas guérir au fond de nous-même, sans trouver un sens dans notre rapport au monde qui nous entoure, c'est-à-dire dans ce que nous apportons aux autres.

14

Le lien aux autres

Si je ne m'occupe pas de moi, alors qui s'en occupera ?
Et si je ne m'occupe que de moi, alors que suis-je ?
Et si je ne m'en soucie pas maintenant, alors quand ?

Hillel, *Le Traité des Pères.*

La vie est une lutte. Et c'est une lutte qui ne vaut pas la peine d'être menée pour soi seul. Notre esprit cherche toujours un sens au-delà des confins de sa « fatigue d'être soi », pour reprendre la belle formule du sociologue Alain Ehrenberg[1]. Il lui faut une autre raison que la simple survie pour persévérer dans l'effort de vivre. Dans *Terre des hommes*, Saint-Exupéry raconte comment le pilote Henri Guillaumet s'était perdu en avion dans la cordillère des Andes. Pendant trois jours, il avait marché droit devant lui dans un froid glacial. Finalement, il était tombé, la face en avant, dans la neige. Profitant de ce répit inattendu, il avait compris que, s'il ne se relevait pas tout de suite, il ne se relèverait jamais plus. Mais, épuisé jusqu'au tréfonds de son corps, il n'en avait plus envie. Il préférait désormais l'idée d'une mort douce, indolore, paisible. Dans sa tête, il avait dit adieu à sa femme, à ses enfants. Dans son cœur, il avait ressenti une dernière fois son amour pour eux. Puis une pensée l'avait brusquement saisi : si on ne retrouvait pas son corps,

233

sa femme devrait attendre quatre ans avant de percevoir son assurance-vie. Ouvrant les yeux, il avait alors vu un rocher émergeant de la neige cent mètres plus loin. S'il se traînait jusqu'à lui, son corps serait un peu plus visible. Peut-être le découvrirait-on plus vite. Par amour pour les siens, il s'était relevé et avait recommencé à marcher. Mais à présent il était porté par cet amour. Il ne s'était plus arrêté, parcourant encore plus de cent kilomètres dans la neige avant d'atteindre un village. Plus tard, il devait dire : « Ce que j'ai fait, aucune bête au monde ne l'aurait fait. » Lorsque sa survie n'avait plus été une motivation suffisante, c'est sa conscience des autres, son amour qui lui avaient donné la force de continuer.

Aujourd'hui, nous sommes au cœur d'un mouvement planétaire vers l'individualisme « psy », ou le « développement personnel ». Les grandes valeurs en sont l'autonomie, l'indépendance, la liberté, l'expression de soi. Ces valeurs sont devenues tellement centrales que même les publicitaires s'en servent pour nous faire acheter la même chose que notre voisin tout en nous faisant croire que ça nous rend unique. « Soyez vous-même », nous clament les publicités pour des vêtements ou des parfums. « Exprimez votre moi », suggère la réclame pour une marque de café. « Pensez différent », nous ordonne l'annonce d'un fabricant d'ordinateurs. Aux États-Unis, même l'armée – qui n'est pourtant pas le symbole des valeurs individuelles – s'y est mise pour attirer de jeunes recrues. « Soyez tout ce que vous pouvez être », promettent ses affiches, sur fond de tanks manœuvrant dans le désert. Bien sûr, ces valeurs en ascension irrépressible depuis les révolutions américaine et française de la fin du XVIIIe siècle nous ont fait beaucoup de bien. Elles sont au cœur de la notion même de « liberté » qui nous importe tant. Mais plus nous avançons dans cette direction et plus nous constatons qu'il y a aussi un coût à l'indépendance. Ce coût, c'est l'isolement, la souffrance et la perte de sens. Jamais nous n'avons eu autant la liberté de nous séparer de conjoints qui ne nous conviennent plus tout à fait : le taux de divorce approche maintenant 50 % dans nos sociétés[2]. Jamais nous n'avons autant déménagé : aux États-Unis, on estime qu'une famille déménage en moyenne tous les cinq ans. Affranchis des liens, des devoirs, des obligations envers les autres, jamais nous n'avons été aussi libres de trouver notre propre chemin, et donc de risquer de nous retrouver seuls et perdus. C'est sans doute une autre des raisons pour lesquelles les taux de dépression semblent avoir augmenté régulièrement en Occident au cours des cinquante dernières années[3].

Un de mes amis avait trente-sept ans. Il était médecin, avait émigré de son pays natal et avait vécu seul jusqu'à récemment. Longtemps, il avait cherché ce sens qui manquait à son existence dans la psychanalyse, de multiples ateliers de développement personnel, puis dans les antidépresseurs qu'il avait presque tous essayés. Enfin, un jour il m'avait dit : « Au fond, le seul moment où je ne me pose plus de questions existentielles, c'est quand mon fils de deux ans met sa main dans la mienne et que nous marchons ensemble, même si c'est juste pour aller acheter le journal ! » Comme pour Guillaumet, l'amour de notre conjoint et de nos enfants – celui que nous leur portons – est probablement la source de sens la plus évidente pour notre existence. Mais l'importance des autres pour notre propre équilibre ne s'arrête pas à la famille nucléaire*. En fait, plus nous sommes intégrés dans une communauté qui nous importe, plus nous avons le sentiment d'avoir un rôle, une place, qui compte pour les autres – quelques autres –, plus il nous est facile de sortir de nos sentiments d'anxiété, de désespoir, de manque de sens.

Je me souviens d'une vieille dame que je voyais à domicile parce qu'elle avait peur de se déplacer. Elle avait de l'emphysème et devait rester reliée constamment à sa

---

* Terme sociologique qui désigne les conjoints et leurs enfants.

bouteille d'oxygène. Mais son principal problème était sa dépression. À soixante-quinze ans, plus rien ne l'intéressait ; elle se sentait vide et anxieuse, et elle attendait la mort. Naturellement, elle dormait mal, manquait d'appétit et passait beaucoup de temps à se plaindre. J'étais frappé tout de même par son intelligence et son évidente compétence. Elle avait longtemps été assistante de direction et il émanait d'elle un air de précision et une autorité naturelle qui persistaient malgré sa dépression. Un jour, je lui ai demandé : « Je sais que vous vous sentez très mal et que vous avez besoin d'aide, mais vous êtes aussi quelqu'un dont toutes les qualités pourraient être extrêmement utiles à d'autres personnes démunies. Que faites-vous dans votre vie pour aider les autres ? » Elle fut très surprise qu'un psychiatre – censé lui venir en aide à elle – lui pose une telle question ; cependant, elle embraya rapidement et je pus voir qu'une lueur d'intérêt s'était éveillée dans ses yeux. Elle finit par consacrer un peu de temps à aider des enfants défavorisés à apprendre à lire. Ce ne fut pas facile, d'autant que ses déplacements étaient effectivement compliqués. En outre, tous les enfants n'étaient pas reconnaissants, loin de là, et certains étaient même difficiles à gérer. Mais cette tâche est devenue une partie importante de sa vie. Cela lui a donné un objectif, le sentiment d'être utile, et l'a ancrée de nouveau dans sa communauté dont elle s'était vue séparée par l'âge et l'invalidité.

Camus avait bien compris cet aspect de l'âme humaine, même s'il en parlait peu dans ses essais philosophiques. Dans *Le Mythe de Sisyphe*, sa description de la condition humaine est limpide : notre vie consiste à pousser un rocher du bas d'une montagne à son sommet à le laisser descendre, puis à recommencer. Il est illusoire de chercher une autre source de sens à notre existence que le fait que c'est notre rocher, qu'il est unique et que nous en sommes responsables. Il faudrait, dit-il, tout de même imaginer Sisyphe heureux. Mais cette philosophie de l'*absurde* n'avait pas empêché Camus de s'engager dans la Résistance. Il s'y était battu et il y avait été heureux. Il avait découvert, comme beaucoup d'hommes et de femmes, une vraie joie dans le fait de risquer sa vie pour une cause qui dépassait de beaucoup les limites de son existence à lui : une joie d'offrir la sienne pour la vie des autres. Ce sens que l'on trouve dans le lien aux autres, ce n'est pas un diktat de la culture ou de la morale sociale. C'est un besoin du cerveau lui-même : dans les trente dernières années, la sociobiologie a fait la démonstration que ce sont nos gènes eux-mêmes qui sont altruistes. L'orientation vers les autres et la paix intérieure que nous en tirons font partie de notre fabrique génétique[4]. Du coup, il n'est pas surprenant que cet altruisme soit au cœur de toutes les grandes traditions spirituelles[5]. C'est d'abord une *expérience* dans le corps, une émotion, qui a été vécue tant par des sages taoïstes et hindous que par des penseurs judaïques, chrétiens ou musulmans – autant que par des millions d'êtres humains anonymes et souvent athées.

Dans les études sur les gens qui sont plus heureux dans leur vie que les autres, on décèle systématiquement deux facteurs : ils ont des relations affectives stables avec des êtres proches, *et* ils sont impliqués dans leur communauté[6]. Nous avons déjà longuement parlé des relations affectives, mais qu'en est-il des liens sociaux plus larges ?

L'implication dans la communauté, c'est le fait de donner de sa personne et de son temps pour une cause dont nous ne tirons pas de bénéfice matériel en retour. C'est une des activités les plus efficaces lorsqu'il s'agit de pallier le sentiment de vide qui accompagne si souvent les états dépressifs. Et il n'est pas nécessaire de risquer sa vie ni de s'engager dans la Résistance.

Animer un peu la vie de personnes âgées en institution, travailler dans un refuge pour animaux, s'engager auprès de l'école de son quartier, participer au conseil municipal ou au syndicat d'entreprise, permet de se sentir moins isolé et, au final, moins anxieux et moins déprimé. C'est le Français Émile Durkheim, ami intime de Jean Jaurès, qui, le premier, en a fait la démonstration. Dans son livre *Le Suicide*, œuvre fondatrice de la sociologie moderne, il a montré que ce sont les gens qui sont les moins bien « intégrés » dans leur communauté qui se suicident le plus[7]. Depuis, les sociologues américains ont établi non seulement que les gens qui participent à des activités communautaires sont plus heureux, mais aussi qu'ils sont en meilleure santé et vivent plus longtemps que les autres. Une étude publiée dans l'*American Journal of Cardiology* souligne que, à conditions de santé égales, la mortalité de gens âgés et pauvres qui participent à des activités bénévoles tournées vers les autres est inférieure de 60 % à celle de gens qui ne le font pas[8]. Une analyse des effets du bénévolat sur la santé publié dans *Science* – la principale revue scientifique du monde – conclut que celui-ci est une des meilleures garanties d'une vie plus longue, peut-être meilleure encore qu'une tension artérielle maîtrisée, qu'un faible taux de cholestérol, voire même qu'arrêter de fumer[9]. Le plaisir dans le lien à autrui, le sentiment d'être impliqué dans le groupe social, est un remède remarquable pour le cerveau émotionnel, et donc aussi pour le corps.

Le psychiatre autrichien Victor Frankl a survécu aux camps de concentration nazis. Dans le livre souvent bouleversant qu'il a tiré de son expérience, il évoque ce qui permettait à certains déportés de tenir malgré tout[10]. Même si ses observations n'ont pas valeur de faits scientifiques, ses conclusions sont les mêmes que celles des études : pour survivre dans un univers froid et indifférent, il faut trouver un sens à son existence, se connecter à quelque chose. Son conseil dans les situations de désespoir était de ne pas demander à la vie ce qu'elle peut faire pour nous, mais de toujours se demander ce que l'on peut faire pour elle. Il peut simplement s'agir de faire son travail avec plus de générosité, en ayant à l'esprit en quoi il apporte quelque chose aux autres. Il peut aussi s'agir de consacrer un peu de son temps, une fois par semaine, à une cause, à un groupe, ou même simplement à une personne, voire à un animal, qui nous tient à cœur. Mère Teresa, sans doute la championne incontestée de la compassion en action au XXe siècle, disait : « Ne cherchez pas des actions spectaculaires. Ce qui est important, c'est que vous donniez de vous-même. Ce qui compte, c'est le degré de compassion que vous mettez dans vos gestes[11]. » Il n'est pas non plus nécessaire d'être parfaitement bien avec soi avant de pouvoir faire don de soi. Le psychologue humaniste Abraham Maslow est à l'origine du grand mouvement de « développement personnel ». À la fin de son étude sur les gens heureux et psychologiquement équilibrés, il concluait que le stade ultime du développement personnel est celui où l'être humain « actualisé » peut commencer à se tourner vers les autres. Il parlait même de devenir un « serviteur » tout en insistant sur l'importance de se réaliser soi-même : « La meilleure manière de devenir un meilleur serviteur des autres est de devenir soi-même une meilleure personne. Mais, pour devenir une meilleure personne, il est nécessaire de servir les autres. Il est donc possible, obligatoire même, de faire les deux simultanément[12]. »

Un siècle après Durkheim, trente ans après Frankl et Maslow, les études physiologiques modernes sont venues confirmer leurs intuitions et leurs observations : quand on mesure la cohérence cardiaque par ordinateur, on constate que la façon la plus simple et la plus rapide pour que le corps entre en cohérence est de faire l'expérience de sentiments de gratitude et de tendresse vis-à-vis d'autrui[13]. Lorsque nous nous sentons viscéralement, émotionnellement, en rapport avec ceux qui nous entourent, notre physiologie entre spontanément en cohérence. Simultanément, lorsque nous aidons notre physiologie à entrer en cohérence, nous ouvrons la porte à de nouvelles manières d'appréhender le monde autour de nous. C'est le cercle vertueux qu'évoquait Maslow. Le portail vers la réalisation de soi.

15

Par où commencer ?

Debout sur le Pont-Neuf, je regarde la Seine couler entre les pierres blanches. Sur la berge, en plein centre de Paris, un homme pêche avec son fils. Le petit garçon vient d'attraper un poisson et ses yeux s'écarquillent de bonheur. Je me souviens d'une longue marche le long du même fleuve, avec mon père, quand j'avais le même âge que ce petit garçon. Mon père me racontait que, quand il était jeune, son père à lui se baignait de temps en temps dans la Seine, même en hiver. Et il ajoutait que notre fleuve était à présent tellement pollué qu'on ne pouvait non seulement plus s'y baigner, mais que même les poissons y avaient disparu. Trente ans plus tard, les poissons sont revenus. Peut-être est-il même possible de se baigner à nouveau. Il a suffi qu'on cesse de la polluer pour que la Seine se purifie d'elle-même. Les fleuves et les rivières sont des êtres vivants. Ils tendent, comme nous, vers l'équilibre, l'« homéostasie » chère à Claude Bernard, en fait, l'autoguérison. Laissés en paix, lorsqu'on ne les empoisonne plus, ils se nettoient, ils se purifient.

Comme tous les êtres vivants, ils entretiennent en permanence des échanges avec leur environnement : l'air, la pluie, la terre, les arbres, les algues, les poissons et les hommes. Et cet échange vivant crée davantage d'ordre, davantage d'organisation et, au bout du compte, davantage de pureté. Seules les étendues d'eau qui n'échangent plus, celles qui stagnent, deviennent saumâtres. Elles glissent vers le chaos. La mort est bien l'opposé de la vie : il n'y a plus d'échange avec l'extérieur, et la reconstruction permanente de l'ordre, de l'équilibre, qui caractérise la vie laisse place à la décomposition. Mais, tant que les forces naturelles sont à l'œuvre, elles tendent vers l'équilibre, vers la cohérence et même, d'une certaine façon, vers la pureté. Aristote pensait que toute forme de vie recelait en elle une force qu'il appelait *entéléchie* – ou autocomplétion[1]. La graine ou l'œuf contiennent en eux la force qui les fera devenir un organisme d'une complexité infiniment supérieure, que ce soit une fleur, un arbre, une poule ou un être humain. Ce processus d'auto-complétion n'est pas seulement physique, il se prolonge, chez l'être humain, par le développement de la sagesse. Carl Jung et Abraham Maslow ont fait la même observation. Jung était fasciné par le « processus d'individuation » qui pousse l'être humain vers toujours plus de maturité et de sérénité. Maslow appelait cela l'« actualisation du moi ». Pour eux, les méca-nismes d'autoguérison et d'autocomplétion étaient le fon-dement de la vie elle-même[2].

Les méthodes de traitement que j'ai exposées au cours des pages précédentes visent toutes à renforcer ces méca-nismes d'autocomplétion qui caractérisent tous les orga-nismes vivants – de la cellule à l'écosystème en passant par l'être humain. C'est justement parce qu'elles exploitent les forces naturelles du corps, parce qu'elles contribuent à l'har-monie, à l'équilibre et à la cohérence des forces de l'orga-nisme, que ces méthodes sont efficaces tout en étant quasiment dépourvues d'effets secondaires. Comme elles soutiennent, chacune à sa manière l'effort du corps et du cerveau pour retrouver l'harmonie, ces différentes approches possèdent une forte synergie : il n'est pas nécessaire d'en choisir une à l'exclusion des autres. Elles se renforcent toutes mutuellement. De fait, elles ont toutes en commun la capacité d'augmenter l'activité du système parasympathique, qui apaise et soigne en profondeur le corps et l'esprit[3].

Dans les années 1940, la médecine a été transformée par l'avènement des antibiotiques. Pour la première fois, des maladies jusque-là mortelles ont pu être vaincues par un traitement spécifique. La pneumonie, la syphilis, la gangrène, ont reculé devant de simples médicaments. Leur efficacité était telle que tout ce qui avait été essentiel à la pratique de la médecine – la relation médecin-malade, la nutrition, l'attitude du patient – s'était vu remis en question : pour peu que le malade prenne ses pilules, celles-ci le guérissaient même si le médecin ne lui parlait pas, même si le malade se nourrissait mal et même s'il restait complètement passif et indifférent à son traitement. C'est de ce fantastique succès qu'est née en Occident une nouvelle manière de pratiquer la médecine, inconnue auparavant : une approche du malade qui ne prend plus en compte son histoire, son contexte, sa force vitale intérieure et sa capacité d'autoguérison. Cette approche purement mécanique du malade et de la maladie s'est généralisée à toute la médecine, bien au-delà des maladies infectieuses. Aujourd'hui, presque tout l'enseignement médical consiste à apprendre à diagnostiquer une maladie spécifique et lui associer un traitement spécifique. C'est une approche qui fonctionne remarquablement bien pour les maladies aiguës : une appendicectomie pour une appendicite, de la pénicilline pour une pneumonie, de la cortisone pour une allergie... Mais elle révèle rapidement ses limites dès qu'il s'agit de maladies chroniques dont elle ne guérit que les crises et les symptômes. Autant nous savons remarquablement bien soigner un infarctus du myocarde et sauver la vie du malade avec de l'oxygène, de la trinitrine et de la morphine, autant ce traitement n'a *en rien* fait reculer la maladie sous-jacente qui a bouché les artères coronaires du cœur. À ce jour, ce sont surtout des modifications profondes du mode de vie du malade qui sont capables de faire reculer cette maladie chronique des artères : gestion du stress, contrôle de l'alimentation, exercice, et ainsi de suite.

Il en va de même pour l'anxiété et la dépression, qui sont des maladies chroniques par excellence. Il est illusoire de croire qu'une seule intervention ou même une seule modalité d'intervention puisse systématiquement rééquilibrer les interactions complexes qui, ensemble, entretiennent un état de maladie chronique depuis des années, voire des décennies. Sur ce point, tous les praticiens et théoriciens des maladies chroniques s'accordent. Même les plus opiniâtres des psychanalystes d'un côté et des psychiatres biologiques de l'autre sont bien obligés de reconnaître une chose : le meilleur traitement que la médecine conventionnelle ait à offrir pour une dépression chronique combine la psychothérapie et le traitement par un médicament. C'est ce que confirme une étude impressionnante conduite simultanément dans plusieurs universités et publiée dans le *New England Journal of Medicine*[4].

Comme lorsqu'il s'agit de permettre à une rivière de retrouver sa pureté le plus rapidement possible, pour soigner une maladie chronique, il faut mettre en œuvre un programme qui attaque simultanément le problème sous plusieurs angles et renforce les mécanismes distincts d'autoguérison. Il faut créer entre les différentes interventions une synergie plus forte que l'élan de la maladie elle-même. C'est dans cet esprit de synergie que j'ai décrit les diverses méthodes de ce livre. Même si chacune a fait ses preuves individuellement, c'est leur combinaison adaptée au cas de chacun qui aura la plus grande chance de transformer la douleur psychique et de redonner à la vie son énergie.

Nous avons fait le tour de nombreux outils pour accéder au plus profond de l'être émotionnel et en restaurer la cohérence. Alors, concrètement, par où commencer ? L'expérience accumulée au Centre de médecine complémentaire à

Pittsburgh nous a permis de mettre au point des règles assez simples pour choisir une combinaison appropriée à chaque personne. Les principes en sont les suivants :

La première chose à faire est d'apprendre à contrôler son être intérieur. Chacun développe au cours de sa vie des méthodes d'autoconsolation pour gérer les passages difficiles. Malheureusement, il s'agit le plus souvent de la cigarette, du chocolat, de la crème glacée, de la bière ou du whisky, voire de l'anesthésie de la télévision. Ce sont, de loin, les manières les plus courantes de se consoler des aléas de la vie. Si nous avons été en contact avec la médecine conventionnelle, ces toxines de tous les jours ont facilement pu être surclassées par un tranquillisant (comme le Valium, l'Ativan ou le Xanax), ou par un antidépresseur. Dans les années 1960, presque tous les journaux médicaux américains étaient remplis de publicités pour le Librium – le prédécesseur du Valium. Celles-là annonçaient fièrement : « Du Librium. Quel que soit le problème ! » Il semble que ce soit en France que nous ayons le plus adopté ce motus : les Français sont encore aujourd'hui les plus grands consommateurs de tranquillisants au monde... Si, au lieu d'un médecin, c'est un groupe de lycéens, d'étudiants ou d'amis un peu perdus qui nous donne des conseils, les tranquillisants eux-mêmes auront généralement été remplacés par des méthodes d'autoconsolation plus drastiques encore comme le cannabis, la cocaïne ou l'héroïne.

Il est évidemment essentiel de substituer à ces méthodes peu efficaces – et le plus souvent toxiques – des techniques qui utilisent les capacités d'autoguérison du cerveau émotionnel et qui permettent de rétablir l'harmonie entre la cognition, les émotions et un sentiment de confiance dans l'existence. À Pittsburgh, nous encouragions chacun à découvrir sa capacité de cohérence cardiaque et à apprendre à entrer dans cet état de cohérence au moindre stress (ou lorsque la tentation apparaissait de se reposer sur une méthode moins saine – et moins efficace – pour gérer la tension du moment).

Ensuite, il faut identifier, si possible, des événements douloureux du passé qui continuent d'évoquer des émotions difficiles dans le présent. Le plus souvent, les patients sont les premiers à sous-estimer l'importance des abcès émotionnels qu'ils portent encore en eux et qui conditionnent leur approche de la vie, ravivant à chaque instant la douleur ou limitant le plaisir. La plupart des praticiens traditionnels ont tendance à ne pas y prêter attention ou bien ne savent pas comment aider les patients à s'en libérer. Or il suffit généralement de quelques séances d'EMDR pour nettoyer les conséquences de ce lourd passé et donner ainsi naissance à une perspective nouvelle et plus harmonieuse sur la vie.

Il faut toujours faire l'inventaire des conflits chroniques dans les relations affectives les plus importantes : autant dans la vie personnelle – parents, enfants, époux, frères et sœurs – qu'au travail – patron, collègues, employés. Ces relations conditionnent notre écosystème émotionnel. Assainies, elles nous permettent de recouvrer notre équilibre intérieur. Si elles polluent continuellement le flux de notre cerveau émotionnel, elles finissent par bloquer ses mécanismes d'autoguérison. Parfois, le simple fait de résoudre les conséquences des traumatismes du passé permet aux relations affectives de prendre un nouvel élan. Libéré de spectres qui n'ont rien à faire dans le présent, chacun peut alors inventer une manière entièrement nouvelle d'entrer en relation avec les autres. Apprendre à contrôler sa cohérence cardiaque permet aussi de mieux gérer ses relations affectives. La communication émotionnelle non violente est aussi une méthode directe et remarquablement efficace pour harmoniser les relations affectives et retrouver l'équilibre de soi. Nous devrions tous continuellement nous entraîner à une meilleure communication émotionnelle. Si la formation à ces méthodes par un thérapeute averti ne suffit pas, il faut s'engager dans le processus plus complexe de la thérapie de couple ou de la thérapie familiale (lorsque les conflits les plus importants appartiennent au domaine de la vie personnelle).

Presque tout le monde bénéficiera d'une modification de son alimentation permettant de retrouver un équilibre adéquat entre les acides gras oméga-3 et les acides gras oméga-6, et fournissant ainsi au corps et au cerveau la matière première idéale pour se reconstituer. Nous savons aujourd'hui que ce régime dit « crétois » permet non seulement de combattre le stress et la dépression, mais aussi d'augmenter la variabilité cardiaque. Chacun devrait donc, au minimum, envisager de rééquilibrer son régime de tous les jours en faveur du poisson – voire de prendre des oméga-3 en suppléments alimentaires – et de diminuer l'apport des oméga-6 dans son alimentation. Initier un programme d'exercice physique est aussi une option ouverte à chacun et qui ne nécessite presque aucun investissement si ce n'est les vingt minutes nécessaires trois fois par semaine. De même, nous devrions tous nous demander si nous pourrions sans trop d'effort changer notre manière de nous réveiller le matin. Puisqu'il suffit, pour commencer à re-régler son horloge biologique, de remplacer son réveil par une lampe programmée pour simuler l'apparition de l'aube, l'effort est minimum et les bienfaits potentiels importants. L'acupuncture, par contre, représente un investissement en temps et en argent bien plus conséquent. Je la recommande surtout à ceux qui souffrent de problèmes physiques – principalement de douleur – en plus de leur souffrance émotionnelle. Dans cette situation, les aiguilles chinoises permettent habituellement de traiter les deux problèmes en même temps (et il est difficile de soulager la dépression de quelqu'un qui souffre continuellement dans son corps...).

Et finalement, pour atteindre la véritable paix intérieure, il est souvent essentiel pour nous de trouver un sens plus profond au rôle que nous jouons dans notre communauté,

247

au-delà de notre famille immédiate. Ceux qui ont la chance de découvrir une telle source de sens sont en général propulsés plus loin qu'un simple retour au bien-être : ils ont le sentiment de puiser leur énergie dans ce qui donne un sens à la vie elle-même.

Comme tous les lycéens, à seize ans, j'ai lu *L'Étranger* de Camus. Je me souviens très bien de mon trouble. Oui, Camus avait raison, tout était absurde. Nous flottons au hasard de l'existence, nous nous heurtons à des inconnus qui sont tout aussi désorientés que nous, nous nous engageons par des choix arbitraires dans des voies qui déterminent tout le cours de notre vie, et nous finissons par mourir sans avoir eu le temps de comprendre ce que nous aurions dû faire autrement... Si nous avons de la chance, nous pouvons maintenir une certaine intégrité en étant, au minimum, pleinement conscients de toute cette absurdité. Cette conscience de l'absurde existentiel de notre situation est notre seule supériorité par rapport aux animaux. Camus avait raison. Il n'y avait rien d'autre à attendre.

Aujourd'hui, à quarante et un ans, après des années passées au chevet d'hommes et de femmes de toutes les origines, confus et souffrants, je repense à *L'Étranger* en des termes bien différents. Il me semble clair que le héros existentiel de Camus n'était pas connecté à son cerveau émotionnel. Il n'avait pas de vie intérieure ou ne s'y référait jamais : il n'éprouvait ni tristesse ni douleur à l'enterrement de sa mère, ni joie ni affection en présence de sa compagne ; il ressentait à peine sa colère quand il s'apprêtait à commettre un meurtre. Et, évidemment, il n'avait pas de lien avec une communauté à laquelle il aurait tenu (d'où le titre du livre).

Or notre cerveau émotionnel, fruit de millions d'années d'évolution, est précisément affamé de ces trois aspects de la vie auxquels n'avait pas accès l'Étranger : les mouvements de notre corps que sont les émotions, les rapports affectifs harmonieux avec ceux qui nous sont chers, et le sentiment d'être à notre place dans une communauté. Séparés de cela, nous cherchons en vain une raison d'être en dehors de nous-mêmes, dans un monde où nous sommes devenus... des étrangers. Comme Damasio l'a brillamment expliqué, ce qui donne une direction, un sens à notre existence, ce sont précisément les vagues de ressenti qui affluent de ces sources de vie pour animer notre corps et nos neurones émotionnels. Et c'est en les cultivant, chacune, que nous pouvons guérir.

Remerciements

Lorsqu'on me demande combien temps j'ai mis à écrire ce livre, je réponds la vérité : quelques mois, et avant cela, toute ma vie. Car un livre est l'œuvre de tous ceux qui ont contribué au développement des idées de son auteur y compris les maîtres d'école et professeurs de lycée auxquels il pense encore souvent – autant que de ceux qui ont contribué à son équilibre affectif. Parmi tous ceux-là, je ne peux en remercier ici qu'un tout petit nombre.

Je me dois de commencer par Beverly Spiro et Lewis Mehl-Madrona, deux praticiens étonnants de la nouvelle médecine, dont l'humanité, les résultats et les encouragements incessants m'ont forcé à m'ouvrir l'esprit à bien de nouvelles manières de faire mon métier. C'est sous leur impulsion que nous avons créé le Centre de médecine complémentaire de l'hôpital de Shadyside. Patricia Bartone, amie fidèle et collègue de chaque instant dans ce centre, m'a aussi aidé à rompre les amarres lorsque le moment était venu pour moi de rentrer dans mon pays. Les amis capables de vous aider à les quitter sont rares. Et il y a aussi toute l'équipe du centre : Denise Mianzo, Denise DiTommaso, Gayle Dentino, J.A. Brennan, ainsi que les praticiens dont j'ai appris et tant de choses qui n'ont cessé de m'encourager et de m'aider bien après mon départ. À eux tous, je dois beaucoup.

251

La bibliothécaire de l'hôpital, Michèle Klein-Fedyshin, est une femme incroyablement créative et efficace. C'est grâce à ses courriers électroniques, presque quotidiens, même lorsque je travaillais sur mon texte entouré de pâturages et de vaches, que j'ai pu assembler la documentation permettant d'étayer tous les propos tenus dans ces pages. À travers elle, je souhaite aussi remercier tous mes anciens collègues de l'hôpital de Shadyside qui n'ont cessé de m'encourager, et surtout Randy Kolb, mon médecin de famille, Fred Rubin, le chef du service de médecine interne, et David Blandino, le chef du service de médecine familiale et communautaire. Ils ont été, à bien des titres, des modèles pour moi.

Enfin, je tiens à saluer l'ouverture d'esprit du doyen de la faculté de médecine de l'université de Pittsburgh, Arthur Levine. Peut-être est-ce notre admiration commune pour la littérature russe du XIXe siècle qui lui a fait tolérer ce centre de médecine complémentaire au sein de son université pourtant ô combien orthodoxe. En France, c'est à Jean Cottraux, directeur de l'unité de traitement de l'anxiété à l'hôpital neurologique de Lyon et source inépuisable de sagesse sur la psychiatrie que je voudrais adresser mes remerciements pour son accueil, son soutien et ses conseils, même s'il ne sera pas nécessairement d'accord avec tout ce que j'ai écrit ici.

Du côté de ma famille, mon frère Édouard est un compagnon de chaque instant et son regard porté sur ces pages a été un des plus sûrs et utiles. La petite main de mon fils Sacha, posée dans la mienne, m'a donné la meilleure raison d'écrire qu'il soit. Ma mère, Sabine, a veillé au grain pendant tous les hauts et les bas, comme elle sait le faire. Mon oncle Jean-Louis a orchestré mon retour en France avec amour, sollicitude et parfois de bien utiles exhortations. C'est lui qui m'a appris à écrire pour le public, et c'est lui, aussi, qui a trouvé le titre définitif du livre. Ma tante Bernadette et son fils Diego ont fait preuve d'une grande ingéniosité et loyauté envers l'idée de la famille dans une situation alarmante qui aurait bien pu m'empêcher de terminer ce livre à temps. C'est grâce à la très fidèle Liliane, qui devine tout, réfléchit à tout, et organise tous les détails de la vie communautaire familiale, depuis maintenant quarante ans que j'ai pu me concentrer sur ce que j'avais à faire. Enfin, la douce Annick, elle aussi depuis quarante ans, m'a préparé sans relâche à cette tâche.

L'accouchement de ce livre, l'écriture à proprement parler, s'est fait entre les mains de la « sage-femme » Madeleine Chapsal, dans ses calmes et propices maisons de « La Sauterie », et « La Maison de Ré ». Madeleine m'encourage à écrire depuis que j'ai quinze ans, et je garde encore en mémoire ses commentaires sur ma copie de bac de philosophie sur Merleau-Ponty. C'est finalement dans la chambre de Merleau-Ponty à la Sauterie que j'ai écrit les premières lignes de ce livre. Nous y avons beaucoup ri et beaucoup mangé de poisson. La joyeuse et sage Émilie Elcisha, lutin de la Maison de Ré, a contribué à créer un fort agréable environnement pendant ces semaines d'isolement forcé.

Les amis Benoît Mulsant, Jonathan Cohen, Maurice Balick, Heidi Feldman, Patrick et Guenola Perez, Robert et Séverine Balick, Édouard et Pénélope Pontet, Pascaline et Florence Servan-Schreiber, Vincent et Frédérique Ferniot, Denis Lazat, Nicolas de Pomereu, Bruno Levy, Gaelle Riout, Michelle Gaillard, Catherine Muller, Dan et Danielle Stern, Christophe et Irène Wise, Nikos Pediaditakis, Lotti Gaffney m'ont, chacun à leur manière, permis de tester les idées évoquées dans ces pages et de leur donner forme. Leur patience et leur loyauté malgré mon amitié inconstante et distraite sont un cadeau de la vie. Olga Tereshko, avec son âme russe, sa force, sa passion et son intelligence incisive, a marqué ma vie et profondément influencé mes idées sur la nature humaine. Diane Mordacq, surtout son souvenir, m'a accompagné tout au long de ce chemin d'écriture.

Mes amis du tarot du dimanche soir, institution essentielle de ma vie, autant à Pittsburgh que maintenant à Paris, sont une des raisons pour lesquelles il fait bon vivre. Merci à Christine Gonze, à Madjid, à Youssef, à Isabelle, à Benoît, à Géraldine, et à Nicolas. J'ai retrouvé l'humus de ma terre natale après quinze ans d'exil volontaire lorsque nous nous sommes réunis pour la première fois à Pittsburgh pour ne rien faire d'autre que jouer et rire. Cela m'a permis de mieux comprendre ce qui manquait à la vie américaine, et ce qui était essentiel à la guérison de l'âme en tout cas la mienne.

Aux moments les plus importants de son élaboration, Roy et Susie Dorrance, et à travers eux l'esprit de leur fille Émilie, décédée à vingt-quatre ans, ont cru à ce travail. Jamais des êtres que je connaissais aussi peu n'ont été aussi généreux avec moi. Leurs gestes resteront à jamais gravés dans mon cœur ; j'espère seulement être digne de la confiance qu'ils m'ont accordée. Merci à Sonny Richards, un des derniers chamans lakotas, fils spirituel du grand Fool's Crow, qui continue d'incarner la médecine amérindienne traditionnelle par l'exploration des émotions, de l'intégration dans la communauté, et des rituels sacrés.

Merci également à Michael Lerner, sans doute un des intellectuels américains les plus fascinants de notre époque, engagé dans l'action jusqu'au bout des ongles, et toujours pour des combats aussi importants que difficiles. Merci, Michael, pour m'avoir regardé dans les yeux et dit : « Tu dois écrire ce livre. »

Enfin, bien sûr, je souhaite remercier Nicole Lattès et Abel Gerschenfeld, qui ont cru à mes idées au point de s'engager pour elles, professionnellement, jusqu'au bout. C'est ma première conversation avec Abel, dans son bureau trop petit pour l'envergure de sa pensée, qui a posé le cadre dans lequel ce livre s'est développé par la suite. Son jugement très sûr et son incroyable maîtrise de l'écriture ont ensuite permis à mes phrases de prendre la forme d'un livre. Quand j'ai rencontré Nicole, avec son charme, son calme et son regard pétillant d'intelligence, j'ai tout de suite senti que c'était avec elle qu'il fallait s'engager dans cette aventure. Par la suite, j'ai pu constater qu'ils faisaient tous les deux leur métier non seulement avec talent, mais avec amour. Je ne savais pas que les relations avec son éditeur pouvaient être placées sous un ciel si serein. Un grand merci aussi à Sylvie Angel. C'est grâce à son accueil et à toutes ses activités que cette rencontre a eu lieu. Et je ne puis oublier de mentionner Henri Trubert, qui a été le premier éditeur à Paris à s'intéresser à ce projet. Quant à Delphine Pécoul, mon assistante, sans sa patience et son sens de l'organisation en toutes choses, je ne pourrais pas me concentrer sur l'essentiel.

Pour finir, je voudrais saluer l'esprit de mon père Jean-Jacques qui souffle à travers toutes ces pages. C'est dans son bureau de notre maison de famille en Normandie depuis trois générations, à Veulettes-sur-Mer, là où je me souviens de l'avoir vu rédiger pendant tout un été *Le Défi américain*, que s'est écrit tout seul le premier plan de ce *Guérir*. Je n'ai jamais eu à en dévier une seule fois par la suite.

Plusieurs personnes ont accepté d'être « pré-lecteurs » de *Guérir* et de donner leur avis bien avant l'impression du livre. Merci à Jacques Roques, Cordelia de Mello Mourão, Véronique Le Goaziou, Rose-Anne Hua-Dong, Brigitte Rodrigue, Dominique Mestdag, Brigitte Wittouck, Francis Lambert, et à plusieurs lecteurs de *Psychologies Magazine*.

Paris, janvier 2003

Notes

1. Une nouvelle médecine des émotions

1. Cummings, N. A. et N. Van den Bos (1981), « The twenty year kaiser permanente experience with psychotherapy and medical utilization : Implications for national health policy and national health insurance », *Health Policy Quarterly*, n° 1 (2), p. 159-175 ; Kessler, L. G., P. D. Cleary, et al. (1985), « Psychiatric disorders in primary care », *Archives of General Psychiatry*, n° 42, p. 583-590 ; MacFarland, B. H., D. K. Freeborn, et al. (1985), « Utilization patterns among long-term enrollees in a prepaid group practice health maintenance organization », *Medical Care*, vol. 23, p. 1121-1233.

2. Grossarth-Maticek, R. et H. J. Eysenck (1995), « Self-regulation and mortality from cancer, coronary heart disease and other causes : A prospective study », *Personality and individual differences*, vol. 19 (6), p. 781-795.

3. Blanchard, S., « Les Francais dépensent toujours plus pour les médicaments », *Le Monde*, 16 juillet 2002 ; *Pharmacy Times* (2002), « Top ten drugs of 2001 », vol. 68 (4), p. 10, 12, 15.

4. Observatoire national des prescriptions et consommations des médicaments (1998). Étude de la prescription et de la consommation des antidépresseurs en ambulatoire, Paris, Agence du médicament-Directions des études et de l'information pharmaco-économiques ; Rédaction du *Monde* (2002) ; « Le Grand Dossier Exception française », *Le Monde* (14-15 avril), p. 17.

5. Zarifian, E. (2002), « En France, le recours aux drogues a de quoi inquiéter », *Le Figaro*, p. 23.

6. Rédaction du Monde (2002), « Le Grand Dossier Exception française », *Le Monde* (14-15 avril), p. 17.

7. Kessler, R., J. Soukup, et al. (2001), « The use of complementary

and alternative therapies to treat anxiety and depresssion in the United States », *American Journal of Psychiatry*, vol. 158 (2 février), p. 289-294.

8. Gabbard, G. O., J. G. Gunderson, et al. (2002), « The place of psychoanalytic treatments within psychiatry », *Archives of General Psychiatry*, vol. 59, p. 505-510.

9. Kramer, P. (1993), *Listening to Prozac*, New York, Viking. Trad. française, *Le Bonheur sur ordonnance*, 1994, First Editions.

10. Observatoire national des prescriptions et consommations des médicaments (1998). Étude de la prescription et de la consommation des antidépresseurs en ambulatoire, Paris, Agence du médicament-Directions des études et de l'information pharmaco-économiques.

2. Malaise dans la neurobiologie : le difficile mariage de deux cerveaux

1. Mayer, J. D., P. Salovey, A. Capuso (2000), « Models of emotionals intelligence », *in* Steinberg, R. J. (éd.), *Hand book of Intelligence*, Cambridge, U.K., Cambridge University Press.

2. Goleman, D. (1997), *L'Intelligence émotionnelle*, Paris, Robert Laffont.

3. Mayer, J. D., P. Salovey, et al. (2000), *op. cit.*, p. 396-420.

4. Vaillant, G. (1995), *Adaptation to Life*, Boston, Harvard University Press.

5. Felsman, J. K. et G. Vaillant (1987), « Resilient children as adults : a 40 year study », *The Invulnerable Child*, E. J. Anthony et B. J. Cohler, New York, Guilford Press.

6. Broca, P. (1878), « Anatomie comparée des circonvolutions cérébrales. Le grand lobe limbique et la scissure limbique dans le série des mammifières », *Revue anthropologique*, vol. 2, p. 385-498.

7. Servan-Schreiber, D., W. M. Perlstein, et al. (1998), « Selective pharmacological activation of limbic structures in human volunteers : A positron emission tomography study », *Journal of Neuropsychiatry and Clinical Neurosciences*, vol. 10, p. 148-159.

8. LeDoux, J. E. (1996), *The Emotional Brain : The Mysterious Underpinnings of Emotional Life*, New York, Simon & Schuster.

9. Damasio, A. (1999), *The Feeling of What Happens*, San Diego, Harcourt, Inc. Trad. française, *Le Sentiment même de soi*, 2001, Odile Jacob.

10. Mehler, J., G. Lambertz, et al. (1986), « Discrimination de la langue maternelle par le nouveau-né », *Comptes rendus de l'Académie des sciences*, vol. 303, p. 637-640.

11. Arnsten, A. F. et P. S. Goldman-Rakic (1998), « Noise stress impairs prefrontal cortical cognitive function in monkeys : evidence for a hyperdopaminergic mechanism », *Archives of General Psychiatry*, vol. 55 (4), p. 362-368.

12. Regier, D. A., Robins, L. N. (1991), *Psychiatric Disorders in America : The Epidemiology Catchment Area Study*, New York, NY, Free Press.

13. Ochsner, K. N., S. A. Bunge, et al. (mai 2002), « An fMRI study of the cognitive regulation of emotion », *Journal of Cognitive Neuroscience*. Voir aussi la théorie de Drevets et Raichle qui décrit la relation d'inhibition réciproque entre le cerveau cognitif et le cerveau émotionnel et la confirmation de cette théorie dans une étude récente de l'université de Duke par IRM fonctionnelle. Drevets, W. C. et M. E. Raichle (1998), « Reciprocal suppression of regional cerebral blood flow during emotional versus higher cognitive processes : implications for interactions between emotion and cognition », *Cognition and Emotion*, n° 12, p. 353-385 ; Yamasaki, H., K. S. LaBar, et al. (2002), « Dissociable prefrontal brain systems for attention and emotion », *Proceedings of the National Academy of Sciences*, vol. 99 (17), p. 11447-11451.

14. Macmillan, M. B. (1986), « A wonderful journey through skull and brains : The travels of Mr. Gage's tamping iron », *Brain and Cognition*, n° 5, p. 67-107 ; Damasio, H., T. Brabowski, et al. (1994), « The return of Phineas Gage : Clues about the brain from the skull of a famous patient », *Science*, vol. 264, p. 1102-1105.

15. Eslinger, P. J. et A. R. Damasio (1985), « Severe disturbance of higher cognition after bilateral frontal lobe ablation : Patient EVR », *Neurology*, vol. 35, p. 1731-1741.

16. Levenson, R. et al. (1994), « The influence of age and gender on affect, physiology, and their interrelations : A study of long-term marriages », *Journal of Personality and Social Psychology*, vol. 67.

17. Csikszentmihalyi, M. (1990), *Flow : The Psychology of Optimal Experience*, New York, Harper & Row.

3. Le cœur et la raison

1. Harrer, G. et H. Harrer (1977), « Music, emotion and autonomic function », *Music and the Brain*, M. Critchley et R. A. Hanson, Londres, William Heinemann Medical, p. 202-215.

2. Grossarth-Maticek, R. et H. J. Eysenck (1995), « Self-regulation and mortality from cancer, coronary heart disease and other causes : A prospective study », *Personality and Individual Differences*, vol. 19 (6), p. 781-795 ; Linden, W., C. Stossel, et al. (1996), « Psychosocial interventions for patients with coronary artery disease : a meta-analysis », *Archives of Internal Medicine*, vol. 156 (7), p. 745-752 ; Ornish, D., L. Scherwitz, et al. (1998), « Intensive lifestyle changes for reversal of coronary heart disease », *JAMA*, vol. 280 (23), p. 2001-2007.

3. Frasure-Smith, N., F. Lesperance, et al. (1995), « Depression and 18-month prognosis after myocardial infarction », *Circulation*, vol. 91 (4),

p. 999-1005 ; Glassman, A. et P. Shapiro (1998), « Depression and the course of coronary artery disease », *American Journal of Psychiatry*, vol. 155, p. 4-10.

4. Armour, J. A. et J. Ardell (1994), *Neurocardiology*, New York, NY, Oxford University Press ; Samuels, M. (2001), « Voodoo death revisited : The modern lessons of neurocardiology », *Grand Rounds*, Department of Medicine, Univ. of Pittsburgh Medical Center, Presbyterian/Shadyside Hospital.

5. Armour, J. A., Ed. (1991), « Anatomy and function of the intrathoracic neurons regulating the mammalian heart », *Reflex Control of the Circulation*, Boca Raton, FL, CRC Press ; Gershon, M. D. (1999), « The enteric nervous system : a second brain », *Hospital Practice (Office Edition)*, vol. 34 (7), p. 31-2, 35-8, 41-2 *passim*.

6. Carter, C. S. (1998), « Neuroendocrine perspectives on social attachment and love », *Psychoneuroendocrinology*, vol. 23, p. 779-818 ; Uvnas-Moberg, K. (1998), « Oxytocin may mediate the benefits of positive social interaction and emotions », *Psychoneuroendocrinology*, vol. 23, p. 819-835.

Ce sont des chercheurs québécois, Cantin et Genest, qui après avoir découvert l'ANF (atrial matriuretic factor) ont été parmi les premiers à décrire le cœur comme une véritable glande hormonale dans leur article : Cantin, M. and J. Genest (1986), « The heart as an endocrine gland », *Clinical and Investigative Medicine*, vol. 9 (4), p. 319-327.

7. Stroink, G. (1989), « Principles of cardiomagnetism », *Advances in Biomagnetism*, S. J. Williamson et al., New York, Plenum Press, p. 47-57.

8. Coplan, J. D., L. A. Papp, et al. (1992), « Amelioration of mitral valve prolapse after treatment for panic disorder », *American Journal of Psychiatry*, vol. 149 (11), p. 1587-1588.

9. Gahery, Y. and D. Vigier (1974), « Inhibitory effects in the cuneate nucleus produced by vago-aortic afferent fibers », *Brain Research*, vol. 75, p. 241-246.

10. Akselrod, S., D. Gordon, et al. (1981), « Power spectrum analysis of heart rate fluctuation : a quantitative probe of beat-to-beat cardiovascular control », *Science*, vol. 213, p. 220-222.

11. Umetani, K., D. Singer, et al. (1999), « Twenty-four hours time domain heart rate variability and heart rate : relations to age and gender over nine decades », *Journal of the American College of Cardiology*, vol. 31 (3), p. 593-601.

12. Tsuji, H., F. Venditti, et al. (1994), « Reduced heart rate variability and mortality risk in an elderly cohort. The Framingham Heart Study », *Circulation*, vol. 90 (2), p. 878-883 ; Dekker, J., E. Schouten, et al. (1997), « Heart rate variability from short term electrocardiographic recordings predicts mortality from all causes in middle-aged and elderly men. The Zutphen Study », *American Journal of Epidemiology*, vol. 145 (10),

p. 899-908 ; La Rovere, M., J. T. Bigger, et al. (1998), « Baroreflex sensitivity and heart-rate variability in prediction of total cardiac mortality after myocardial infraction », *The Lancet*, vol. 351, p. 478-484.

13. Carney, R. M., M. W. Rich, et al. (1988), « The relationship between heart rate, heart rate variability, and depression in patients with coronary artery disease », *J Psychosom Res*, vol. 32, p. 159-164 ; Rechlin, T., M. Weis, et al. (1994), « Are affective disorders associated with alterations of heart rate variability ? » *Journal of Affective Disorders*, vol. 32 (4), p. 271-275 ; Krittayaphong, R., W. Cascio, et al. (1997), « Heart rate variability in patients with coronary artery disease : differences in patients with higher and lower depression scores », *Psychosomatic Medicine*, vol. 59 (3), p. 231-235, Stys, A. et T. Stys (1998), « Current clinical applications of heart rate variability », *Clinical Cardiology*, vol. 21, p. 719-724 ; Carney, R., K. Freedland, et al. (2000), « Change in heart rate heart rate variability during treatment for depression in patients with coronary heart disease », *American Psychosomatic Society*, vol. 62 (5), p. 639-647 ; Luskin, F., M. Reitz, et al. (2002), « A controlled pilot study of stress management training in elderly patients with congestive heart failure », *Preventive Cardiology*, vol. 5 (4), p. 168-172.

14. McCraty, R., M. Atkinson, et al. (1995), « The effects of emotions on short-term power spectrum analysis and heart rate variability », *The American Journal of Cardiology*, vol. 76 (14), p. 1089 1093.

15. Barrios-Choplin, B., R. McCraty, et al. (1997), « An inner quality approach to reducing stress and improving physical and emotional wellbeing at work », *Stress Medicine*, vol. 13 (3), p. 193-201.

16. Watkins, A. D. (2002), *Corporate Training in Heart Rate Variability : 6 weeks and 6 months follow-up studies*, Alan Watkins Consulting, Londres.

17. Katz, L. F. and J. M. Gottman (1997), « Buffering children from marital conflict and dissolution », *J Clin Child Psychol*, vol. 26, p. 157-171.

4. Vivre la cohérence

1. McCraty, R., Ed. (2001), *Science of the Heart : Exploring the role of the heart in human performance*, Boulder Creek, CA, Institute of Heartmath.

2. McCraty, R., M. Atkinson, et al. (1995), « The effects of emotions on short-term power spectrum analysis and heart rate variability », *The American Journal of Cardiology*, vol. 76 (14), p. 1089-1093.

3. Luskin, F., M. Reitz, et al. (2002), « A controlled pilot study of stress management training in elderly patients with congestive heart failure », *Preventive Cardiology*, vol. 5 (4), p. 168-172.

4. Barrios-Choplin, B., R. McCraty, et al. (1997), « An inner quality

approach to reducing stress and improving physical and emotional wellbeing at work », *Stress Medicine*, vol. 13 (3), p. 193-201.

5. Baulieu, E., G. Thomas, et al. (2000), « Dehydroepiandrosterone (DHEA), DHEA sulfate, and aging : contribution of the DHEAge Study to a sociobiomedical issue », *Proc Natl Acad Sci USA*, vol. 97 (8), p. 4279-4284.

6. Kirschbaum, C., O. Wolf, et al. (1996), « Stress and treatment-induced elevation of cortisol levels associated with impaired declarative memory in healthy adults », *Life Sciences*, vol. 58 (17), p. 1475-1483 ; Bremner, J. D. (1999), « Does stress damage the brain ? », *Society of Biological Psychiatry*, vol. 45, p. 797-805.

7. McCraty, R., B. Barrios-Choplin, et al. (1998), « The impact of a new emotional self-management program on stress, emotions, heart rate variability, DHEA and cortisol », *Integrative Physiological and Behavioral Science*, vol. 33 (2), p. 151-170.

8. Rein, G., R. McCraty, et al. (1995), « Effects of positive and negative emotions on salivary IgA », *Journal for the Advancement of Medicine*, vol. 8 (2), p. 87-105.

9. Cohen, S., D. A. Tyrrell, et al. (1991), « Psychological stress and susceptibility to the common cold », *New England Journal of Medicine*, vol. 325 (9), p. 606-612.

10. McCraty, R., Ed. (2001), *Science of the heart : Exploring the role of the heart in human performance*, Boulder Creek, CA, Institute of Heartmath.

11. *Ibid.*

5. L'autoguérison des grandes douleurs : l'intégration neuro-émotionnelle par les mouvements oculaires (EMDR)

1. Rauch, S. L., Van der Kolk et al. (1996), « A symptom provocation study of postraumatic stress disorder using positron emission tomography and script-driven imagery », *Archives of General Psychiatry*, vol. 53, p. 380-387.

2. Breslau, N., R. C. Kessler, et al. (1998), « Trauma and posttraumatic stress disorder in the community : The 1996 Detroit Area Survey of Trauma », *Archives of General Psychiatry*, vol. 55, p. 626-632.

3. LeDoux, J. E. (1992), « Brain mechanisms of emotions and emotional learning », *Current Opinion in Neurobiology*, vol. 2, p. 191-197.

4. Pavlov, I. P. (1927), *Conditioned Reflexes*, Londres, Oxford University Press.

5. LeDoux, J. E., L. Romanski, et al. (1989), « Indelibility of subcortical emotional memories », *Journal of Cognitive Neuroscience*, vol. 1, p. 238-243 ; Morgan, M. A., L. M. Romanski, et al. (1993), « Extinction of emotional learning : contribution of medial prefrontal cortex », *Neuroscience Letters*, vol. 163 (1), p. 109-113 ; Quirk, G. J., G. K. Russo, et al.

(2000), « The role of ventromedial prefrontal cortex in the recovery of extinguished fear », *Journal of Neuroscience*, vol. 20 (16), p. 6225-6231 ; Milad, M. et G. I. Quirk (2002), « Neurons in medial prefrontal cortex signal memory for fear extinction », *Nature*, vol. 420, p. 70-74.

6. Voir le modèle développé par Jorge Armony dans le laboratoire de Joseph LeDoux à NYU en collaboration avec mon laboratoire à Pittsburgh : Armony, J., D. Servan-Schreiber, et al. (1997), « Computational modeling of emotion : explorations through the anatomy and physiology of fear conditioning », *Trends in Cognitive Sciences*, vol. 1 (1), p. 28-34.

7. Solomon, S., E. T. Gerrity, et al. (1992), « Efficacy of treatments for posttraumatic stress disorder », *JAMA*, vol. 268, p. 633-638.

8. Wilson, S., L. Becker, et al. (1995), « Eye movement desensitization and reprocessing (EMDR) treatment for psychologically traumatized individuals », *Journal of Consulting and Clinical Psychology*, vol. 63, p. 928-937 ; Wilson, S., L. Becker, et al. (1997), « Fifteen-month follow-up of eye movement desensitization and reprocessing (EMDR) treatment for posttraumatic stress disorder and psychological trauma », *Journal of Consulting and Clinical Psychology*, vol. 65.

9. Les antibiotiques guérissent 90 % des cas de pneumonie traités dans les cliniques externes mais seulement 80 % des patients hospitalisés dont les cas, bien sûr, sont plus sérieux. Fine, M., R. Stone, et al. (1999), « Processes and outcomes of care for patients with community-acquired pneumonia », *Archives of Internal Medicine*, vol. 159, p. 970-980.

10. Shapiro, F. (2001), *Eye-movement Desensitization and Reprocessing : Basic Principles, Protocols and Procedures*, 2nd edition New York ; Guilford, Stickgold, R. (2002), « EMDR : A putative neurobiological mechanism », *Journal of Clinical Psychology*, vol. 58, p. 61-75.

11. Cyrulnik, B. (2001), *Les Vilains Petits Canards*, Paris, Odile Jacob.

12. Rumelhart, D. E. et J. L. McClelland (1986), *Parallel Distributed Processing : Explorations in the Microstructure of Cognition*, Cambridge, MA, MIT Press ; Edelman, G. N. (1987), *Neural Darwinism : The Theory of Neuronal Group Selection*, New York, Perseus Publishing.

13. Choi, S. W., B. W. Son, et al. (2001), « The wound-healing effect of a glycoprotein fraction isolated from aloe vera », *British Journal of Dermatology*, vol. 145 (4), p. 535-545.

14. Anonymous (1996), « Centella asiatica (Gotu kola). Botanical Monograph », *Am J Nat Med*, vol. 3 (6), p. 22.

6. L'EMDR en action

1. Kübler-Ross, E. (1969), *On Death and Dying*, New York, Touchstone.

2. Chemtob, C. M., J. Nakashima, et al. (2002), « Brief treatment for elementary school children with disaster-related post-traumatic stress disorder : A field study », *Journal of Clinical Psychology*, vol. 58, p. 99-112.

3. Van Etten, M. L. et S. Taylor (1998), « Comparative efficacy of treatments for post-traumatic stress disorder : A meta-analysis », *Clinical Psychology & Psychotherapy*, vol. 5, p. 126-144 ; Spector, J. et J. Read (1999), « The current status of eye-movement desensitization and repro-cessing (EMDR) », *Clinical Psychology & Psychotherapy*, vol. 6, p. 165-174 ; Sack, M., W. Lempa, et al. (2001), « Study quality and effect-sizes – a meta-analysis of EMDR-treatment for post-traumatic stress disorder », *Psychotherapie, Psychosomatik, Medizinische Psychologie*, vol. 51 (9-10), p. 350-355 ; Maxfield, L. et L. A. Hyer (2002), « The relationship between efficacy and methodology in studies investigating EMDR treatment of PTSD », *Journal of Clinical Psychology*, vol. 58, p. 23-41.

4. Herbert, J., S. Lilienfeld, et al. (2000), « Science and pseudoscience in the development of eye movement desensitization and reprocessing : implications for clinical psychology », *Clin Psychol Rev*, vol. 20, p. 945-971.

Une réponse détaillée à cette critique a été publiée par deux psychana-lystes américains en 2002 : Perkins, B. R. et C. C. Rouanzoin (2002), « A critical evaluation of current views regarding eye-movement desensitization and reprocessing (EMDR) : Clarifying points of confusion », *Journal of Clinical Psychology*, vol. 58, p. 77-97.

5. Stickgold, R. (2002), « EMDR : A putative neurobiological mechanism », *Journal of Clinical Psychology*, vol. 58, p. 61-75.

6. Stickgold R., J. A. Hobson, et al. (2001), « Sleep, learning, and dreams : Off-line memory reprocessing », *Science*, vol. 294, 1052-1057.

7. Wilson, D., S. M. Silver, et al. (1996), « Eye movement desensiti-zation and reprocessing : Effectiveness and autonomic correlates », *Journal of Behavior Therapy and Experimental Psychiatry*, vol. 27, p. 219-229.

8. Pessah, M. A. et H. P. Roffwarg (1972), « Spontaneous middle ear muscle activity in man : A rapid eve movement sleep phenomenon », *Science*, vol. 178, p. 773-776 ; Benson, K. et V. P. Zarcone (1979), « Phasic events of REM sleep : Phenomenology of middle ear muscle activity and periorbital integrated potentials in the same normal population », *Sleep*, vol. 2 (2), p. 199-213.

9. Chambless, D., M. Baker, et al. (1998), « Update on empirically validated therapies, II », *The Clinical Psychologist*, vol. 51 (1), p. 3-16.

10. Chemtob, C. M., D. Tolin, et al. (2000), « Eye movement desensi-tization and reprocessing (EMDR) », *in Effective treatments for PTSD :*

Practice Guidelines from the International Society for Traumatic Stress Studies, E. A. Foa, T. M. Keane et M. J. Friedman, New York, Guilford Press, p. 139-155, 333-335.

11. UK-Department-of-Health (2001), *The Evidence Based Clinical Practice Guideline*, Department of Health, United Kingdom.

12. Yehuda, R., A. C. McFarlane, et al. (1998), « Predicting the development of post-traumatic stress disorder from the acute response to a traumatic event », *Biological Psychiatry*, vol. 44, p. 1305-1313.

7. L'énergie de la lumière : régler son horloge biologique

1. Cook, F. A. (1894), « Medical observations among the Esquimaux », *New York Journal of Gynaecology and Obstetrics*, vol. 4, p. 282-296, cité dans Rosenthal, N. E. (1998), *Winter Blues : Seasonal Affective Disorder – What it is and How to Overcome it*, New York, Guilford Press.

2. Haggarty, J. M., Z. Cernovsh et al. (2001) : « The limited influence of latitude on rates of seasonal affective disorder », *Journal of Nervous and Mental Disease*, vol. 189, p. 482-484.

3. Avery, D. H., D. N. Eder, et al. (2001), « Dawn simulation and bright light in the treatment of SAD : a controlled study », *Biological Psychiatry*, vol. 50 (3), p. 205-216.

4. Parry, B., S. Berga, et al. (1990), « Melatonin and phototherapy in premenstrual depression », *Progress in Clinical & Biological Research*, vol. 341 B, p. 35-43.

5. Lam, R. W., E. M. Goldner, et al. (1994), « A controlled study of light therapy for bulimia nervosa », *American Journal of Psychiatry*, vol. 151 (5), p. 744-750.

6. Satlin, A., L. Volicer, et al. (1992), « Bright light treatment of behavioral and sleep disturbances in patients with Alzheimer's disease », *Ibid.*, vol. 149 (8), p. 1028-1032.

7. Levitt, A., R. Joffe, et al. (1991), « Bright light augmentation in antidepressant nonresponders », *Journal of Clinical Psychiatry*, vol. 52 (8), p. 336-337.

8. Le contrôle du *Qi* : l'acupuncture manipule directement le cerveau émotionnel

1. Soulie de Morant, G. l. (1972), *L'Acupuncture chinoise*, Paris, Maloine Éditeurs.

2. Comme le suggère une analyse de toutes les études faites pour la Food and Drug Administration américaine : Khan, A., R. Leventhal, et al. (2002), « Severity of depression and response to antidepressants and

placebo : an analysis of the Food and Drug Administration database », *Journal of Clinical Psychopharmacology*, vol. 22 (1), p. 50-4.

3. British-Medical-Association, Board of Sciences (2000), *Acupuncture : Efficacy, Safety and Practice*, Londres, Harwood Academic.

4. Ulett, G. A., S. Han, et al. (1998), « Electroacupuncture : Mechanisms and clinical applications », *Biological Psychiatry*, vol. 44, p. 129-138.

5. Hechun, L., J. Yunkui, et al. (1985), « Electroacupuncture vs. amitriptyline in the treatment of depressive states », *Journal of Traditional Chinese Medicine*, p. 3-8 ; Han, J.-S. (1986), « Electroacupuncture : An alternative to antidepressants for treating affective diseases ? », *J Neurosci*, vol. 29, p. 79-92 ; Polyakov, S. E. (1988), « Acupuncture in the treatment of endogenous depression », *Soviet Neurology and Psychiatry*, vol. 21, p. 36-44 ; Thomas, M., S. V. Eriksson, et al. (1991), « A Comparative study of Diazepam and acupuncture in patients with osteoarthritis pain : A placebo controlled study », *American Journal of Chinese Medicine*, vol. 2 (XIX), p. 95-100 ; Jin, H., L. Zhou, et al. (1992), « The inhibition by electrical acupuncture on gastric acid secretion is mediated via endorphin and somatostating in dogs », *Clin Res*, vol. 40, p. 167A ; Li, Y., G. Tougas, et al. (1992), « The effect of acupuncture on gastrointestinal function and disorders », *Am J Gastroenterol*, vol. 87, p. 1372-1381 ; He, D., J. Berg, et al. (1997), « Effects of acupuncture on smoking cessation or reduction for motivated smokers », *Preventive Medicine*, vol. 26, p. 208-214 ; Cardini, F. W., Huang (1998), « Moxibustion for correction of breech presentation », *JAMA*, vol. 280 (18), p. 1580-1584 ; Montakab, H. (1999), « Akupunktur und Schlaflosigkeit [Acupuncture and insomnia] », *Forschende Komplementarmedizin*, vol. 6 (suppl. 1), p. 29-31 ; Timofeev, M. F. (1999); « Effects of acupuncture and an agonist of opiate receptors on heroin dependent patients », *American Journal of Chinese Medicine*, vol. 27 (2), p. 143-148 ; Wang, S.-M. and Z. N. Kain (2001), « Auricular acupuncture : a potential treatment for anxiety », *Anesth Analg*, vol. 92, p. 548-553 ; Paulus, W. E., M. Zhang, et al. (2002), « Influence of acupuncture on the pregnancy rate in patients who undergo assisted reproduction therapy », *Fertil Steril*, vol. 77 (4), p. 721-724.

6. Cho, Z. H., S. C. Chung, et al. (1998), « New findings of the correlation between acupoints and corresponding brain cortices using functional MRI », *Proc Natl Acad Sci USA*, vol. 95, p. 2670-2673.

7. Han, *op. cit.* ; Luo, H. C., Y. K. Jia, et al. (1985), « Electroacupuncture vs. amitriptyline in the treatment of depressive states », *Journal of Traditional Chinese Medicine*, vol. 5, p. 3-8 ; Luo, H. C., Y. C. Shen, et al. (1990), « A comparative study of the treatment of depression by electroacupuncture », *Acupunct Sci Int J*, vol. 1, p. 20-26 ; Luo, H. C., Y. C. Shen, et al. (1990), « A comparative study of the treatment of depression by electroacupuncture and amitriptyline », *Acupunture (Huntington, N.Y.)*, vol. 1, p. 20-26.

8. Wang, *op. cit.*

9. Hui, K., J. Liu, et al. (2000), « Acupuncture modulates the limbic system and subcortical gray structures of the human brain : evidence from fMRI studies in normal subjects », *Human Brain Mapping*, vol. 9, p. 13-25.

10. Chen, L., J. Tang, et al. (1998). « The effect of location of transcutaneous electrical nerve stimulation on postoperative opiod analgesic requirement : acupoint versus nonacupoint stimulation », *Anesth Analg*, vol. 87, p. 1129-1134 ; Lao, L., S. Bergman, et al. (1999), « Evaluation of acupuncture for pain control after oral surgery : a placebo-controlled trial », *Arch Otolaryngol Head Neck Surg*, vol. 125, p. 567-572.

11. Reston, J. (1971), « Now, let me tell you about my appendectomy in Peking... », *The New York Times*, 26 juillet.

12. Pert, C. B., H. E. Dreher, et al. (1998), « The psychosomatic network : foundations of mind-body medicine », *Alternative Therapies in Health and Medicine*, vol. 4 (4), p. 30-41.

9. La révolution alimentaire :
comment nourrir le cerveau émotionnel

1. Hibbeln, J. R. (1999), « Long-chain polyunsaturated fatty acids in depression and related conditions », *Phospholipid spectrum disorder*, M. Peet, I. Glen et D. Horrobin, Lancashire, UK, Marius Press, p. 195-210.

2. Hornstra, G., M. Al, et al. (1995), « Essential fatty acids in pregnancy and early human development », *European Journal of Obstetrics, Gynecology, and Reproductive Biology*, vol. 61 (1), p. 57-62 ; Al, M., A. C. Van Houwelingen, et al. (2000), « Long-chain polyunsaturated fatty acids, pregnancy, and pregnancy outcome », *American Journal of Clinical Nutrition*, vol. 71 (1 suppl.), p. 285S-291S.

3. Hibbeln, J. (1998), « Fish consumption and major depression », *The Lancet*, vol. 351, p. 1213.

4. Barton, P. G. et F. D. Gunstone (1975), « Hydrocarbon chain packing and molecular motion in phospholipid bilayers formed from unsatu rated lecithins », *J Biol Chem*, vol. 250, p. 4470-4476 ; Sperling, R. I., A. I. Benincaso, et al. (1993), « Dietary omega-3 polyunsaturated fatty acids inhibit phosphoinositide formation and chemotaxis in neutrophils », *J Clin Invest*, vol. 91, p. 651-660.

5. Bourre, J. M., M. Bonneil, et al. (1993), « Function of dietary polyunsaturated fatty acids in the nervous system », *Prostaglandins Leukotrienes & Essential Fatty Acids*, vol. 48 (1), p. 5-15.

6. Frances, H., P. Drai, et al. (2000), « Nutritional (n-3) polyunsaturated fatty acids influence the behavioral responses to positive events in mice », *Neuroscience Letters*, vol. 285 (3), p. 223-227.

7. Bang, H. O., J. Dyerberg, et al. (1976), « The composition of foods consumed by Greenland Eskimos », *Acta Med Scand*, vol. 200, p. 69-73.

8. Chalon, S., S. Delion-Vancassel, et al. (1998), « Dietary fish oil affects monoaminergic neurotransmission and behavior in rats », *J Nutr*, vol. 128, p. 2512-2519.

9. Olsen, S. F. et N. J. Secher (2002), « Low consumption of seafood in early pregnancy as a risk factor for preterm delivery : prospective cohort study », *British Medical Journal*, vol. 324, p. 447-451.

10. Mortensen E. L., K. F. Michaelsen, et al. (2002), « The association between duration of breastfeeding and adult intelligence », *JAMA*, vol. 287, p. 2365-2371.

11. Stoll, A. L., W. E. Severus, et al. (1999), « Omega-3 fatty acids in bipolar disorder : A preliminary double-blind, placebo-controlled trial », *Archives of General Psychiatry*, vol. 56, p. 407-412.

12. Stoll, A. L. (2001), *The Omega-3 Connection : The Ground-breaking Omega-3 Antidepression Diet and Brain Program*, New York, Simon & Schuster.

13. Peet, M. et D. Horrobin (2002), « A dose-ranging exploratory study of the effects of ethyl-eicosapentaenoate in patients with persistent schizophrenic symptoms », *Journal of Psychiatric Research*, vol. 36 (1), p. 7-18.

14. Puri, B. K., S. J. Counsell, et al. (2001), « Eicosapentaenoic acid in treatment-resistant depression associated with symptom remission, structural brain changes and reduced neuronal phospholipid turnover », *International Journal of Clinical Practice*, vol. 55 (8), p. 560-563 ; Puri, B. K., S. J. Counsell, et al. (2002), « Eicosapentaenoic acid in treatment-resistant depression », *Archives of General Psychiatry*, vol. 59, p. 91-92.

15. Une étude préliminaire de l'effet de l'éthyl-EPA, extrait d'huile de poisson estérifié, sur la maladie de Huntington au stade III – le plus avancé – montre une amélioration des symptômes moteurs sur quelques mois par rapport à une dégradation importante dans le groupe témoin qui ne prenait qu'un placebo. Elle montre aussi une augmentation de la masse corticale par rapport au volume des ventricules. C'est-à-dire une inversion du processus de la maladie au niveau neurologique. Puri, B. K., G. Bydder, et al. (2002), « MRI and neuropsychological improvement in Huntington disease following ethyl-EPA treatment », *NeuroReport*, vol. 13 (1), p. 123-126.

16. Nemets, B., Z. Stahl, et al. (2002), « Addition of omega-3 fatty acid to maintenance medication treatment for recurrent unipolar depressive disorder », *American Journal of Psychiatry*, vol. 159, p. 477-479.

17. Peet, M. et D. Horrobin (2002), « A dose-ranging study of the effects of ethyl-eicosapentaenoate in patients with ongoing depression despite apparently adequate treatment with standard drugs », *Archives of General Psychiatry*, vol. 59, p. 913-919.

18. Maes, M., R. Smith, et al. (1996), « Fatty acid composition in major depression : decreased w3 fractions in cholesteryl esters and increased

C20 : 4 omega-6/C20 : 5 omega-3 ratio in cholesteryl esters and phospholipids », *Journal of Affective Disorders*, vol. 38, p. 35-46 ; Peet, M., B. Murphy, et al. (1998), « Depletion of omega-3 fatty acid levels in red blood cell membranes of depressive patients », *Biological Psychiatry*, vol. 43 (5), p. 315-319.

19. Adams, P. B., S. Lawson, et al. (1996), « Arachidonic acid to eicosapentaenoic acid ratio in blood correlates positively with clinical symptoms of depression », *Lipids*, n° 31 (suppl.), p. S157-S161.

20. Edwards, R., M. Peet, et al. (1998), « Omega-3 polyunsaturated fatty acid levels in the diet and in red blood cell membranes of depressed patients », *Journal of Affective Disorders*, vol. 48 (2-3), p. 149-155.

21. Chamberlain, J. (1996), « The possible role of long-chain, omega-3 fatty acids in human brain phylogeny », *Perspectives in Biology and Medicine*, vol. 39 (3), p. 436-445 ; Broadhurst, C., S. Cunnane, et al. (1998), « Rift Valley lake fish and shellfish provided brain-specific nutrition for early Homo », *British Journal of Nutrition*, vol. 79 (1), p. 3-21.

22. Stoll, A. L. et C. A. Locke (2002), « Omega-3 fatty acids in mood disorders : A review of neurobiologic and clinical applications », *Natural Medications for Psychiatric Disorders : Considering the Alternatives*, D. Mischoulon et J. Rosenbaum, Philadelphia, PA, Lippincott Williams & Wilkins, p. 13-34.

23. J'ai emprunté cette image à Jeanette Settle. Settle, J. E. (2001),« Diet and essential fatty acids », *Handbook of Complementary and Alternative Therapies in Mental Health*, S. Shannon, San Diego, Academic Press, p. 93-113.

24. Weissman, M. W., R. Bland, et al. (1996), « Cross-national epidemiology of major depression and bipolar disorder », *JAMA*, vol. 276, p. 293-296 ; Hibbeln, J. (1998), « Fish consumption and major depression », *The Lancet*, vol. 351, p. 1213.

25. Stordy, B. et M. Nichool (2000), *The LCP Solution : The Remarkable Nutritional Treatment for ADHD, Dyslexia, and Dyspraxia*, New York, NY, Ballantine Books.

26. Klerman, G. L. et M. M. Weissman (1989), « Increasing rates of depression », *JAMA*, vol. 261 (15), p. 2229-2235.

27. Endres, S., R. Ghorbani, et al. (1989), « The effect of dietary supplementation with n-3 polyunsaturated fatty acids on the synthesis of interleukin-1 and tumor necrosis factor by mononuclear cells », *New England Journal of Medicine*, vol. 320 (5), p. 265-271 ; Stoll, A. L. et C. A. Locke (2002), « Omega-3 fatty acids in mood disorders : A review of neurobiologic and clinical applications », *Natural Medications for Psychiatric Disorders : Considering the Alternatives*, D. Mischoulon et J. Rosenbaum, Philadelphia, PA, Lippincott Williams & Wilkins, p. 13-34.

28. Rudin, D. O. (1982), « The dominant diseases of modernized societies as omega-3 essential fatty acid deficiency syndrome », *Medical*

Hypotheses, vol. 8, p. 17-47 ; Simopoulos, A. P. et J. Robinson (1998), *The Omega Diet*, New York, Harper Collins.

29. Liu, K., J. Stamler, et al. (1982), « Dietary lipids, sugar, fiber, and mortality from coronary heart disease – bivariate analysis of international data », *Atherosclerosis*, vol. 2, p. 221-227.

30. Weissman, M. W., R. Bland, et al. (1996), « Cross-national epide-miology of major depression and bipolar disorder », *JAMA*, vol. 276, p. 293-296.

31. De Lorgeril, M., S. Renaud, et al. (1994), « Mediterranean alpha-linolenic acid rich diet in secondary prevention of coronary heart disease », *The Lancet*, vol. 343, p. 1454-1459.

32. Christensen, J. H. et E. B. Schmidt (2001), « N-3 fatty acids and the risk of sudden cardiac death », *Lipids*, no 36, suppl. : S115-118 ; Leaf, A. (2001), « Electrophysiologic basis for the antiarrhythmic and anti-convulsant effects of omega-3 polyunsaturated fatty acids », *World Review of Nutrition & Dietetics*, vol. 88, p. 72-78 ; Brouwer, I. A., P. L. Zock, et al. (2002), « Association between n-3 fatty acid status in blood and electro-cardiographic predictors of arrhythmia risk in healthy volunteers », *American Journal of Cardiology*, vol. 89 (5), p. 629-631.

33. Smith, R. S. (1991), « The macrophage theory of depression, » *Medical Hypotheses*, vol. 35, p. 298-306 ; Maes, M. et R. S. Smith (1998), « Fatty acids, cytokines, and major depression », *Biological Psychiatry*, vol. 43, p. 313-314.

34. Simopoulos, A. P. et J. Robinson (1998), *The Omega Diet*, *op. cit.*

35. Crawford, M. A. (1968), « Fatty-acid ratios in free-living and domestic animals », *The Lancet*, p. 1329-1333 ; Crawford, M. A., M. M. Gale, et al. (1969), « The polyenoic acids and their elongation products in the muscle tissue of Phacochoerus aethiopicus : a re-evaluation of "animal fat" », *Biochem J*, vol. 114, p. 68P ; Crawford, M. A., M. M. Gale, et al. (1969), « Linoleic acid and linolenic acid elongation products in the muscle tissue of Sncerus caffer and other ruminant species », *Biochem J*, vol. 115, p. 25-27.

36. Simopoulos, A. P. et N. Salem (1989), « Omega-3 fatty acids in eggs from range-fed Greek chickens », *New England Journal of Medicine*, p. 1412.

37. Renaud, S., M. Ciavatti, et al. (1983), « Protective effects of dietary calcium and magnesium on platelet function and atherosclerosis in rabbits fed saturated fat », *Atherosclerosis*, vol. 47, p. 189-198.

38. Fairfield, K. M. et R. H. Fletcher (2002), « Vitamins for chronic disease prevention in adults : scientific review », *JAMA*, vol. 287 (23), p. 3116-3126 ; Fletcher, R. H. et K. M. Fairfield (2002), « Vitamins for chronic disease prevention in adults : clinical applications », *JAMA*, vol. 287 (23), p. 3127-9.

39. Stoll, A. L. (2001), *The Omega-3 Connection : The*

Groundbreaking Omega-3 Antidepression Diet and Brain Program, New York, Simon & Schuster.

40. Baillie, R. A., R. Takada, et al. (1999), « Coordinate induction of peroxisomal acyl-CoA oxidase and UCP-3 by dietary fish oil : a mechanism for decreased body fat deposition », *Prostaglandins Leukotrienes & Essential Fatty Acids*, vol. 60 (5-6), p. 351-356.

41. Kriss-Etherton, P. M., W. S. Harris, et al. (2002), « AHA Scientific Statement : Fish consomption, fish oil, omega-3 fatty acids, and cardio-vascular disease », *Circulation*, vol. 106, p. 2747-2757.

10. Prozac ou Adidas ?

1. McDonald, D. G. et J. A. Hogdon (1991), *The Psychological Effects of Aerobic Fitness Training : Research and Theory*, New York, NY, Springer-Verlag ; Long, B. C. et R. van Stavel (1995), « Effects of exercise training on anxiety. A meta-analysis », *Journal of Applied Sport Psychology*, vol. 7, p. 167-189.

2. DiLorenzo, T. M., E. P. Bargman, et al. (1999), « Long-term effects of aerobic exercise on psychological outcomes », *Preventive Medicine*, vol. 28 (1), p. 75-85.

3. Kasch, F. (1976), « The effects of exercise on the aging process », *The Physician and Sports Medicine*, vol. 4, p. 64-68 ; Palone, A. M., R. R. Lewis, et al. (1976), « Results of two years of exercise training in middle-aged men », *The Physician and Sports Medicine*, vol. 4, p. 72-77.

4. LaPerrière, A., M. H. Antoni, et al. (1990), « Exercise intervention attenuates emotional distress and natural killer cell decrements following notification of positive serologic status of HIV-1 », *Biofeedback and Self-Regulation*, vol. 15, p. 229-242.

5. Greist, J. H., M. H. Klein, et al. (1979), « Running as treatment for depression », *Comprehensive Psychiatry*, nº 20 (1), p. 41-54.

6. Beck, A. (1967), *Depression : Clinical, Experimental and Theoretical Aspects*, New York, Harper & Row ; Beck, A. (1976), *Cognitive Therapy and the Emotional Disorders*, New York, International Universities Press.

7. Babyak, M., J. A. Blumenthal, et al. (2000), « Exercise treatment for major depression : Maintenance and therapeutic benefit at 10 months », *Psychosomatic Medicine*, vol. 62 (5), p. 633-638.

8. Blumenthal, J., M. Babyak, et al. (1999), « Effects of exercise training on older patients with major depression », *Archives of Internal Medicine*, vol. 159, p. 2349-2356.

9. Paffenbarger, R. S., I.-M. Lee, et al. (1994), « Physical activity and personal characteristics associated with depression and suicide in American college men », *Acta Psychiatrica Scandinavica (suppl.)*, vol. 377, p. 16-22.

271

10. Wise, S. P. et M. Herkenham (1982), « Opiate receptor distribution in the cerebral cortex of the rhesus monkey », *Science*, vol. 218, p. 387-389.

11. Panksepp, J., M. Siviy, et al. (1985), « Brain opiods and social emotions », *The Psychobiology of Attachment and Separation*, M. Reite et T. Field, New York, NY, Academic Press.

12. Thoren, P., J. S. Floras, et al. (1990), « Endorphins and exercise : Physiological mechanisms and clinical implications », *Medicine & Science in Sports & Exercise*, vol. 22 (4), p. 417-428 ; Sher, L. (1996), « Exercise, wellbeing, and endogenous molecules of mood », *The Lancet*, vol. 348 (9025), p. 477.

13. Jonsdottir, I. H., P. Hoffmann, et al. (1997), « Physical exercise, endogenous opioids and immune function », *Acta Physiologica Scandinavica*, suppl., vol. 640, p. 47-50.

14. Furlan, R., D. Piazza, et al. (1993), « Early and late effects of exercise and athletic training on neural mechanisms controlling heart rate », *Cardiovasc Res.*, vol. 27, p. 482-488.

15. George, M., Z. Nahas, et al. (2002), « Vagus nerve stimulation therapy : A research update », *Neurology*, vol. 59 (6 suppl. 4), p. S56-61.

16. Lawlor, D. et S. Hopker (2001), « The effectiveness of exercise as an intervention in the management of depression : Systematic review and meta-regression analysis of randomised controlled trials », *BMJ*, vol. 322 (7289), p. 763-767.

11. L'amour est un besoin biologique

1. Le livre de Marie-France Hirigoyen sur « Le Harcèlement moral » offre une superbe étude de ce problème dans les relations humaines. *Le Harcèlement moral : La violence perverse au quotidien*, Paris, Syros, 1999.

2. Il s'agit du cortex cingulaire, qui est la région la plus « primitive » et ancienne du néocortex et dont le tissu est plus proche de celui du cerveau émotionnel que de celui du néocortex. Mesulam, M. M. (1985), *Principles of Behavioral Neurology*, Philadelphia, F. A. Davis.

3. Schanberg, S. (1994), « Genetic basis for touch effects », *Touch in Early Development*, T. Field, Hillsdale, NJ, Erlbaum, p. 67-80.

4. Spitz, R. (1945), « Hospitalism : An inquiry into the genesis of psychiatric conditions in early childhood », *Psychoanalytic Study of the Child*, vol. I, p. 53-74.

5. Hubel, D. (1979), « The visual cortex of normal and deprived monkeys », *American Scientist*, vol. 67 (5), p. 532-543.

6. Chugani, H. T., M. E. Behen, et al. (2001), « Local brain functional activity following early deprivation : a study of postinstitutionalized Romanian orphans », *Neuroimage*, vol. 14 (6), p. 1290-1301.

7. Hofer, M. A. (1987), « Early social relationships : a psychobiologist's view », *Child Development*, vol. 58, p. 633-647.

8. Katz, L. F. et J. M. Gottman (1997), « Buffering children from marital conflict and dissolution », *J Clin Child Psychol*, vol. 26, p. 157-171.

9. Murray Parkes, C., B. Benjamin, et al. (1969), « Broken heart : a statistical study of increased mortality among widowers », *British Medical Journal*, vol. 646, p. 740-743.

10. Medalie, J. H. et U. Goldbourt (1976), « Angina pectoris among 10,000 men. II. Psychosocial and other risk factors as evidenced by a multivariate analysis of a five year incidence study », *American Journal of Medicine*, vol. 60 (6), p. 910-921.

11. Medalie, J. H., K. C. Stange, et al. (1992), « The importance of biopsychosocial factors in the development of duodenal ulcer in a cohort of middle-aged men », *American Journal of Epidemiology*, vol. 136 (10), p. 1280-1287.

12. Reynolds, P., P. T. Boyd, et al. (1994), « The relationship between social ties and survival among black and white breast cancer patients. National Cancer Institute Black/White Cancer Survival Study Group », *Cancer Epidemiology, Biomarkers & Prevention*, vol. 3 (3), p. 253-259.

13. Levenson, R., L. L. Carstensen, et al. (1993), « Long-term marriage : Age, gender, and satisfaction », *Psychology and Aging*, vol. 8 (2), p. 301-313.

14. Graham, C. A. et W. C. McGrew (1980), « Menstrual synchrony in female undergraduates living on a coeducational campus », *Psychoneuroendocrinology*, vol. 5, p. 245-252.

15. Lewis, T., F. Amini, et al. (2000), *A General Theory of Love*, New York, NY, Random House.

16. Friedman, E. et S. A. Thomas (1995), « Pet ownership, social support, and one-year survival after acute myocardial infarction in the Cardiac Arrhythmia Suppression Trial (CAST) », *American Journal of Cardiology*, vol. 76, p. 1213-1217.

17. Siegel, J. M. (1990), « Stressful life events and use of physician services among the elderly : The moderating influence of pet ownership », *J Pers Soc Psychol.*, vol. 58, p. 101-1086.

18. Rodin, J., Langer, E.J. (1977), « Long-term effects of a control-relevant intervention with the institutionalized aged », *Journal of Personality and Social Psychology*, vol. 35, p. 897-902.

19. Siegel, J. M., F. J. Angulo, et al. (1999), « AIDS diagnosis and depression in the multicenter AIDS cohort study : The ameliorating impact of pet ownership », *AIDS Care*, vol. 11, p. 157-169.

20. Allen, K. et J. Blascovich (1996), « The value of service dogs for people with severe ambulatory disabilities : A randomized controlled trial », *JAMA*, vol. 275, p. 1001-1006.

21. Lockwood, R. (1983), « The influence of animals on social perception », *New Perspectives on Our Lives with Companion Animals*,

273

A. H. Katcher et A. M. Beck, Philadelphia, PA, University of Pennsylvania Press, vol. 8, p. 64-71.

22. Allen, K., B. E. Shykoff, et al. (2001), « Pet ownership, but not ACE inhibitor therapy, blunts home blood pressure responses to mental stress », *Hypertension*, vol. 38, p. 815-820.

23. Allen, K. et J. L. Izzo (in submission), « Social support and resting blood pressure among young and elderly women : The moderating role of pet ownership. »

24. Simon, S. (1993), « Sarajevo Pets », *Weed End Edition Saturday*, S. Simon, Washington, National Public Radio – USA.

12. La communication émotionnelle

1. Hocker, J. L. et W. W. Wilmot (1991), *Interpersonal Conflict*, Dubuque, IA, Wm. C. Brown.

2. Chang, P. P., D. E. Ford, et al. (2002), « Anger in young men and subsequent premature cardiovascular disease : The precursors study », *Arch Intern Med*, vol. 162, p. 901-906.

3. Gottman, J. (1994), *Why Marriages Succeed of Fail*, New York, NY, Simon & Schuster ; Gottman, J. et N. Silver (1999), *The Seven Principles for Making Marriage Work*, New York, NY, Random House.

4. La fréquence cardiaque de base pour un homme est généralement autour de 70 ; elle est à peu près de 80 pour une femme. Levenson, R., L. L. Carstensen, et al. (1993), « Long-term marriage : Age, gender, and satisfaction », *Psychology and Aging*, vol. 8 (2), p. 301-313.

5. Gottman, J. (1994), *What Predicts Divorce*, Mahwaw, NJ, Lawrence Erlbaum Assoc, p. 84, cité dans Goleman, D. (1995), *Emotional Intelligence*, New York, Bantam Books, p. 135.

6. Rosenberg, M. D. (1999), *Les mots sont des fenêtres ou des murs : initiation à la communication non violente*, éditions La Découverte.

7. Harvey, O. J. (1961), *Conceptual Systems and Personality Organization*, New York, NY, Harper & Row, cité dans Rosenberg, M. D., *op. cit.*

13. Écouter avec le cœur

1. Stuart, M. R. et J. A. Lieberman (1993), *The Fifteen Minute Hour : Applied Psychotherapy for the Primary Care Physician*, Westport, CT, Prager.

2. *Ibid.*

14. Le lien aux autres

1. *La Fatigue d'être soi*, Paris, Odile Jacob, 1999.

2. Cherlin, A. (1992), *Marriage, Divorce and Remarriage*, Cambridge, Mass., Harvard University Press.

3. Klerman, G. L. et M. M. Weissman (1989), « Increasing rates of depression », *JAMA*, vol. 261 (15), p. 2229-2235.

4. Wilson, E. O. (2000), *Sociobiology : The New Synthesis, Twenty-Fifth Anniversary Edition*, Cambridge, Harvard University Press.

5. Walsh, R. (2001), *Les Chemins de l'éveil*, Montréal, Le Jour, 2001.

6. Myers, D. G. et E. Diener (1996), « The pursuit of happiness », *Scientific American*, vol. 274, p. 70-72 ; Argyle, M. (2001), *The Psychology of Happiness (2e éd.)*, New York, NY, Routledge.

7. Durkheim, E. (1897), *Le Suicide. Une étude sociologique*, Paris, Alcan.

8. Zuckerman, D. M., S. V. Kasl, et al. (1984), « Psychosocial predictors of mortality among the elderly poor », *Am J Cardiol*, vol. 119, p. 410-423.

9. House, J. S., K. R. Landis, et al. (1988), « Social relationships and health », *Science*, vol. 241, p. 540-545.

10. Frankl, V. E. (1976), *Man's Search for Meaning : An Introduction to Logotherapy*, New York, Mass Market Paper Back.

11. Mère Teresa citée dans Walsh, R. (2001), *Les Chemins de l'éveil*, op. cit.

12. Abraham Maslow cité dans Walsh, R., *Les Chemins de l'éveil*, op. cit.

13. McCraty, R., M. Atkinson, et al. (1995), « The effects of emotions on short-term power spectrum analysis and heart rate variability », *The American Journal of Cardiology*, vol. 76 (14), p. 1089-1093.

15. Par où commencer ?

1. Aristote, *Éthique à Nicomaque*.

2. Je suis reconnaissant au docteur Scott Shannon, de l'Association américaine de médecine holistique, d'avoir attiré mon attention sur ce lien entre Aristote, Jung et Maslow, à travers les deux mille cinq cents ans qui les séparent, dans son introduction à son livre sur les méthodes naturelles en santé mentale. Shannon, S. (2001) ; *Integration and Holism. Handbook of Complementary and Alternative Therapies in Mental Health*, S. Shannon (Ed.), San Diego, Academic Press, p. 21-42.

3. McCraty, R., M. Atkinson, et al. (1995), « The effects of emotions on short-term power spectrum analysis and heart rate variability », *The American Journal of Cardiology*, vol. 76 (14), p. 1089-1093 ; Wilson, D.,

S. M. Silver, et al. (1996), « Eye movement desensitization and reprocessing : Effectiveness and autonomic correlates », *Journal of Behavior Therapy and Experimental Psychiatry*, vol. 27, p. 219-229 ; Rechlin, T., M. Weis, et al. (1995), « Does bright-light therapy influence autonomic heart-rate parameters ? », *Journal of Affective Disorders*, vol. 34 (2), p. 131-137 ; Haker, E., H. Egekvist, et al. (2000), « Effect of sensory stimulation (acupuncture) on sympathetic and parasympathetic activities in healthy subjects », *Journal of the Autonomic Nervous System*, vol. 79 (1), p. 52-59 ; Christensen, J. H., M. S. Christensen, et al. (1999), « Heart rate variability and fatty acid content of blood cell membranes : a dose-response study with n-3 fatty acids », *American Journal of Clinical Nutrition*, vol. 70, p. 331-337 ; Furlan, R., D. Piazza, et al. (1993), « Early and late effects of exercise and athletic training on neural mechanisms controlling heart rate », *Cardiovasc Res.*, vol. 27, p. 482-488 ; Porges, S. W., J. A. Doussard-Roosevelt, et al. (1994), « Vagal tone and the physiological regulation of emotion », *Monographs of the Society for Research in Child Development*, Chicago, IL, University of Chicago Press, vol. 59 (2-3), p. 167-186, 250-283.

4. Keller, M., J. McCullough, et al. (2000), « A comparison of Nefazodone, the cognitive behavioral-analysis system of psychotherapy, and their combination for the treatment of chronic depression », *New England Journal of Medicine*, vol. 342, p. 1462-1470.

Bibliographie

ADAMS, P. B., S. LAWSON, et al. (1996). « Arachidonic acid to eicosapentanoic acid ratio in blood correlates positively with clinical symptoms of depression. » *Lipids* **31 (suppl)** : S157-S161.

AKSELROD, S., D. GORDON, et al. (1981). « Power spectrum analysis of heart rate fluctuation : a quantitative probe of beat-to-beat cardiovascular control. » *Science* **213** : 220-222.

AL, M., A. C. VAN HOUWELINGEN, et al. (2000). « Long-chain polyunsaturated fatty acids, pregnancy, and pregnancy outcome. » *American Journal of Clinical Nutrition* **71 (1 Suppl)** : 285S-291S.

ALLEN, K. and J. BLASCOVICH (1996). « The value of service dogs for people with severe ambulatory disabilities : a randomized controlled trial. » *JAMA* **275** : 1001-1006.

ALLEN, K. and J. L. IZZO (in submission). « Social support and resting blood pressure among young and elderly women : The moderating role of pet ownership. »

ALLEN, K., B. E. SHYKOFF, et al. (2001). « Pet ownership, but not ACE inhibitor therapy, blunts home blood pressure responses to mental stress. » *Hypertension* **38** : 815-820.

ANONYMOUS (1996). « Centella asiatica (Gotu kola). Botanical Monograph. » *Am J Nat Med* **3**(6) : 22.

ARGYLE, M. (2001). *The Psychology of Happiness (2nd ed.)*. New York, NY, Routledge.

ARISTOTE. *Éthique à Nicomaque*.

ARMONY, J., D. SERVAN-SCHREIBER, et al. (1997). « Computational modeling of emotion : explorations through the anatomy and physiology of fear conditioning. » *Trends in Cognitive Sciences* **1**(1) : 28-34.

ARMOUR, J. A., Ed. (1991). *Anatomy and function of the intrathoracic neurons regulating the mammalian heart. Reflex Control of the Circulation*. Boca Raton, FL, CRC Press.

ARMOUR, J. A. and J. ARDELL (1994). *Neurocardiology.* New York, NY, Oxford University Press.

ARNSTEN, A. F. and P. S. GOLDMAN-RAKIC (1998). « Noise stress impairs prefrontal cortical cognitive function in monkeys : evidence for a hyper-dopaminergic mechanism. » *Archives of General Psychiatry* **55**(4) : 362-368.

AVERY, D. H., D. N. EDER, et al. (2001). « Dawn simulation and bright light in the treatment of SAD : a controlled study. » *Biological Psychiatry* **50**(3 Aug 1) : 205-216.

BABYAK, M., J. A. BLUMENTHAL, et al. (2000). « Exercise treatment for major depression : Maintenance and therapeutic benefit at 10 months. » *Psychosomatic Medicine* **62**(5) : 633-638.

BAILLIE, R. A., R. TAKADA, et al. (1999). « Coordinate induction of peroxisomal acyl-CoA oxidase and UCP-3 by dietary fish oil : a mechanism for decreased body fat deposition. » *Prostaglandins Leukotrienes & Essential Fatty Acids* **60**(5-6) : 351-356.

BANG, H. O., J. DYERBERG, et al. (1976). « The composition of foods consumed by Greenland Eskimos. » *Acta Med Scand* **200** : 69-73.

BARRIOS-CHOPLIN, B., R. MCCRATY, et al. (1997). « An inner quality approach to reducing stress and improving physical and emotional wellbeing at work. » *Stress Medicine* **13**(3) : 193-201.

BARTON, P. G. and F. D. GUNSTONE (1975). « Hydrocarbon chain packing and molecular motion in phospholipid bilayers formed from unsaturated lecithins. » *J Biol Chem* **250** : 4470-4476.

BAULIEU, E., G. THOMAS, et al. (2000). « Dehydroepiandrosterone (DHEA), DHEA sulfate, and aging : contribution of the DHEAge Study to a socio-biomedical issue. » *Proc Natl Acad Sci USA* **97**(8) : 4279-4284.

BECK, A. (1967). *Depression : Clinical, Experimental and Theoretical Aspects.* New York, Harper & Row.

BECK, A. (1976). *Cognitive Therapy and the Emotional Disorders.* New York, International Universities Press.

BENSON, K. and V. P. ZARCONE (1979). « Phasic events of REM sleep : phenomenology of middle ear muscle activity and periorbital integrated potentials in the same normal population. » *Sleep* **2**(2) : 199-213.

BLANCHARD, S. (2002). « Les Francais dépensent toujours plus pour les médicaments. » *Le Monde* (16 juillet 2002).

BLUMENTHAL, J., M. BABYAK, et al. (1999). « Effects of exercise training on older patients with major depression. » *Archives of Internal Medicine* **159** : 2349-2356.

BOURRE, J. M., M. BONNEIL, et al. (1993). « Function of dietary polyunsaturated fatty acids in the nervous system. » *Prostaglandins Leukotrienes & Essential Fatty Acids.* **48**(1) : 5-15.

BREMNER, J. D. (1999). « Does stress damage the brain ? » *Society of Biological Psychiatry* **45** : 797-805.

278

BRESLAU, N., R. C. KESSLER, et al. (1998). « Trauma and posttraumatic stress disorder in the community : The 1996 Detroit Area Survey of Trauma. » *Archives of General Psychiatry* **55** : 626-632.

British-Medical-Association, B. o. S. (2000). *Acupuncture : Efficacy, safety and Practice.* London, England, Harwood Academic.

BROADHURST, C., S. CUNNANE, et al. (1998). « Rift Valley lake fish and shellfish provided brain-specific nutrition for early Homo. » *British Journal of Nutrition* **79**(1) : 3-21.

BROCA, P. (1878). « Anatomie comparée des circonvolutions cérébrales. Le grand lobe limbique et la scissure limbique dans le série des mammifières. » *Revue anthropologique* **2** : 385-498.

BROUWER, I. A., P. L. ZOCK, et al. (2002). « Association between n-3 fatty acid status in blood and electrocardiographic predictors of arrhythmia risk in healthy volunteers. » *American Journal of Cardiology* **89**(5) : 629-631.

CANTIN, M. and J. GENEST (1986). « The heart as an endocrine gland. » *Clinical and Investigative Medicine* **9**(4) : 319-327.

CARDINI, F. W., HUANG (1998). « Moxibustion for correction of breech presentation. » *JAMA* **280**(18) : 1580-1584.

CARNEY, R., K. FREEDLAND, et al. (2000). « Change in heart rate variability during treatment for depression in patients with coronary heart disease. » *American Psychosomatic Society* **62**(5) : 639-647.

CARNEY, R. M., M. W. RICH, et al. (1988). « The relationship between heart rate, heart rate variability, and depression in patients with coronary artery disease. » *J Psychosom Res* **32** : 159-164.

CARTER, C. S. (1998). « Neuroendocrine perspectives on social attachment and love. » *Psychoneuroendocrinology* **23** : 779-818.

CHALON, S., S. DELION-VANCASSEL, et al. (1998). « Dietary fish oil affects monoaminergic neurotransmission and behavior in rats. » *J Nutr* **128** : 2512-2519.

CHAMBERLAIN, J. (1996). « The possible role of long-chain, omega-3 fatty acids in human brain phylogeny. » *Perspectives in Biology and Medicine* **39**(3) : 436-445.

CHAMBLESS, D., M. BAKER, et al. (1998). « Update on empirically validated therapies, II. » *The Clinical Psychologist* **51**(1) : 3-16.

CHANG, P. P., D. E. FORD, et al. (2002). « Anger in young men and subsequent premature cardiovascular disease : The precursors study. » *Arch Intern Med* **162** : 901-906.

CHEMTOB, C. M., J. NAKASHIMA, et al. (2002). « Brief treatment for elementary school children with disaster-related Posttraumatic Stress Disorder : A field study. » *Journal of Clinical Psychology* **58** : 99-112.

CHEMTOB, C. M., D. TOLIN, et al. (2000). « Eye-Movement Desensitization and Reprocessing (EMDR). » *Effective treatments for PTSD : Practice Guidelines from the International Society for Traumatic Stress Studies.*

E. A. Foa, T. M. Keane and M. J. Friedman. New York, Guilford Press : 139-155, 155, 333-335.

CHEN, L., J. TANG, et al. (1998). « The effect of location of transcutaneous electrical nerve stimulation on postoperative opiod analgesic requirement : acupoint versus nonacupoint stimulation. » *Anesth Analg* **87** : 1129-1134.

CHERLIN, A. (1992). *Marriage, Divorce and Remarriage*. Cambridge, MA, Harvard University Press.

CHO, Z. H., S. C. CHUNG, et al. (1998). « New findings of the correlation between acupoints and corresponding brain cortices using functional MRI. » *Proc Natl Acad Sci USA* **95** : 2670-2673.

CHOI, S. W., B. W. SON, et al. (2001). « The wound-healing effect of a glycoprotein fraction isolated from aloe vera. » *British Journal of Dermatology* **145**(4) : 535-545.

CHRISTENSEN, J. H., M. S. CHRISTENSEN, et al. (1999). « Heart rate variability and fatty acid content of blood cell membranes : a dose-response study with n-3 fatty acids. » *American Journal of Clinical Nutrition* **70** : 331-337.

CHRISTENSEN, J. H. and E. B. SCHMIDT (2001). « n-3 fatty acids and the risk of sudden cardiac death. » *Lipids* **36 Suppl** : S115-118.

CHUGANI, H. T., M. E. BEHEN, et al. (2001). « Local brain functional activity following early deprivation : a study of postinstitutionalized Romanian orphans. » *Neuroimage* **14**(6) : 1290-1301.

COHEN, J. D., S. D. FORMAN, et al. (1994). « Activation of prefrontal cortex in a nonspatial working memory task with functionnal MRI. » *Human Brain Mapping*, vol. 1 : 293-304.

COHEN, S., D. A. TYRRELL, et al. (1991). « Psychological stress and susceptibility to the common cold. » *New England Journal of Medicine* **325**(9) : 606-612.

COOK, F. A. (1894). « Medical observations among the Esquimaux. » *New York Journal of Gynaecology and Obstetrics* **4** : 282-296.

COPLAN, J. D., L. A. PAPP, et al. (1992). « Amelioration of mitral valve prolapse after treatment for panic disorder. » *American Journal of Psychiatry* **149**(11) : 1587-1588.

CRAWFORD, M. A. (1968). « Fatty-acid ratios in free-living and domestic animals. » *The Lancet* : 1329-1333.

CRAWFORD, M. A., M. M. GALE, et al. (1969). « Linoleic acid and linolenic acid elongation products in the muscle tissue of Sncerus caffer and other ruminant species. » *Biochem J* **115** : 25-27.

CRAWFORD, M. A., M. M. GALE, et al. (1969). « The polyenoic acids and their elongation products in the muscle tissue of Phacochoerus aethiopicus : a re-evaluation of "animal fat." » *Biochem J* **114** : 68P.

CSIKSZENTMIHALYI, M. (1990). *Flow : The Psychology of Optimal Experience*. New York, Harper & Row.

CUMMINGS, N. A. and N. VAN DEN BOS (1981). « The twenty year kaiser permanente experience with psychotherapy and medical utilization : Implications for national health policy and national health insurance. » *Health Policy Quarterly* **1**(2) : 159-175.

CYRULNIK, B. (2001). *Les Vilains Petits Canards.* Paris, Éditions Odile Jacob.

DAMASIO, A. (1999). *The Feeling of What Happens.* San Diego, Harcourt, Inc. Trad. française, *Le Sentiment même de soi*, 2001, Odile Jacob.

DAMASIO, H., T. BRABOWSKI, et al. (1994). « The return of Phineas Gage : Clues about the brain from the skull of a famous patient. » *Science* **264** : 1102-1105.

DE LORGERIL, M., S. RENAUD, et al. (1994). « Mediterranean alpha-linolenic acid rich diet in secondary prevention of coronary heart disease. » *The Lancet* **343** : 1454-1459.

DEKKER, J., E. SCHOUTEN, et al. (1997). « Heart rate variability from short term electrocardiographic recordings predicts mortality from all causes in middle-aged and elderly men. The Zutphen Study. » *American Journal of Epidemiology* **145**(10) : 899-908.

DILORENZO, T. M., E. P. BARGMAN, et al. (1999). « Long-term effects of aerobic exercise on psychological outcomes. » *Preventive Medicine* **28**(1) : 75-85.

DREVETS, W. C. and M. E. RAICHLE (1998). « Reciprocal suppression of regional cerebral blood flow during emotional versus higher cognitive processes : implications for interactions between emotion and cognition. » *Cognition and Emotion* **12** : 353-385.

DURKHEIM, E. (1897). *Le Suicide. Une étude sociologique.* Paris, Alcan.

EDELMAN, G. N. (1987). *Neural Darwinism : The theory of neuronal group selection.* New York, Perseus Publishing.

EDWARDS, R., M. PEET, et al. (1998). « Omega-3 polyunsaturated fatty acid levels in the diet and in red blood cell membranes of depressed patients. » *Journal of Affective Disorders* **48**(2-3) : 149-155.

ENDRES, S., R. GHORBANI, et al. (1989). « The effect of dietary supplemen tation with n-3 polyunsaturated fatty acids on the synthesis of interleukin 1 and tumor necrosis factor by mononuclear cells. » *New England Journal of Medicine* **320**(5) : 265-271.

ESLINGER, P. J. and A. R. DAMASIO (1985). « Severe disturbance of higher cognition after bilateral frontal lobe ablation : Patient EVR. » *Neurology* **35** : 1731-1741.

FAIRFIELD, K. M. and R. H. FLETCHER (2002). « Vitamins for chronic disease prevention in adults : scientific review. » *JAMA* **287**(23) : 3116-3126.

FELSMAN, J. K. and G. VAILLANT (1987). « Resilient children as adults : a 40 year study. » *The Invulnerable Child.* E. J. Anthony and B. J. Cohler. New York, Guilford Press.

FINE, M., R. STONE, et al. (1999). « Processes and outcomes of care for patients with community-acquired pneumonia. » *Archives of Internal Medicine* **159** : 970-980.

FLETCHER, R. H. and K. M. FAIRFIELD (2002). « Vitamins for chronic disease prevention in adults : clinical applications. » *JAMA* **287**(23) : 3127-9.

FRANCES, H., P. DRAI, et al. (2000). « Nutritional (n-3) polyunsaturated fatty acids influence the behavioral responses to positive events in mice. » *Neuroscience Letters* **285**(3) : 223-227.

FRANKL, V. E. (1976). *Man's Search for Meaning : An Introduction to Logotherapy.* New York, Mass Market Paper Back.

FRASURE-SMITH, N., F. LESPERANCE, et al. (1995). « Depression and 18-month prognosis after myocardial infarction. » *Circulation* **91**(4) : 999-1005.

FRIEDMAN, E. and S. A. THOMAS (1995). « Pet ownership, social support, and one-year survival after acute myocardial infarction in the Cardiac Arrhythmia Suppression Trial (CAST). » *American Journal of Cardiology* **76** : 1213-1217.

FURLAN, R., D. PIAZZA, et al. (1993). « Early and late effects of exercise and athletic training on neural mechanisms controlling heart rate. » *Cardiovasc Res* **27** : 482-488.

GABBARD, G. O., J. G. GUNDERSON, et al. (2002). « The place of psychoanalytic treatments within psychiatry. » *Archives of General Psychiatry* **59** : 505-510.

GAHERY, Y. and D. VIGIER (1974). « Inhibitory effects in the cuneate nucleus produced by vago-aortic afferent fibers. » *Brain Research* **75** : 241-246.

GEORGE, M., Z. NAHAS, et al. (2002). « Vagus nerve stimulation therapy : a research update. » *Neurology* **59(6 Suppl 4)** : S56-61.

GERSHON, M. D. (1999). « The enteric nervous system : a second brain. » *Hospital Practice (Office Edition)* **34**(7) : 31-2, 35-8, 41-2 *passim.*

GLASSMAN, A. and P. SHAPIRO (1998). « Depression and the course of coronary artery disease. » *American Journal of Psychiatry* **155** : 4-10.

GOLEMAN, D. (1995). *Emotional Intelligence.* New York, Bantam Books.

GOLEMAN, D. (1997). *L'Intelligence émotionnelle.* Paris, France, Robert Laffont.

GOTTMAN, J. (1994). *What Predicts Divorce.* Mahwaw, NJ, Lawrence Erlbaum Assoc.

GOTTMAN, J. (1994). *Why Marriages Succeed of Fail.* New York, NY, Simon & Schuster.

GOTTMAN, J. and N. SILVER (1999). *The Seven Principles for Making Marriage Work.* New York, NY, Random House.

GRAHAM, C. A. and W. C. MCGREW (1980). « Menstrual synchrony in female undergraduates living on a coeducational campus. » *Psychoneuroendocrinology* **5** : 245-252.

GREIST, J. H., M. H. KLEIN, et al. (1979). « Running as treatment for depression. » *Comprehensive Psychiatry* **20**(1) : 41-54.

GROSSARTH-MATICEK, R. and H. J. EYSENCK (1995). « Self-regulation and mortality from cancer, coronary heart disease and other causes : A prospective study. » *Personality and individual differences* **19**(6) : 781-795.

HAKER, E., H. EGEKVIST, et al. (2000). « Effect of sensory stimulation (acupuncture) on sympathetic and parasympathetic activities in healthy subjects. » *Journal of the Autonomic Nervous System* **79**(1) : 52-59.

HAN, J.-S. (1986). « Electroacupuncture : An alternative to antidepressants for treating affective diseases ? » *J Neurosci* **29** : 79-92.

HARRER, G. and H. HARRER (1977). « Music, emotion and autonomic function. » *Music and the Brain.* M. Critchley and R. A. Hanson. London, William Heinemann Medical : 202-215.

HARVEY, O. J. (1961). *Conceptual Systems and Personality Organization.* New York, NY, Harper & Row.

HE, D., J. BERG, et al. (1997). « Effects of acupuncture on smoking cessation or reduction for motivated smokers. » *Preventive Medicine* **26** : 208-214.

HECHUN, L., J. YUNKUI, et al. (1985). « Electro-acupuncture vs. amitriptyline in the treatment of depressive states. » *Journal of Traditional Chinese Medicine* : 3-8.

HERBERT, J., S. LILIENFELD, et al. (2000). « Science and pseudoscience in the development of eye movement desensitization and reprocessing : implications for clinical psychology. » *Clin Psychol Rev* **20** : 945-971.

HIBBELN, J. (1998). « Fish consumption and major depression. » *Lancet* **351** : 1213.

HIBBELN, J. R. (1999). « Long-chain polyunsaturated fatty acids in depression and related conditions. » *Phospholipid spectrum disorder.* M. Peet, I. Glen and D. Horrobin. Lancashire, UK, Marius Press : 195-210.

HIRIGOYEN, M.-F. (1999). *Le Harcèlement moral : La violence perverse au quotidien.* Paris, Syros.

HOCKER, J. L. and W. W. WILMOT (1991). *Interpersonal Conflict.* Dubuque, IA, Wm. C. Brown.

HOFER, M. A. (1987). « Early social relationships : a psychobiologist's view. » *Child Development* **58** : 633-647.

HORNSTRA, G., M. AL, et al. (1995). « Essential fatty acids in pregnancy and early human development. » *European Journal of Obstetrics, Gynecology, and Reproductive Biology* **61**(1) : 57-62.

HOUSE, J. S., K. R. LANDIS, et al. (1988). « Social relationships and health. » *Science* **241** : 540-545.

HUBEL, D. (1979). « The visual cortex of normal and deprived monkeys. » *American Scientist* **67**(5) : 532-543.

HUI, K., J. LIU, et al. (2000). « Acupuncture modulates the limbic system and subcortical gray structures of the human brain : evidence from fMRI studies in normal subjects. » *Human Brain Mapping* **9** : 13-25.

JANET, P. (1889). *L'Automatisme psychologique.* Paris, Alcan.

283

JIN, H., L. ZHOU, et al. (1992). « The inhibition by electrical acupuncture on gastric acid secretion is mediated via endorphin and somatostating in dogs. » *Clin Res* **40** : 167A.

JONSDOTTIR, I. H., P. HOFFMANN, et al. (1997). « Physical exercise, endogenous opioids and immune function. » *Acta Physiologica Scandinavica* **Supplementum. 640** : 47-50.

KASCH, F. (1976). « The effects of exercise on the aging process. » *The Physician and Sports Medicine* **4** : 64-68.

KATZ, L. F. and J. M. GOTTMAN (1997). « Buffering children from marital conflict and dissolution. » *J Clin Child Psychol* **26** : 157-171.

KELLER, M., J. MCCULLOUGH, et al. (2000). « A comparison of Nefazodone, the cognitive behavioral-analysis system of psychotherapy, and their combination for the treatment of chronic depression. » *New England Journal of Medicine* **342** : 1462-1470.

KESSLER, L. G., P. D. CLEARY, et al. (1985). « Psychiatric disorders in primary care. » *Archives of General Psychiatry* **42** : 583-590.

KESSLER, R., J. SOUKUP, et al. (2001). « The use of complementary and alternative therapies to treat anxiety and depresssion in the United States. » *American Journal of Psychiatry* **158**(2 (February)) : 289-294.

KHAN, A., R. LEVENTHAL, et al. (2002). « Severity of depression and response to antidepressants and placebo : an analysis of the Food and Drug Administration database. » *Journal of Clinical Psychopharmacology* **22**(1) : 50-4.

KIRSCHBAUM, C., O. WOLF, et al. (1996). « Stress and treatment-induced elevation of cortisol levels associated with impaired declarative memory in healthy adults. » *Life Sciences* **58**(17) : 1475-1483.

KLERMAN, G. L. and M. M. WEISSMAN (1989). « Increasing rates of depression. » *JAMA* **261**(15) : 2229-2235.

KRAMER, P. (1993). *Listening to Prozac.* New York, Viking.

KRISS-ETHERTON, P. M., W. S. Harris, et al. (2002), « AHA Scientific Statement : Fish consomption, fish oil, omega-3 fatty acids, and cardio-vascular disease », *Circulation*, **10** : 2747-2757.

KRITTAYAPHONG, R., W. CASCIO, et al. (1997). « Heart rate variability in patients with coronary artery disease : differences in patients with higher and lower depression scores. » *Psychosomatic Medicine* **59**(3) : 231-235.

KÜBLER-ROSS, E. (1969). *On Death and Dying.* New York, Touchstone.

LA ROVERE, M., J. T. BIGGER, et al. (1998). « Baroreflex sensitivity and heart-rate variability in prediction of total cardiac mortality after myocardial infraction. » *Lancet* **351** : 478-484.

LAM, R. W., E. M. GOLDNER, et al. (1994). « A controlled study of light therapy for bulimia nervosa. » *American Journal of Psychiatry* **151**(5) : 744-750.

LAO, L., S. BERGMAN, et al. (1999). « Evaluation of acupuncture for pain control after oral surgery : a placebo-controlled trial. » *Arch Otolaryngol Head Neck Surg* **125** : 567-572.

LaPerrière, A., M. H. Antoni, et al. (1990). « Exercise intervention attenuates emotional distress and natural killer cell decrements following notification of positive serologic status of HIV-1. » *Biofeedback and Self-Regulation* **15** : 229-242.

Lawlor, D. and S. Hopker (2001). « The effectiveness of exercise as an intervention in the management of depression : systematic review and meta-regression analysis of randomised controlled trials. » *BMJ* **322**(7289) : 763-767.

Leaf, A. (2001). « Electrophysiologic basis for the antiarrhythmic and anticonvulsant effects of omega 3 polyunsaturated fatty acids. » *World Review of Nutrition & Dietetics* **88** : 72-78.

LeDoux, J. E. (1992). « Brain mechanisms of emotions and emotional learning. » *Current Opinion in Neurobiology* **2** : 191-197.

LeDoux, J. E. (1996). *The Emotional Brain : The Mysterious Underpinnings of Emotional Life.* New York, Simon & Schuster.

LeDoux, J. E., L. Romanski, et al. (1989). « Indelibility of subcortical emotional memories. » *Journal of Cognitive Neuroscience* **1** : 238-243.

Levenson, R., L. L. Carstensen, et al. (1994). « The influence of age and gender on affect, physiology, and their interrelations : A study of long-term marriages. » *Journal of Personality and Social Psychology* **67**.

Levenson, R., L. L. Carstensen, et al. (1993). « Long-term marriage : age, gender, and satisfaction. » *Psychology and Aging* **8**(2) : 301-313.

Levitt, A., R. Joffe, et al. (1991). « Bright light augmentation in antidepressant nonresponders. » *Journal of Clinical Psychiatry* **52**(8) : 336-337.

Lewis, T., F. Amini, et al. (2000). *A General Theory of Love.* New York, NY, Random House.

Li, Y., G. Tougas, et al. (1992). « The effect of acupuncture on gastrointestinal function and disorders. » *Am J Gastroenterol* **87** : 1372-1381.

Linden, W., C. Stossel, et al. (1996). « Psychosocial interventions for patients with coronary artery disease : a meta-analysis. » *Archives of Internal Medicine* **156**(7) : 745-752.

Liu, K., J. Stamler, et al. (1982). « Dietary lipids, sugar, fiber, and mortality from coronary heart disease-bivariate analysis of international data. » *Atherosclerosis* **2** : 221-227.

Lockwood, R. (1983). « The influence of animals on social perception. » *New Perspectives on Our Lives with Companion Animals.* A. H. Katcher and A. M. Beck. Philadelphia, PA, University of Pennsylvania Press. **8** : 64-71.

Long, B. C. and R. Van Stavel (1995). « Effects of exercise training on anxiety. A meta-analysis. » *Journal of Applied Sport Psychology* **7** : 167-189.

LOU, H. C., Y. C. SHEN, et al. (1990). « A comparative study of the treatment of depression by electro-acupuncture. » *Acupunct Sci Int J* **1** : 20-26.

LUO, H. C., Y. K. JIA, et al. (1985). « Electroacupuncture vs. amitriptyline in the treatment of depressive states. » *Journal of Traditional Chinese Medicine* **5** : 3-8.

LUO, H. C., Y. C. SHEN, et al. (1990). « A comparative study of the treatment of depression by electroacupuncture and amitriptyline. » *Acupunture (Huntington, N.Y.)* **1** : 20-26.

LUSKIN, F., M. REITZ, et al. (2002). « A controlled pilot study of stress management training in elderly patients with congestive heart failure. » *Preventive Cardiology (Fall Issue)* **5** : 168-172.

MACFARLAND, B. H., D. K. FREEBORN, et al. (1985). « Utilization patterns among long-term enrollees in a prepaid group practice health maintenance organization. » *Medical Care* **23** : 1121-1233.

MACMILLAN, M. B. (1986). « A wonderful journey through skull and brains : The travels of Mr. Gage's tamping iron. » *Brain and Cognition* **5** : 67-107.

MAES, M., R. SMITH, et al. (1996). « Fatty acid composition in major depression : decreased w3 fractions in cholesteryl esters and increased C20 :4 omega 6/C20 :5 omega-3 ratio in cholesteryl esters and phospholipids. » *Journal of Affective Disorders* **38** : 35-46.

MAES, M. and R. S. SMITH (1998). « Fatty acids, cytokines, and major depression. » *Biological Psychiatry* **43** : 313-314.

MANJI, H. K., W. Z. POTTER, et al. (1995). « Signal transduction pathways : molecular targets for lithium's actions. » *Archives of General Psychiatry* **52** : 531-543.

MARSHALL, B. (1988). « The Campylobacter pylori story. » *Scand J Gastroenterol* **146 (Suppl)** : 58-66.

MAXFIELD, L. and L. A. HYER (2002). « The relationship between efficacy and methodology in studies investigating EMDR treatment of PTSD. » *Journal of Clinical Psychology* **58** : 23-41.

MAYER, J. D., P. SALOVEY, et al. (2000). « Models of emotional intelligence. » *Handbook of Intelligence.* R. J. Steinberg. Cambridge, U.K., Cambridge University Press : 396-420.

MCCRATY, R., Ed. (2001). *Science of the Heart : Exploring the role of the heart in human performance.* Boulder Creek, CA, Institute of HeartMath.

MCCRATY, R., M. ATKINSON, et al. (1995). « The effects of emotions on short-term power spectrum analysis and heart rate variability. » *The American Journal of Cardiology* **76**(14) : 1089-1093.

MCCRATY, R., B. BARRIOS-CHOPLIN, et al. (1998). « The impact of a new emotional self-management program on stress, emotions, heart rate variability, DHEA and cortisol. » *Integrative Physiological and Behavioral Science* **33**(2) : 151-170.

MCDONALD, D. G. and J. A. HOGDON (1991). *The Psychological Effects of*

Aerobic Fitness Training : Research and Theory. New York, NY, Springer-Verlag.

MEDALIE, J. H. and U. GOLDBOURT (1976). « Angina pectoris among 10,000 men. II. Psychosocial and other risk factors as evidenced by a multivariate analysis of a five year incidence study. » *American Journal of Medicine* **60**(6) : 910-921.

MEDALIE, J. H., K. C. STANGE, et al. (1992). « The importance of biopsychosocial factors in the development of duodenal ulcer in a cohort of middle-aged men. » *American Journal of Epidemiology* **136**(10) : 1280-1287.

MEHLER, J., G. LAMBERTZ, et al. (1986). « Discrimination de la langue maternelle par le nouveau-né. » *Comptes rendus de l'Académie des sciences*, **303** : 637-640.

MESULAM, M. M. (1985). *Principles of Behavioral Neurology.* Philadelphia, F. A. Davis.

MILAD, M. and G. I. QUIRK (2002). « Neurons in medial prefrontal cortex signal memory for fear extinction. » *Nature* **420** : 70-74.

MONTAKAB, H. (1999). « Akupunktur und Schlaflosigkeit [Acupuncture and insomnia]. » *Forschende Komplementarmedizin* **6 Suppl 1** : 29-31.

MORGAN, M. A., L. M. ROMANSKI, et al. (1993). « Extinction of emotional learning : contribution of medial prefrontal cortex. » *Neuroscience Letters* **163**(1) : 109-113.

MORTENSEN, E. L., K. F. MICHAELSEN, et al. (2002). « The association between duration of breastfeeding and adult intelligence. » *JAMA* **287** : 2365-2371.

MURRAY PARKES, C., B. BENJAMIN, et al. (1969). « Broken heart : a statistical study of increased mortality among widowers. » *British Medical Journal* **646** : 740-743.

MYERS, D. G. and E. DIENER (1996). « The pursuit of happiness. » *Scientific American* **274** : 70-72.

NEMETS, B., Z. STAHL, et al. (2002). « Addition of Omega-3 fatty acid to maintenance medication treatment for recurrent unipolar depressive disorder. » *American Journal of Psychiatry* **159** : 477-479.

Observatoire national des prescriptions et consommations des médicaments (1998). Étude de la prescription et de la consommation des antidépresseurs en ambulatoire. Paris, Agence du médicament – Directions des études et de l'information pharmaco-économiques.

OCHSNER, K. N., S. A. BUNGE, et al. (in press as of May 2002). « An fMRI study of the cognitive regulation of emotion. » *Journal of Cognitive Neuroscience.*

OLSEN, S. F. and N. J. SECHER (2002). « Low consumption of seafood in early pregnancy as a risk factor for preterm delivery : prospective cohort study. » *British Medical Journal* **324** : 447-451.

ORNISH, D., L. SCHERWITZ, et al. (1998). « Intensive lifestyle changes for reversal of coronary heart disease. » *JAMA* **280**(23) : 2001-2007.

PAFFENBARGER, R. S., I.-M. LEE, et al. (1994). « Physical activity and personal characteristics associated with depression and suicide in American college men. » *Acta Psychiatrica Scandinavica (suppl.)* **377** : 16-22.

PALONE, A. M., R. R. LEWIS, et al. (1976). « Results of two years of exercise training in middle-aged men. » *The Physician and Sports Medicine* **4** : 72-77.

PANKSEPP, J., M. SIVIY, et al. (1985). « Brain opiods and social emotions. » *The Psychobiology of Attachment and Separation.* M. Reite and T. Field. New York, NY, Academic Press.

PARRY, B., S. BERGA, et al. (1990). « Melatonin and phototherapy in premenstrual depression. » *Progress in Clinical & Biological Research* **341B** : 35-43.

PAULUS, W. E., M. ZHANG, et al. (2002). « Influence of acupuncture on the pregnancy rate in patients who undergo assisted reproduction therapy. » *Fertil Steril* **77**(4) : 721-724.

PAVLOV, I. P. (1927). *Conditioned Reflexes.* London, Oxford University Press.

PEET, M. and D. HORROBIN (2002). « A dose-ranging exploratory study of the effects of ethyl-eicosapentaenoate in patients with persistent schizophrenic symptoms. » *Journal of Psychiatric Research* **36**(1) : 7-18.

PEET, M. and D. HORROBIN (2002). « A dose-ranging study of the effects of ethyl-eicopentaenoate in patients with ongoing depression despite apparently adequate treatment with standard drugs. » *Archives of General Psychiatry* **59** : 913-919.

PEET, M., B. MURPHY, et al. (1998). « Depletion of omega-3 fatty acid levels in red blood cell membranes of depressive patients. » *Biological Psychiatry* **43**(5) : 315-319.

PERKINS, B. R. and C. C. ROUANZOIN (2002). « A critical evaluation of current views regarding Eye-Movement Desensitization and Reprocessing (EMDR) : Clarifying points of confusion. » *Journal of Clinical Psychology* **58** : 77-97.

PERT, C. B., H. E. DREHER, et al. (1998). « The psychosomatic network : foundations of mind-body medicine. » *Alternative Therapies in Health and Medicine* **4**(4) : 30-41.

PESSAH, M. A. and H. P. ROFFWARG (1972). « Spontaneous middle ear muscle activity in man : A rapid eve movement sleep phenomenon. » *Science* **178** : 773-776.

POLYAKOV, S. E. (1988). « Acupuncture in the treatment of endogenous depression. » *Soviet Neurology and Psychiatry* **21** : 36-44.

PORGES, S. W., J. A. DOUSSARD-ROOSEVELT, et al. (1994). « Vagal tone and the physiological regulation of emotion. » *Monographs of the Society for Research in Child Development.* Chicago, IL, University of Chicago Press. **59**(2-3) : 167-186, 250-283.

288

PURI, B. K., G. BYDDER, et al. (2002). « MRI and neuropsychological improvement in Huntington disease following ethyl-EPA treatment. » *Neuro-Report* **13**(1) : 123-126.

PURI, B. K., S. J. COUNSELL, et al. (2001). « Eicosapentaenoic acid in treatment-resistant depression associated with symptom remission, structural brain changes and reduced neuronal phospholipid turnover. » *International Journal of Clinical Practice.* **55**(8) : 560-563.

PURI, B. K., S. J. COUNSELL, et al. (2002). « Eicosapentaenoic acid in treatment-resistant depression. » *Archives of General Psychiatry* **59** : 91-92.

QUIRK, G. J., G. K. RUSSO, et al. (2000). « The role of ventromedial prefrontal cortex in the recovery of extinguished fear. » *Journal of Neuroscience* **20**(16) : 6225-6231.

RAUCH, S., B. VAN DER KOLK, et al. (1996). « A symptom provocation study of posttraumatic stress disorder using positron emission tomography and script-driven imagery. » *Archives of General Psychiatry* **53** : 380-387.

RECHLIN, T., M. WEIS, et al. (1995). « Does bright-light therapy influence autonomic heart-rate parameters ? » *Journal of Affective Disorders* **34**(2) : 131-137.

RECHLIN, T., M. WEIS, et al. (1994). « Are affective disorders associated with alterations of heart rate variability ? » *Journal of Affective Disorders* **32**(4) : 271-275.

Rédaction du *Monde* (2002). « Le Grand Dossier Exception française. » Le Monde (14-15 avril) : 17.

REGIER, D. and L. ROBINS, Eds. (1991). *Psychiatric Disorders in America : The Epidemiologic Catchment Area Study.* New York, NY, Free Press.

REIN, G., R. MCCRATY, et al. (1995). « Effects of positive and negative emotions on salivary IgA. » *Journal for the Advancement of Medicine* **8**(2) : 87-105.

REMEN, R. N. (1997). *Kitchen Table Wisdom*, Riverside Books.

RENAUD, S., M. CIAVATTI, et al. (1983). « Protective effects of dietary calcium and magnesium on platelet function and atherosclerosis in rabbits fed saturated fat. » *Atherosclerosis* **47** : 189-198.

RESTON, J. (1971). « Now, let me tell you about my appendectomy in Peking... » *The New York Times* (July 26).

REYNOLDS, P., P. T. BOYD, et al. (1994). « The relationship between social ties and survival among black and white breast cancer patients. National Cancer Institute Black/White Cancer Survival Study Group. » *Cancer Epidemiology, Biomarkers & Prevention* **3**(3) : 253-259.

RODIN, J., LANGER, E.J. (1977). « Long-term effects of a control-relevant intervention with the institutionalized aged. » *Journal of Personality and Social Psychology* **35** : 897-902.

ROSENBERG, M. D. (1999). *Non-violent Communication*, PuddleDancer Press.

289

ROSENTHAL, N. E. (1998). *Winter Blues : Seasonal Affective Disoder – What it is and how to overcome it.* New York, Guilford Press.

RUDIN, D. O. (1982). « The dominant diseases of modernized societies as omega-3 essential fatty acid deficiency syndrome. » *Medical Hypotheses* **8** : 17-47.

RUMELHART, D. E. and J. L. MCCLELLAND (1986). *Parallel Distributed Processing : Explorations in the microstructure of cognition.* Cambridge, MA, MIT Press.

SACK, M., W. LEMPA, et al. (2001). « Study quality and effect-sizes – a meta-analysis of EMDR-treatment for posttraumatic stress disorder. » *Psychotherapie, Psychosomatik, Medizinische Psychologie* **51**(9-10) : 350-355.

SAMUELS, M. (2001). « Voodoo death revisited : The modern lessons of neurocardiology. » *Grand Rounds.* Department of Medicine, Univ. of Pittsburgh Medical Center, Presbyterian/Shadyside Hospital.

SATLIN, A., L. VOLICER, et al. (1992). « Bright light treatment of behavioral and sleep disturbances in patients with Alzheimer's disease. » *American Journal of Psychiatry* **149**(8) : 1028-1032.

SCHANBERG, S. (1994). « Genetic basis for touch effects. » *Touch in early development.* T. Field. Hillsdale, NJ, Erlbaum : 67-80.

SERVAN-SCHREIBER, D., W. M. PERLSTEIN, et al. (1998). « Selective pharmacological activation of limbic structures in human volunteers : A positron emission tomography study. » *Journal of Neuropsychiatry and Clinical Neurosciences* **10** : 148-59.

SETTLE, J. E. (2001). « Diet and essential fatty acids. » *Handbook of Complementary and Alternative Therapies in Mental Health.* S. Shannon. San Diego, Academic Press : 93-113.

SHANNON, S. (2001). « Integration and holism. » *Handbook of Complementary and Alternative Therapies in Mental Health.* S. Shannon. San Diego, Academic Press : 21-42.

SHAPIRO, F. (2001). *Eye-movement desensitization and reprocessing : Basic principles, protocols and procedures.* 2nd edition. New York, Guilford.

SHER, L. (1996). « Exercise, wellbeing, and endogenous molecules of mood. » *Lancet* **348**(9025) : 477.

SIEGEL, J. M. (1990). « Stressful life events and use of physician services among the elderly : the moderating influence of pet ownership. » *J Pers Soc Psychol* **58** : 101-1086.

SIEGEL, J. M., F. J. ANGULO, et al. (1999). « AIDS diagnosis and depression in the multicenter AIDS cohort study : the ameliorating impact of pet ownership. » *AIDS Care* **11** : 157-169.

SIMON, S. (1993). « Sarajevo pets. » *Week End Edition Saturday.* S. Simon. Washington, National Public Radio – USA.

SIMOPOULOS, A. P. and J. ROBINSON (1998). *The Omega Diet.* New York, Harper Collins.

SIMOPOULOS, A. P. and N. SALEM (1989). « Omega-3 fatty acids in eggs from range-fed Greek chickens. » *New England Journal of Medicine* : 1412.

SMITH, R. S. (1991). « The macrophage theory of depression. » *Medical Hypotheses* **35** : 298-306.

SOLOMON, S., E. T. GERRITY, et al. (1992). « Efficacy of treatments for posttraumatic stress disorder. » *JAMA* **268** : 633-638.

SOULIE DE MORANT, G. L. (1972). *L'Acupuncture chinoise.* Paris, Maloine Éditeurs.

SPECTOR, J. and J. READ (1999). « The current status of eye-movement desensitization and reprocessing (EMDR). » *Clinical Psychology and Psychotherapy* **6** : 165-174.

SPERLING, R. I., A. I. BEninCASO, et al. (1993). « Dietary omega-3 polyunsaturated fatty acids inhibit phosphoinositide formation and chemotaxis in neutrophils. » *J Clin Invest* **91** : 651-660.

SPITZ, R. (1945). « Hospitalism : An inquiry into the genesis of psychiatric conditions in early childhood. » *Psychoanalytic Study of the Child* **I** : 53-74.

STICKGOLD, R. (2002). « EMDR : A putative neurobiological mechanism. » *Journal of Clinical Psychology* **58** : 61-75.

STOLL, A. L. (2001). *The Omega-3 Connection : The groundbreaking omega-3 antidepression diet and brain program.* New York, Simon & Schuster.

STOLL, A. L. and C. A. LOCKE (2002). « Omega-3 fatty acids in mood disorders : A review of neurobiologic and clinical applications. » *Natural Medications for Psychiatric Disorders : Considering the Alternatives.* D. Mischoulon and J. Rosenbaum. Philadelphia, PA, Lippincott Williams & Wilkins : 13-34.

STOLL, A. L., W. E. SEVERUS, et al. (1999). « Omega 3 fatty acids in bipolar disorder : a preliminary double-blind, placebo-controlled trial. » *Archives of General Psychiatry* **56** : 407-412.

STORDY, B. and M. NICHOOL (2000). *The LCP Solution : The remarkable nutritional treatment for ADHD, dysloxia, and dyspraxia.* New York, NY, Ballantine Books.

STROINK, G. (1989). « Principles of cardiomagnetism. » *Advances in Biomagnetism.* S. J. e. a. Williamson. New York, Plenum Press : 47-57.

STUART, M. R. and J. A. LIEBERMAN (1993). *The Fifteen Minute Hour : Applied psychotherapy for the primary care physician.* Westport, CT, Prager.

STYS, A. and T. STYS (1998). « Current clinical applications of heart rate variability. » *Clinical Cardiology* **21** : 719-724.

THOMAS, M., S. V. ERIKSSON, et al. (1991). « A Comparative Study of Diazepam and Acupuncture in Patients with Osteoarthritis Pain : A Placebo Controlled Study. » *American Journal of Chinese Medicine* **2**(XIX) : 95-100.

THOREN, P., J. S. FLORAS, et al. (1990). « Endorphins and exercise : physiological mechanisms and clinical implications. » *Medicine & Science in Sports & Exercise* **22**(4) : 417-428.

TIMOFEEV, M. F. (1999). « Effects of acupuncture and an agonist of opiate receptors on heroin dependent patients. » *American Journal of Chinese Medicine* **27**(2) : 143-148.

TSUJI, H., F. VENDITTI, et al. (1994). « Reduced heart rate variability and mortality risk in an elderly cohort. The Framingham Heart Study. » *Circulation* **90**(2) : 878-883.

U.K-Department of Health (2001). *The Evidence Based Clinical Practice Guideline*, Department of Health, United Kingdom. **2001**.

ULETT, G. A., S. HAN, et al. (1998). « Electroacupuncture : Mechanisms and clinical applications. » *Biological Psychiatry* **44** : 129-138.

UMETANI, K., D. SINGER, et al. (1999). « Twenty-four hours time domain heart rate variability and heart rate : relations to age and gender over nine decades. » *Journal of the American College of Cardiology* **31**(3) : 593-601.

UVNAS-MOBERG, K. (1998). « Oxytocin may mediate the benefits of positive social interaction and emotions. » *Psychoneuroendocrinology* **23** : 819-835.

VAILLANT, G. (1995). *Adaptation to Life.* Boston, Harvard University Press.

VAN ETTEN, M. L. and S. TAYLOR (1998). « Comparative efficacy of treatments for post-traumatic stress disorder : A meta-analysis. » *Clinical Psychology & Psychotherapy* **5** : 126-144.

WALSH, R. (2001). *Les Chemins de l'éveil*, Montréal, Le Jour, 2001.

WANG, S.-M. and Z. N. KAIN (2001). « Auricular acupuncture : a potential treatment for anxiety. » *Anesth Analg* **92** : 548-553.

WATKINS, A. D. (2002). Corporate training in heart rate variability : six weeks and 6 months follow-up studies. London.

WEISSMAN, M. W., R. BLAND, et al. (1996). « Cross-national epidemiology of major depression and bipolar disorder. » *JAMA* **276** : 293-296.

WILSON, D., S. M. SILVER, et al. (1996). « Eye movement desensitization and reprocessing : Effectiveness and autonomic correlates. » *Journal of Behavior Therapy and Experimental Psychiatry* **27** : 219-229.

WILSON, E. O. (2000). *Sociobiology : The New Synthesis, Twenty-Fifth Anniversary Edition.* Cambridge, Harvard University Press.

WILSON, S., L. BECKER, et al. (1995). « Eye movement desensitization and reprocessing (EMDR) treatment for psychologically traumatized individuals. » *Journal of Consulting and Clinical Psychology* **63** : 928-937.

WILSON, S., L. BECKER, et al. (1997). « Fifteen-month follow-up of eye movement desensitization and reprocessing (EMDR) treatment for posttraumatic stress disorder and psychological trauma. » *Journal of Consulting and Clinical Psychology* **65** : 000-000.

BIBLIOGRAPHIE

WISE, S. P. and M. HERKENHAM (1982). « Opiate receptor distribution in the cerebral cortex of the rhesus monkey. » *Science* **218** : 387-389.

YAMASAKI, H., K. S. LABAR, et al. (2002). « Dissociable prefrontal brain systems for attention and emotion. » *Proceedings of the National Academy of Sciences* **99**(17) : 11447-11451.

YEHUDA, R., A. C. MCFARLANE, et al. (1998). « Predicting the development of posttraumatic stress disorder from the acute response to a traumatic event. » *Biological Psychiatry* **44** : 1305-1313.

ZARIFIAN, E. (2002). « En France, le recours aux drogues a de quoi inquiéter. » *Le Figaro* : 23.

ZUCKERMAN, D. M., S. V. KASL, et al. (1984). « Psychosocial predictors of mortality among the elderly poor. » *Am J Cardiol* **119** : 410-423.

Quelques adresses utiles

Pour les informations les plus récentes, il est conseillé de consulter le site *www.guerir.fr* qui est mis à jour régulièrement et offre de nombreuses autres informations sur les méthodes de traitement présentées dans cet ouvrage.

Cohérence cardiaque

HeartMath Institute (États-Unis)
HeartMath LLC – 14700 West Park Avenue – Boulder Creek CA. 95006 – USA – Tél. : 001 831 338 8700 ou 001 800 450 9111
Web : *http://www.heartmath.com*
Le HeartMath Institute est un centre qui se consacre à l'étude et aux applications de la cohérence cardiaque. Sur leur site, vous trouverez des informations sur la cohérence cardiaque et pourrez vous procurer le logiciel « Freeze-Framer » décrit dans les chapitres 3 et 4. Ce site propose aussi des livres, des programmes d'apprentissage, des vidéos et des brochures (uniquement en anglais).

Institut Médical du Stress – Essentia Consulting (Europe)
37, avenue du Roule – 92200 Neuilly – France – Tél. : 01 46 41 02 17
Email : *info@essentia.fr*
Web : *http://www.essentia.fr*
L'Institut Médical du Stress – Essentia Consulting offre des séminaires d'entreprise de formation à la cohérence cardiaque et de gestion du stress sous l'égide de médecins et professionnels de la santé.

Fédération Française de Hatha Yoga
50, rue Vaneau – 75007 Paris – France – Tél. : 01 45 48 04 64
Web : *http://www.ff-hatha-yoga.com*
Le Hatha Yoga est une méthode qui permet d'approcher les bienfaits de la cohérence cardiaque et qui et beaucoup plus facilement accessible en

France. La FFHY rassemble plus de quatre cents professeurs répartis dans tout le pays et dans quelques autres nations francophones, formés et diplômés par ses soins depuis presque de trente ans.

Fédération Nationale des Enseignants du Yoga
3, rue Aubriot – 75004 Paris – France – Tél. : 01 42 78 03 05

La Fédération Belge d'Hébertisme et de Yoga
Rue des Belettes 8 – 6534 Gozée – Belgique – Tél. : 00 32 715 154 90 ou 00 32 436 862 69
Email : *fby@swing.be*
Web : *http://www.fbhy.be*
La Fédération Belge d'Hébertisme et de Yoga compte un peu plus de mille adhérents répartis sur la Belgique francophone. Son site Internet vous fera découvrir en détail ces deux disciplines et vous indiquera où les pratiquer.

La Fédération Suisse de Yoga
Aarbergerstrasse 21 – 3011 Bern – Suisse – Tél. : 0041 31 311 0717
Email : *sekretariat@syg.ch*
Web : *http://www.yoga.ch*
La FSY regroupe plus de mille membres et publie la liste des professeurs diplômés de yoga.

L'Intégration Neuro-Émotionnelle par les Mouvements Oculaires (EMDR)

L'EMDR est une méthode de psychothérapie. À ce titre, elle doit être pratiquée par un psychiatre, psychologue, psychanalyste ou psychothérapeute certifié.
L'Association Européenne d'EMDR a établi des critères très stricts qui régissent le titre de « Praticien EMDR Certifié ». Ceux-ci doivent avoir complété tout un cycle de formation et de supervision en plus de leur formation de base à la psychothérapie.
Le traitement d'un traumatisme unique subi dans la vie civile (par exemple une agression, un incendie, un accident grave) prend généralement moins de dix séances. Les séances durent souvent jusqu'à quatre-vingt-dix minutes. Leur prix varie entre 60 et 120 euros.
La meilleure façon d'identifier un psychothérapeute certifié en EMDR dans votre région est de passer par l'association nationale pour votre pays.

Association EMDR-France
Tél. : 01 48 78 57 19
Email : *info@emdr-france.com*
Web : *http://www.emdr-France.com*
Cette association établit le registre des psychothérapeutes pratiquant en France et dont la formation à l'EMDR est certifiée par l'Association Européenne et l'Institut d'EMDR des États-Unis.

Institut de Victimologie
131, rue de Saussure – 75017 Paris – France – Tél. : 01 43 80 44 40
Sous la direction médicale du Dr Gérard Lopez, cette association loi de 1901, agréée par la Sécurité sociale, offre une large gamme de soins psychologiques aux victimes de violences et traumatismes psychologiques.

SOLAREH S.A.
18, rue Daunou – 75002 Paris – France – Tél. : 01 55 04 84 30
Web : *http://www.solareh.com*
Société qui offre des psychothérapies EMDR (et autres) dans le cadre d'entreprises pour des employés ayant subi des traumatismes psychologiques (comme à la suite d'un accident grave, d'une agression, etc.). Solareh intervient sur tout le territoire français ainsi qu'en Belgique, en Suisse et au Québec.

Centre de Traitement des Traumatismes Psychiques - Montpellier
55, Grand Rue Jean-Moulin - 34000 Montpellier
Tél. : 04 67 66 27 39 - 04 67 60 96 00
Créé en 1997, ce centre regroupe des psychothérapeutes ayant des compétences multidisciplinaires, notamment formés aux thérapies brèves et spécialisés dans le traitement des traumatismes psychiques par la méthode EMDR.

Institut Belge du Psychotraumatologie et EMDR
Engelendale 20 – 9900 Eeklo – Belgique – Tél./fax : 00 32 937 784 33
Web : *http://www.bipe.be*

Association EMDR-Suisse
Hauptstrasse 82 – 4132 Muttenz – Suisse – Tél. : 00 41 61 461 5600
Email : *verein@emdr-schweiz.ch*

EMDR Association of Canada (EMDRAC)
216 Ave. P. South – Saskatoon, SK S7M 2W2 – Canada – Tél. : 001 306 665 2788
Email : *ppc@cfap-ppc.com*

Association EMDR-Europe
Web : *http://www.emdr-europe.net*

Simulation de l'aube

Différentes compagnies commercialisent des appareils pour simuler l'apparition progressive de l'aube au réveil. Les meilleurs appareils permettent de régler la durée de l'aube (au minimum trente minutes), avoir une sonnerie « de rattrapage » pour les premières nuits, et peuvent avoir une fonction « coucher de soleil » pour l'endormissement. Si vous achetez votre appareil par un site Web qui n'est pas européen (ou même anglais), vérifiez bien qu'il est possible de le brancher sur le secteur en Europe (220 volts) et qu'il existe un adaptateur pour le format de la prise.

Cosmedico Techniques Médicales
1, rue du Drotsc – Otterswiller – 67700 Savernes – France – Tél. : 03 88 02 83 50
Email : *Fritschb@wanadoo.fr*
Michel Larivière : 04 66 74 21 66 – email : *lariviere.mi@wanadoo.fr*
Produit commercialisé : Lampe Daymaker – Coût : 151,89 euros.

Medi-Furst
5, avenue Alfred-Bertrand – 1206 Genève – Suisse –
Tél. : 00 41 22 789 57 60 – Fax : 00 41 22 346 57 27
Web : *http://www.luminotherapie.ch/BioBright.htm*
Produits commercialisés : deux modèles de Bodyclocks™ :
Lumie 100 (coût : 198 F Suisses), Lumie 200 (coût : 298 F Suisses).
Frais de livraison : 18 F Suisses.

Pi Square, Inc
425 Shine Road – Port Ludlow, WA 98635 – Tél. : 0044 1954 211 955
Web : *http://www.pi-square.com* ; Email : *bps@pi-square.com*
Produits commercialisés : SunRizr et Sun-Up (l'appareil utilisé dans les expériences du Dr Avery à Seattle).

Outside In Ltd
31 Scotland Rd Estate – Dry Drayton – Cambridge CB3 8AT – England
– Tél. : 0044 1954 211 953 – Fax : 0044 1954 211 956
Email : *info@putsidein.co.uk*
Web : *http://www.outsidein.co.uk/nac__summ.htm*
Produits commercialisés : trois modèles de Bodyclocks™ – Coût : entre £ 51,02 et £ 85,06.

Healthful
Web : *http://www.health101.org/products clock.htm*
Produit commercialisé : The Sunrise Alarm Clock – Coût : $ 119.00.

Light Therapy Products
6125 Ives Lanes North – Plymouth – Minnesota 55442 – USA
Web : *http://www.lighttherapyproducts.com/products dawn.html*
Produits commercialisés : SunUp™ (coût : $ 156,95), SunRizr™ (coût : $ 119,95), Sun Alarm (coût : $ 78,95) et SunRise™ Alarm Clock (coût : $ 99,95).

Northern Light Technologies
8971 boul. Henri-Bourassa Ouest Montréal QC H4S 1P7 Canada
Tél.: (514) 335-1763 -Sans frais: 1 800 263-0066 Fax: (514) 335-7764
Produits: Simulateur d'aube - Lampes de luminothérapie
Vente au Canada - États-Unis et partout ailleurs dans le monde (par internet)
Web: *http://www.NorthernLightTechnologies.com*

Acupuncture

La Fédération Nationale de Médecine Traditionnelle Chinoise
73, boulevard de la République – 06400 Cannes – France – Tél./Fax : 04 93 99 40 16
Email : *contact@fnmtc.com*
Web : *http://www.fnmtc.com*
La FNMTC gère le registre national comprenant la liste des praticiens installés ainsi que celui des écoles et fournit une information neutre et objective en direction du grand public et des professions de la Santé.

Association Française d'Acupuncture
3, rue de l'Arrivée – 75749 Paris Cedex 15 – France
Email : *afa@acupuncture-france.com*
Web : *http://www.acupuncture-france.com*
L'AFA regroupe des acupuncteurs venant de la France entière. Ses séminaires et congrès sont réputés, ainsi que les publications de ses membres (une revue, des ouvrages, les abstracts des séminaires et congrès).

Association Belge des Médecins Acupuncteurs
Rue du Serpolet 2 – 1080 Bruxelles – Belgique – Tél. : 00 32 2 569 62 45
Email : *bvga@skynet.be*
Web : *http://www.acupuncture.be*
L'ABMA est la société d'acupuncture médicale la plus ancienne de Belgique. Ce site donne des informations et les adresses des médecins acupuncteurs en Belgique.

Association Suisse des Praticiens de Médecine Traditionnelle Chinoise
Rue Pestalozzi 5 *bis* – 1202 Genève – Suisse – Tél. : 00 41 22 734 73 94
Web : *http://www.acu.ch*
L'ESC regroupe tous les Praticiens de Médecine Traditionnelle Chinoise (MTC). Le site donne des informations et la liste des membres par canton.

The Chinese Medecine and Acupuncture Association of Canada
154 Wellignton St. London – Ontario – Canada N6B 2K8 – Tél. :
001 519 642-1970
Email : *icma@skynet.ca*
Web : *http://www.cmaac.ca*

Acide gras oméga-3

La liste des fabricants et des produits disponibles est en pleine
expansion. Plutôt que de fournir ici des informations qui soient déjà
périmées au moment de l'impression, j'ai préféré les regrouper sur le
site web *www.guerir.fr*, qui est mis à jour régulièrement.
Il existe de nombreux suppléments alimentaires offrant une combinaison
des deux acides gras oméga-3 contenus dans les huiles de poisson qui
sont le DHA et le EPA. Les meilleurs produits ont une haute teneur en
DHA et EPA (plus de 80 % du contenu en huile) et peu de graisses
apportant des calories inutiles. De plus, certains auteurs, en particulier
le Dr Stoll de l'université Harvard, recommandent la plus haute teneur
possible en EPA (par rapport au DHA) pour maximiser les effets sur
l'humeur. Dans les produits commercialisés auprès du public, il est
possible d'obtenir un rapport allant jusqu'à 1 à 7 en faveur de l'EPA.
Quel que soit le produit, il faut prendre 1 à 2 grammes par jour d'EPA
(avec ou sans DHA), en une ou deux fois, au début d'un repas. Les
capsules qui contiennent la plus forte dose d'EPA permettent donc
d'avaler un plus petit nombre de capsules par jour.
Les préparations végétariennes les plus facilement accessibles sont à
base de graines de lin. Les études dans ce domaine sont moins précises.
Il faudrait prendre environ une à deux cuillers à soupe d'huile de lin par
jour en moyenne, ou quatre à six cuillers à soupe de graines de lin
entières (qui peuvent être préalablement broyées dans un moulin à café
pour maximiser la libération dans l'organisme des acides gras oméga-3
qu'elles contiennent).

Gestion de conflit et communication émotionnelle

Différents organismes et praticiens enseignent et facilitent les techniques
de communication émotionnelle et de gestion de conflit dans le cadre
familial et en entreprise.

Association pour la Communication Non-Violente
13 *bis*, boulevard Saint-Martin – 75013 Paris – Tél. : (33) 01 48 04 98 07
Web : *http://www.cnvf.free.fr*
Le « Center for Non-Vioent Communication » (Europe et Amérique) est
un organisme à but non lucratif (*www.cnvf.free.org*) fondé par le

Dr Marshall B. Rosenberg (psychologue clinicien auteur de *Les mots sont des fenêtres ou des murs*, Ed. La Découverte). Il est représenté en France par l'Association pour la Communication Non-Violente, et propose différentes activités (séminaires, ateliers...) de formation dans ce domaine. La CNV est un processus facilitant l'expression et la réception des messages d'autrui, même hostiles, de façon à reconnaître les sentiments et les besoins des individus. Cette compréhension empathique conduit à (r)établir les relations sur des bases d'authenticité, de clarté et de bienveillance.

Association Française de Thérapie Comportementale et Cognitive
100, rue de la Santé – 75674 Paris Cedex 14 – Tél. : 01 45 78 60
Cette association peut vous indiquer, dans votre région, un thérapeute spécialisé dans la gestion de conflit et les techniques de communication.

La Société Française de Thérapie Familiale Psychanalytique
7, rue Ernest-Cresson – 75014 Paris – France – Tél. : 01 45 40 08 10
Web : *http://www.psychanalyse-famille.org*
Le but de l'association est de promouvoir la recherche, diffuser les idées scientifiques, le caractère spécifique et éthique de la thérapie familiale psychanalytique tant sur le plan clinique que théorique.

Centre de Thérapie Familiale Monceau-FAMILLIA
91, rue Saint-Lazare – 75009 Paris – France – Tél. : 01 53 20 11 50
Email : *info@centre-monceau.com*
Web : *http://www.centre-monceau.com*
Un des premiers centres français à avoir introduit la thérapie familiale.

Centre Pluralis
29, rue François-Ier – 75008 Paris – Tél. : 01 47 20 60 99
Email : *info@pluralis.org* ; Web : *http://www.pluralis.org*
Ce centre regroupe dans le même lieu des médecins, des psychologues, des psychiatres, des psychanalystes et des psychothérapeutes qui interviennent en individuel, en couple, en famille et en entreprise sur de nombreuses thématiques, y compris la gestion de conflit et la communication émotionnelle.

Dr Christian Zaczyk
70, avenue Marceau – 75008 Paris – France – Tél. : 01 47 20 00 46
Auteur du livre *L'Agressivité au quotidien*, Bayard Éditions.
Interventions individuelles et en entreprise.

Association des Psychothérapeutes conjugaux et familiaux du Québec
APCFQ – Succursale postale – 6595, rue Saint-Hubert – Case postale 59 060 – Montréal (Québec) H2S 2M5 – Canada – Tél. : 011 514 272 6169
Web : *http://www.apcfq.qc.ca*

301

Les thérapeutes de l'APCFQ, membres de l'Ordre professionnel des travailleurs sociaux du Québec, sont les seuls à pouvoir porter certains titres ou certaines abréviations qui attestent de leur appartenance à l'Ordre.

L'Association Genevoise de Thérapies Familiales
Web : *http://www.come.to/agtf/*
Le site de l'AGTF informe le public et les professionnels, définit la thérapie familiale et propose une liste de centres de thérapies et de thérapeutes reconnus.

Association Européenne de Thérapie Familiale (EFTA)
32, avenue Bois-William – Namur – Belgique – Tél. : 0032 81 31 04 39

Gestion des conflits en entreprise

Institut Français de l'Anxiété et du Stress
5, rue Kepler – 75116 Paris – France – Tél. : 01 53 23 05 20
Web : *http://www.ifas.net*
Dr Éric Albert, auteur du livre *Le manager est un psy*, en collaboration avec J.-L. Emery, Éditions d'Organisation, 1988.
Interventions en entreprise uniquement.

Agence Stimulus
205, rue Saint-Honoré – 75008 Paris – France – Tél. : 01 42 96 92 62
Email : *info@stimulus-conseil.com*
Web : *http://www.stimulus-conseil.com*
Dr Patrick Legeron, auteur du livre Le Stress au travail, Éditions Odile Jacob.
Spécialisé dans les interventions en entreprise.

Agence de Coaching Transformance
90, rue Anatole-France – 92300 Levallois-Perret – France – Tél. : 01 47 48 18 19
Email : *transformance@transformance.fr*
Web : *http://www.transformance.fr*

Transcontinental
IMPRESSION
IMPRIMERIE GAGNÉ

IMPRIMÉ AU CANADA